本人が承知のとおり、本書をポールに捧げます一九三三年三月二〇日、リューベックで多くの人間がいわゆる「保護拘置下」に置かれた。その直後に、通りの名称変更が始まった。

——ヴィリー・ブラント著『逃げて自由の身となった：一九三〇年から一九五〇年にわたしが歩んだ道（*Links und frei. Mein Weg 1930-1950*）』

もくじ

装幀＝佐々木暁

序文　なぜ通りの名称にこだわるのか？

ニューヨーク、ウエストヴァージニア、ロンドン

ニューヨーク市議会は現地法を審議する機関である。そのニューヨーク市議会が可決した法案のうち、通りの名称変更に関するものが全体の四〇パーセント以上を占めたことがある。[1] このことについて、ちょっと考えてみよう。市長にとっての市議会は、大統領にとっての連邦議会のようなものだ。五一名の市議会議員は、アメリカ最大の学校組織や警察部隊を監視し、世界有数の都市圏人口を持つニューヨーク市の土地利用を決定する。市の予算はほとんどの州の予算を上回り、人口も一一州をのぞいた残り三九州の人口より多い。しかも、ニューヨークの通りの多くは、一九世紀以来「スタイヴェサント」や「バワリー」といった名称が既につけられている。それらの名称は、マンハッタンがまだオランダの貿易拠点にすぎなかった頃にまでさかのぼる。[2]

そのことを踏まえた上でもう一度言おう。ニューヨーク市議会が可決した法案のうち、通りの名

称変更に関するものが全体の四〇パーセント以上を占めたことがあるのだ。

　市議会はよく、従来の通りの名称に、著名人を記念する名誉名称を重ねてつけようと知恵を絞る。だからニューヨーク市を歩いていると、ふと見上げた標識にふたつの名称が記されている、といったことが起こるのだ。たとえば「西一〇三丁目」という標識の下には、「ハンフリー・ボガート・プレイス」という標識が並んでいる。「ブロードウェイ」と「西六五丁目」がぶつかる場所は「レナード・バーンスタイン・プレイス」、「西八四丁目」は「エドガー・アラン・ポー・ストリート」、「東四三丁目」は「ダヴィド・ベン＝グリオン・プレイス」といった具合だ。最近になって市議会が承認した名誉名称のなかには、[3] スタテンアイランドの「ウータン・クラン地区」、ブルックリン区の「クリストファー・ウォレス・ウェイ」（ノトーリアスB．I．G．にちなんだ名称）、クイーンズ区の「ラモーンズ・ウェイ」などがある。市議会は二〇一八年だけでも一六四本の通りに別称をつけた。

　ところが二〇〇七年、市議会はブルックリン区の通りを過激派の黒人活動家ソニー・カーソンにちなんで改名する案を否決し、それに抗議するデモが行われた。カーソンは「黒人による麻薬反対運動」を立ちあげ、警察の蛮行に対するデモ行進を組織し、地域社会による学校管理を要求した人物だ。しかし、その一方で、カーソンは暴力もときによしとし、人種差別的な考えを悪びれもせずに信奉した。あるハイチ人女性が韓国人の店主に暴行されたと訴えたとき、カーソンは韓国系食料品店すべてに対する不買運動を起こした。その参加者は「自分たちと見た目が違う人間」に金を落とすな、と黒人たちに訴えた。「あなたは反ユダヤ主義ですか？」そう問われたとき、カーソンはこう返答した。「わたしは反白人主義だ。わたしの反対主義がひとつの人種だけに向けられているなどと考えないでくれ」[4]二〇〇七年当時の市長、ブルームバーグは言った。「ソニー・カーソンほど市の通りの名称にふさわしくない人物は思いつかないね」[5]

しかし、改名案の支持者たちは、ブルックリン区のことなど誰も気にかけなかった昔から、カーソンが同区のコミュニティをまとめようと奮闘していたことを主張した。元ブラックパンサー党の市議会議員、チャールズ・バロンが話したところによると、朝鮮戦争の退役軍人でもあるカーソンは、数多くの麻薬密売所を閉鎖させた。それは、ニューヨーク市警察が閉鎖させた数を上回るという。カーソンの挑発的なメッセージだけを見て彼の人生を判断しないでほしい、と支持者たちは訴えた。とはいえ、カーソンはアフリカ系アメリカ人のコミュニティ内でも論争の的だった。黒人の市議会議員、リロイ・コムリーが改名案に関する投票を棄権したとき、バロンの補佐官であるビオラ・プラマーは、「暗殺」[6]してでも、コムリーの政治生命を終わらせるべきだと発言した。その後、コムリーには警察の警護がつけられた（プラマーは「コムリーの生命」ではなく、「彼の政治生命」を終わらせろという意味で「暗殺」という言葉を使ったと主張している）。

市議会がカーソンにちなんだ改名案を最終的に否決すると（ちなみに、市議会はカーソンを却下した一方で、ドラマ『ロー＆オーダー』の俳優ジェリー・オーバックと、振付師のアルヴィン・エイリーにちなんだ名称を認可した）、数百名のブルックリン居住者がベッドフォード＝スタイヴェサント地区に押し寄せ、「ソニー・アブバディカ・カーソン・アヴェニュー」と記した自作の標識をゲイツ・アヴェニューに掲げた。バロン議員は、ニューヨーク市が問題のある人たちを長らく称えてきたことを指摘し、そのなかには奴隷を所有していた「小児愛者」のトーマス・ジェファーソン[7]も含まれる、と例を挙げた。そして怒れる群衆を煽って言った。「奴隷所有者の名前を通りの名称から外すために、通りの名称変更運動を起こそうではないか」

「なぜコミュニティ・リーダーは通りの命名にかくもこだわるのか？」[8]——ブロンクス区のセオドア・ミラルディは『ニューヨーク・ポスト』紙にそう投稿した。的を射た疑問だ。本当に、なぜわれわれはそこまで通りの名称を気にするのだろう？

その疑問に答える前に、わたし自身の経験を話しておこう。

そもそも、住所について本をまる一冊書くつもりはなかった。きっかけは手紙だった。わたしは当時、アイルランドの西側に住んでいて、ノースカロライナ州に住む父に誕生日カードを送った。封筒に切手を貼って投函すると、四日後に実家の郵便受けにカードが届いたという。そこでわたしは疑問をいだいた。とりわけ斬新な疑問というわけではないが、アイルランドからアメリカに届けるのだから、もっと費用がかかるはずなのに、と思ったのだ。切手代の利益を、両国でどうやって分けるのだろう？　郵便局の奥の部屋で、会計係が利益を小銭単位で両国に振り分けているのだろうか？

その疑問を解明するために、わたしは万国郵便連合（ＵＰＵ）にたどり着いた。一八七四年に設立され、本部をスイスのベルンに置くＵＰＵは、世界で二番目に古い国際機関で、世界中の郵便制度を司っている。ＵＰＵのウェブサイトを見てみると、すぐに目的を見失った。その内容は驚くほど多岐にわたり、インターネットバンキングや違法麻薬の郵便対策に関する議論といったものから、世界郵便の日の告知や世界手紙書きコンテストの要項といったものまで載っていた。

探していた答えはというと、ＵＰＵは、両国がそれぞれ国際郵便物の処理費として徴収する料金を決定するための複雑なシステムを導入しているとのことだった。わたしはその答えを得たあと、「世界に住所を割り当て、人々に住所を提供する」という取り組みを見つけた。そこで初めて、世界中のほとんどの世帯が住所を持っていないことを知った。ＵＰＵによると、住所は人々を貧困から救うもっとも安価な手段のひとつで、クレジットや選挙権、世界市場へのアクセスを容易にするらしい。しかも「住所がない」という問題は、発展途上国だけに限られたものではないという。その後わたしは、アメリカ合衆国の田舎でも住所を持たない地域があるのだと知ることになる。それは、アメリカへ里帰りしたときのことだった。わたしは父の車を借りて、自分の目で確かめるためにウエストヴァージニアへ向かった。

最初の難関は、アラン・ジョンソンを見つけることだった。ジョンソンは友人の友人で、郡政府に通りに名前をつけることを嘆願した人物だ。彼の住む通りには一度も名前がついたことがなく、家屋番号を割り当てられたこともないという。マクドウェル郡の大半の住民と同じく、ジョンソンもまた自分宛の郵便を郵便局で受け取るしかなかった。初めてパソコンを注文したとき、彼はゲートウェイ社の担当女性に住所を訊かれた。「通りに家があるはずですよね？　お客さまにも住所というものがあるでしょう？」結局、彼女は電力会社に電話をして、三者通話に係員を呼び出し、住所を持たないジョンソンの居所を特定した。配達員が彼の居所を見つけられないこともあるという。だからジョンソンが家から約六・五キロ離れたウェルチという人口一七一五人の町まで運転して、新人の配達員を迎えに行くこともよくあるらしい。

ジョンソンから教わった彼の家までの道順は半ページにおよんでいたが、わたしは最初の曲がり角で道に迷った。結果、ウエストヴァージニアの人たちが率先して道を教えてくれる熱心な案内人であることを知った。芝地で作業をしていた上半身裸の男は、車が行き交う道を横切ってわたしの車まで駆け寄ってくると、地域病院のところで左に曲がれと教えてくれた。ところが、わたしはなぜか右に曲がってしまい、蔦が生い茂る道に迷い出た。進めば進むほど、道が細くなっていく。来た道を引き返すと、蒸し暑いなか小型トラックにもたれて立っている男を見つけたので、ウィンドウを開けて尋ねた。

「すみません、プレミアに行きたいんです」――プレミアは、ジョンソンが住んでいる行政区分に属していない小さな村だ。男はわたしを見て、父の黒い車に視線を移した。「迷ったようだな」彼はそう言い当てた。わたしはプレミアに向かう道を尋ねたが、彼は首を振った。「連れていってやるよ。そうでないと、絶対見つけられないからな」遠慮して断るわたしをよそに、その男はタバコをもみ消してトラックに乗り込むと、一・五キロほど先の広い道まで先導してくれた。そこには、ジョンソンが目印にしろと言っていた古いラジオ局があった。道案内の男は別れの挨拶にクラクションを鳴らして走り去り、わたしはその車が見えなくなるまで手を振った。

目的地に近づいた。ジョンソンによると、運送会社のB＆Kトラッキングを通過すると、行き過ぎたことになるらしい。案の定、わたしはB＆Kトラッキングを通過し、引き返した。市の職員がふたりで道路の脇を清掃していたので、わたしは車を止め、自分の進んでいる道が合っているかどうか尋ねた。

「どっちのB＆Kトラッキングだろう？」彼らは額の汗を拭きながら訊いた。「この道には、B＆Kトラッキングがふたつあるんだ」わたしは冗談だと思ったが、彼らの表情は嘘をついていなかった。

次に見かけたのは、道路脇に止めた赤い小型トラックだ。メッシュキャップをかぶった年配の牧師が運転席にいた。わたしは自分が向かっている場所を説明しようとし、もしやと思って、アラン・ジョンソンを訪ねてきたんですと言ってみた。すると彼は頷いた。「ああ、アランの住んでいるところなら知っているよ」少し考え、道案内を試みたが、結局こう訊いてきた。「わたしの家がどこか、知っているかね？」

残念ながら、知らなかった。

そんなこんなで、わたしはようやく、アラン・ジョンソン家の砂利道に続く目印のない急カーブを見つけた。ジョンソンは、地元民が「窪地」と呼ぶ、曲がりくねった岩だらけの道の奥まった場所で機嫌よく暮らしていた（ちなみに彼のあだ名は、ウエストヴァージニア名物の巨大なビスケットになぞらえた「キャットヘッド」だ）。彼の家はうっそうとした森のなかにある暖かで頑丈な木造家屋で、室内の壁はスタジオで撮影した妻と子どもたちの写真でいっぱいだった。ジョンソンの父は昔、近くの炭鉱で働いていたそうで、家族はそこから越したことがないらしい。デニムのオーバーオールを着て、白髪を後ろで束ねたジョンソンは、わたしとしゃべりながらギターを軽くかき鳴らしていた。

どう考えても、彼には住む通りがわかる名称が必要だ。どう名付けたいのだろう？

ジョンソンは言った。「小学校に通っていた頃、この窪地にはステイシーという名前の子がたくさん住んでいたんだ。その頃から、地元民はここを〝ステイシー・ホロー（ステイシーの窪地）〟って呼んでいる」

ウエストヴァージニア州は数十年にわたって、「通りの命名と付番」プロジェクトに取り組んできた。ウエストヴァージニアの数ある小さな町の郊外では、一九九一年まで、ほとんどの住民が住所を持っていなかった。そこへ、州がヴェライゾン通信会社の料金つりあげを摘発した。同社は異例の和解の一環として、一五〇〇万ドルを支払うことに同意し、文字どおり、ウエストヴァージニア州民は住所を手に入れることになる。

人々は何世代にもわたり、創意あふれる方法でウエストヴァージニアの道案内をしてきた。道順は数段落におよんで指示される。たとえば、こんな具合だ。「目印は白い教会だ／石造りの教会だ／レンガ造りの教会だ／古い小学校だ／古い郵便局だ／古い縫製工場だ／大きな曲がり角だ／入れ墨店だ／ドライブイン・レストランだ／牛の模様みたいなゴミ収集箱だ／畑の真ん中にある小型トラックだ」しかし、ここの住人なら道順など訊く必要はないだろう。低地や河川敷を曲がりくねる未舗装の小道で会う人たちは、どのみち全員、顔見知りなのだから。

救急サービスは、住民を見つけるためのより合理的な方法を探して試行錯誤してきた。ここで目を閉じて、あなたが住んでいる家がどこにあるか、住所を言わずに説明してみてほしい。できただろうか？　では次に、自分が発作を起こしていると想像して、同じように説明できるだろうか？たとえば、ウエストヴァージニアではこんなことが起こる。「前庭にニワトリがいる家に来てくれ」と連絡を受けた救急隊員が駆けつけてみると、周辺の家も全部ニワトリを飼っている。また、現場付近で車を走らせていると、住民たちが玄関先で見知らぬ救急隊員に手を振ってくる――ただ人懐っこいから手を振っているのか、病人がいるから手招きしているのか判断できないそうだ。人口四二九人の町ノースフォークで消防士をしているロン・セリーノは、取り乱した通報者に「サイレンの音が聞こえないか、耳を澄ませてください」と言い聞かせるのが大変だと語った。そうして、曲がりくねった窪地を蛇行しながら、かくれんぼが始まる。「聞こえるかい？」「まあだだよ」などと電話でやりあっている場合ではないのに。

ウエストヴァージニアの田舎道の多くは、地方配送路ナンバーが郵便局によって割り当てられているが、それらのナンバーは地図には載っていない。緊急電話の交換手は言う。「地方配送路ナンバーを言われても、それがどこなのかわれわれにはわからないんです[9]」

一本の通りに名称をつけるくらいならたやすいが、数千もの通りに名称をつけるとなると話が変わってくる。わたしは、マクドウェル郡の住所の割り当てを担当するニック・ケラーに話を聞いた。彼の事務所は最初、ヴァーモント州の請負業者に住所の割り当て業務を依頼したそうだ。しかし、その苦労は報われず、業者は住所を割り当てた数百の黄色い紙束を残して去っていった。ケラーは、紙束に書かれた住所がそれぞれどの家を指すのかわからなかった（ウエストヴァージニアの住民は炭鉱で主たる生計を立てているため、ヴァーモント州の局番から電話があると、環境保護主義者から咎められるのではないかと恐れて、応答しないらしい）。

ケラーの役目は、マクドウェル郡の一〇〇〇本の通りに命名することだった。彼はオンラインで適当な通りの名称を探し、遠方の場所からいくつもの名称をこっそり拝借した。その場所の歴史にまつわる名称をつけることも試みた。木々や花々の名称も使ったが、種類が足りなかった。「みんな、わたしがつけた名称を代々罵るでしょうね」と語った。ケラーは道路標識を発注し、自らハンマーをふるってそれらを設置した。子どもの頃から薪割りをしていたため、力仕事は得意だったらしい。

ウエストヴァージニアの各郡は、それぞれ独自の命名戦略を実施した。ある郡は、学問的なアプローチ、すなわち歴史書を読んで適切な名称を選ぶ方法を取った。また別の郡は、チャールストンやモーガンタウンといった都市の電話帳を事務所に持ち込んで参考にした。住所割り当ての担当者が地図に載せられそうな短めの名称を探していると、その秘書はスクラブル〔盤上にアルファベットの駒を並べて単語を作るゲーム〕のウェブサイトを駆使して、短い単語を徹底的に調査した。命名戦略は創造性を増した。職員から聞いた話によると、ある「色気たっぷりの」未亡人は、自分の住む通りに「クーガー・レーン」（年下の男が好きな年配女性の小道）という名がついているのを知って驚いたという。また、通りの突きあたりにパーティの残骸が散らばっているのを見て、うってつけの名称を思いついた担当者もいる。そう、「ビア・カン・ホロー」（ビールの空き缶の窪地）だ。

　別の職員は、名づけたい通りの端に座り込み、何かいいアイデアはないものかと何十分も頭を抱え込むことがあると話した。

「赤ちゃんの名前を考えるようなものですよね？」わたしは訊いた。

「ええ。でもひとつの名称を考えるのに、一〇カ月も与えてもらえませんけどね」彼はそう言って、ため息をついた。

　住民からの意見がなかったわけではない。ローリー郡は、該当する通りの住民が新しい名称に同意することを条件とした。郡によっては、なんというか、幅広いアプローチを試みる住民もいた。どうしても「クランチー・グラノーラ・ロード」（自然派グラノーラの道）という名の通りに住みたいと希望する住民。地元民による昔ながらの名称、「ブーガー・ホロー」（鼻くその窪地）を変更しないでくれと要請するコミュニティ。では、住民が同意してくれない場合はどうするのだろう？「長ったらしい名前をつけてやると脅すんです、クリサンセマム（菊）とかね」ある担当者はそう言って、不敵な笑みを浮かべた。

自分の住む通りを「スチューピッド・ウェイ」（愚かな道）と名づけたがる住民もいた。なぜかって？「だって、通りに名前をつけようっていう方針自体が愚かだもの」彼女は得意げに答えた。

それを聞いて、わたしの視野は広がった。そう、ウエストヴァージニアの住民の多くは、住所など欲しがっていないのだ。新しい通りの名称が気に入らないこともあるのだろう（ヴァージニア近隣に住むある農場主は、[10]大恐慌時代に祖父への融資を断った銀行家の名前にちなんで、自分の住む通りが名づけられたと激怒していた）。しかし、反対の声は大体において、特定の名称ではなく命名すること自体に向けられていた。誰もが顔見知りなのだから通りの名称は必要ない、と反対者たちは繰り返した。三三歳のある男性が喘息発作を起こし、救急車が道に迷ったせいで亡くなったとき、その母親は新聞記者にこう話した。「ちょっと車を止めて、誰かにわたしたちの家はどこか訊いてくれるだけでよかったのに」[11]（ちなみに、土地勘のない外部の人間に彼女がした道順の説明は「クーパー野球場があるでしょう、左手の最初の道を行って、右に急カーブして、山のほうに向かってちょうだい」だった）。

しかし、ケラーが言うように「夜中の三時に誰それの家はどこかと訊かれて、ちゃんと答えられる人など、びっくりするくらい少ない」というのが現実だろう。真夜中に家を間違えた救急隊員は、銃を突きつけられることだってあるかもしれない。

緊急電話のある交換手は、マクドウェル郡の高齢者コミュニティに、住所の割り当てプロジェクトの利点を宣伝したが、歓迎されなかった。「住所なんていらない、っていう人たちもいるんですよ。でも、救急車を呼ぶときに必要だろうと訊いてみたんです。そうしたら、救急車は必要ない、自分たちで互いの面倒を見るんだから、って言われました」

「住所を割り当てる仕事は、およびごしでは務まりません」[12]ある担当者は全体会議でそう訴えた。ウエストヴァージニアの通りに命名するため派遣された職員たちは、ショットガンを持った男たちに迎えられたこともあるという。尻ポケットに山刀《マチェーテ》を差した男に遭遇した職員がこう言った。「あんな危険なやつに住所なんていらなくないか？」[13]

わたしがインタビューした人たちのなかには、「これらの地域に住所がないのは、後進的な田舎のコミュニティを象徴している」と考える人たちもいた。しかし、わたしはそうは思わない。マクドウェル郡は国内でもっとも貧困な郡のひとつだが、結束力の強いコミュニティだ。住民たちは近所の人たちを互いに知っているし、その土地の豊かな歴史のことも理解している。つまり、彼らは外部の人間にはわからないことを知っているのだ。たとえば、人口二二四人のバートリーの住民は、二〇年前に全焼したバートリー・スクールを中心にして方向を考える。一方のわたしはというと、自分が育った町を移動するのにＧＰＳを使っている。もし住所がなければ、慣れ親しんだ土地の見え方も変わってくるのだろうか。

それに住民たちの不安は的外れなものでは決してなく、むしろ納得のいくもの、分別さえ感じられるものだとわかった。住所は緊急サービスのためだけに存在するのではない。住所があると、人に見つかったり、警察の取り締まりにあったり、課税されたり、郵便で不要なものを売りつけられたりするのだ。ウエストヴァージニアの住人がいだく「住所の割り当てプロジェクト」に対する不信の念は、一八世紀のヨーロッパの人々がいだいた不信の念、つまり政府が各家庭のドアに番号を割り当てたとき、それに反発したヨーロッパの人々がいだいた不信の念に似ている――これについては後述する。

しかし、アラン・ジョンソンのように、自分の家がグーグルマップで見つかるなんてすてきじゃないか、とその利点を冷静に認めている住人もウエストヴァージニアにはたくさんいる。一八世紀のヨーロッパの人たちが、番号を割り当てられたドアの隙間に押し込まれる興味深い郵便の束に心惹かれるようになったのと同じだ。ウエストヴァージニアを訪問した数週間後、わたしはジョンソンと話した。彼は緊急サービスに電話して、自分の家を交換手に説明したそうだ。交換手は、地図に載ったジョンソンの新しい住所を見つけてくれた。

アラン・ジョンソンは今、念願の「ステイシー・ホロー・ロード」に住んでいる。

それでは、最後にこの話をしよう。ウエストヴァージニアのことを書いてから間もなく、わたしは夫と一緒にトッテナムで家探しをしていた。トッテナムは、ロンドン北部の労働者階級地区だ。わたしたちはロンドンに越してきたばかりで、予算内で気に入る場所をまだ見つけられずにいた。トッテナムは活気と多様性にあふれた町で、カリブ料理のテイクアウト店やコーシャ食品［ユダヤ教徒が食べてもいいとされる食品］店、ハラル認証［イスラム教徒が食べても問題ないと特定機関に認められているということ］の肉屋などが同じ通りに並んでいるようなところだ。住民の約七八パーセントがマイノリティで、ブルックリンの三パーセントの面積に一一三以上の民族グループがひしめいている。

　トッテナムの運気には浮き沈みがあった。二〇一一年八月に起こった暴動は五名の死者を出し、イングランド全土に広まったが、きっかけはトッテナムで警官が二九歳の男性を射殺したことだった。カーペット店、スーパーマーケット、家具店に火が放たれ[14]、警察は四〇〇〇人を略奪、放火、襲撃の容疑で逮捕した。こんにちでも、トッテナムの失業率と犯罪発生率は非常に高い。けれども、トッテナムに引っ越したばかりの友人を夫婦で訪ねたとき、近隣は世界中から集まった若い夫婦や家族で賑わっていた。その後、わたしはちょうど空いたばかりの、寝室が二部屋あるテラスハウスを内見に行った。

　そこの通りはこざっぱりしていて、将来ご近所さんになるかもしれない人たちは前庭で生け垣を刈り込んだり、花を植えたりしていた。通りの片端には入りやすそうなパブ、もう片端には立派な公立学校があり、ガーデニング教室とプールまで備えていた。テラスハウスから五分ほど歩いた先には緑豊かな公園があり、そこには小さな遊び場やテニスコートもあれば、プラタナスで木陰ができる散歩道まであった。テラスハウスは、イギリス一（もしかするとヨーロッパ一かもしれない）多様性に富んだ区域にどっしりと構えていた。

不動産会社の担当者、ローリンダがそのテラスハウスを案内してくれた。電話で聞いたとおり、すてきな家だった――板張りの床、出窓、各部屋には暖炉がある。もちろん、バスルームもだ。ローリンダの案内は手早かった。既に多くの申し込みがあるらしく、決めるなら早くしなければいけない。

わたしは心からその家が気に入った。しかし、ひとつだけ気にかかる問題があった――自分は本当に「ブラック・ボーイ・レーン」（黒人通り）と呼ばれる通りに住みたいだろうか？

その通りがなぜ「ブラック・ボーイ・レーン」と名づけられたのか、誰も知らなかった。イギリスに黒人の移民がもっとも多く押し寄せたのは第二次世界大戦後だったが、そのずっと前から国内に黒人はいた。シェイクスピアはふたりの黒人を作品に登場させているし、エリザベス一世には黒人の召使いや演奏家が仕えていた。上流階級のあいだでは、黒人の子どもを身近に置くのが流行っていたようだ。大体において、彼らは「人間の飾り」でしかなく、たとえばタペストリーや壁紙やプードルのように、装飾的な役割を果たしていたのだ。

イギリス人は世界でも突出した奴隷商人だったが、彼らに売買されたアフリカ人の大半はイングランドに上陸しなかった。イギリスの奴隷船は、イギリスの物資を積んでブリストルやリヴァプールなどから出港し、アフリカで物資と交換に人間を詰め込むと、今度はアメリカに向かった。そこで彼らと交換に、砂糖やタバコやラム酒、そのほかアメリカならではの物資を手に入れて、ヨーロッパに戻った。ある推計によれば、イギリス人は三一〇万人の人間を運んで海を横断したという。[16]

奴隷解放運動には、オラウダ・イクイアーノをはじめとする元奴隷も数多く携わった。イクイアーノは祖国ナイジェリアから拉致された経緯を自伝に著しているが、一七八九年に発行されたその自伝はベストセラーとなり、イングランドで発行されたアフリカ人による作品としては初期のものに入る。しかし、奴隷制廃止運動のもっとも有名な主導者は、政治家のウィリアム・ウィルバーフォースだ。彼は裕福な羊毛商の息子で、本人いわく「強烈な宗教的改心」がきっかけとなり、奴隷解放運動の道に入った。小柄な男だったものの、そんな体格をものともしない方法で名声をあげた。『サミュエル・ジョンソン伝』の著者ジェイムズ・ボズウェルは、ウィルバーフォースのことを次のように述べている。「最初はテーブルの上のエビのような印象だったが、彼の言葉に耳を傾けているうちに、その存在はどんどん大きくなり、やがてクジラのようになっていた」ウィルバーフォースは一八年間にわたって、奴隷貿易廃止法案を繰り返し議会に提出した。一八〇七年にやっとその法案が可決されると、庶民院はウィルバーフォースに向けて拍手喝采した。その二六年後、彼はイギリス帝国内の奴隷制度廃止法が可決されたことを知った。

その頃、死の床についていたウィルバーフォースは意識が朦朧とした状態だったけれど、一時的に目を覚まし、息子のヘンリーにこう言った。「もう苦しくてかなわない」[17] ヘンリーはこう答えたそうだ。「ええ、でも今までの苦労が神様によって報われたでしょう?」ウィルバーフォースはこう応じた。「そう言いきれるほどの自信はないが、そうであることを願うよ」翌朝、彼は永眠し、ウエストミンスター寺院に埋葬された。

わたしたち夫婦は結局、「ブラック・ボーイ・レーン」にあるそのテラスハウスを買うのはやめた。その理由は、時代遅れのキッチンのせいかもしれないし、まだ家を買う決心がつかなかったせいかもしれない。あるいは、やはり通りの名称が気になったからだろうか。わたしはアフリカ系アメリカ人だ。先祖は件の奴隷船の貨物部屋にいた。それに「ブラック・ボーイ・レーン」という名称は、それほど遠くない昔のアメリカを思い起こさせる。あらゆる黒人男性が年齢を問わず「ボーイ」と呼ばれていた時代のアメリカを(そして「それほど遠くない昔」とは文字どおりの意味である。二〇〇八年にケンタッキー州のジェフ・デイヴィス議員は、アメリカの核貯蔵庫について話しているときにこう発言した。「あの男《ボーイ》の指ひとつで核戦争を始めさせるわけにはいかない」[18]——このボーイとは、オバマ大統領のことを指している)。

とはいえ、ほかの人たちの意見によると、「ブラック・ボーイ・レーン」という名称は奴隷貿易とは無関係で、色黒だったチャールズ二世のニックネームにちなんだだけだという。その通りの住人たちとも話したが、誰もその名称を特に不快だとは思っていないようだった。前庭の手入れをしていた年配の男性に通りの名称の話題を振ると、彼は笑って、この名称はよく会話のきっかけになるんだよ、と言っていた。

何はともあれ、わたしたちはトッテナムと郵便番号が隣り合うハックニーにアパートメントを買い、満足した。ハックニーもロンドン北部の多様性あふれるエリアで、アパートメントにはトッテナムのテラスハウスと同じくらい時代遅れのキッチンがあり、近隣には草深い公園がある。でも今回の決め手になったのは通りの名称だ。そこは「ウィルバーフォース・ロード」と呼ばれている。

ウエストヴァージニアについて書いた記事が雑誌『アトランティック』に載ると、[19] 読者から住所に関する話が届くようになった――政治の風向きによって名称を変更されたブダペストの通りの話、コスタリカで住所という手がかりなしに移動する危険な話、自分の町の通りの名称を変更するために集められた嘆願書の話などだ。わたしは、なぜ人々がそれほど通りの名称を気にするのか知りたかった。そして、アラン・ジョンソンが「ステイシー・ホロー・ロード」に住めることになって、なぜわたしまで幸せな気持ちになったのかを知りたかった。

そうした疑問が、冒頭で述べた疑問につながった。「なぜコミュニティ・リーダーは通りの命名にかくもこだわるのか？」というミラルディ氏の疑問だ。わたしもその疑問に対する答えが知りたくて、本書を書いたのだと思う。わたしが学んだのは、通りの名称が人々の属性や富、そしてソニー・カーソンの例からわかるように、人種にまで関係しているということだ。しかし、何よりも通りの名称には権限が絡んでくる――命名する権限、歴史を形成する権限、誰が重要で誰がそうでないかを決定する権限だ。

世の中には、たとえば鉛筆やつまようじといった小さなものが世界を変えた話について述べた書籍がある。本書はそういった類のものではない。それどころか、通りに命名して番号を割り当てる「啓発プロジェクト」に関する複雑な話を述べている。その啓発プロジェクトは、わたしたちの生活や社会形成の変革と同時に展開してきた。住所は実用面、行政面における便利なツールだと人は考える。しかし住所は、権力というものが何世紀にもわたっていかに推移し、広がったかという壮大な物語を伝えているのだ。

本書では、マーティン・ルーサー・キング・ジュニアの名前がついた通りの話、古代ローマ人の目的地を探す方法、ベルリンの通りにいるナチスの亡霊などについて触れながら、そうした権力の推移について考察している。登場するのは、金メッキ時代のマンハッタン、ヴィクトリア時代のロンドン、革命期のパリなどだ。だが、住所というものを理解するために、わたしはまず「住所がない」ことが何を意味するかを学ぶ必要があった。

それでは、インドのコルカタにあるスラム街から始めてみよう。

発展

第一章　コルカタ

住所はスラム街に変革をもたらすか

コルカタ（旧カルカッタ）の二月の芳しくも暑い朝、わたしはソーシャルワーカーのサバシス・ナートとカリガットにあるバローダ銀行に向かって歩いていた。カリガットは市内でもっとも古い区域のひとつだ。道端には、大釜のなかから湯気をあげているチャイやジャルムリ（パフライスとレンティルとナッツ、そのほか何かわからないけれど美味しいものを混ぜ合わせたストリートスナック）を売る屋台が並んでいる。わたしたちは、そうした売り子たちを縫うように進んだ。歩道には、朝食をとる素足の三輪タクシー《リキシャ》運転手がちらほらいて、その横を通勤者が急いで通り過ぎていく。

冷房のきいた銀行に着くとサバシスは、金属製の椅子に座って辛抱強く順番待ちをしている客たちをよけながら、まっすぐに副支店長のもとへ向かった。副支店長は純白のサリーをまとい、額の真ん中にビンディ［既婚で夫が存命のヒンドゥー教徒の女性が施す装飾］を施した女性だった。彼女はサバシスににっこり笑いかけ、新規口座の申込書の束を差し出した。市内のスラム街チェトラの住民たちが申し込んだ記入済みのものだったが、どれも署名や母方の旧姓などの記載漏れがあった。その申込書は、わたしも書いたことがある申込書と似ていたが（氏名、電話番号、収入などの記入欄があった）、指紋用の空欄とパスポートサイズの写真を貼る空欄もあった。そしてもちろん、申込者の住所を記入する欄もだ。

　サバシスは「Addressing The Unaddressed（住所のない人に住所を付与する）」というＮＧＯ（以下ＡＴＵ）のプロジェクトマネージャーを務めている。ＡＴＵはインド内のスラム街すべてに住所を与えることだけを目標に掲げ、コルカタからプロジェクトに着手した。三〇代のサバシスは、ソーシャルワーカーというよりもハイテク分野の起業家のように見える。その朝は、薄い白のＴシャツに仕立てのよい黒ジーンズを身につけていた。髪はメッシュを入れた明るい茶色だ。いつも落ち着いた雰囲気で、まるでエアコンのきいた気球で忙しない通りを移動しているような印象を与える。彼は申込書をバックパックにしまい、副支店長に礼を言った。

　コルカタには、ジャズクラブやショッピングモール、イギリス領時代の倒壊しかけたマンションなどが並ぶ裕福なエリアもあるが、サバシスの働く現場はそういったエリアではない。ＡＴＵ自体は市内に小さくて清潔なオフィスを持っていた。入り口には靴が積み重ねられ、洋式トイレと何台もの新しいパソコンがそろっている。しかし、サバシスは日中のほとんどをスラム街で過ごす――その日も、わたしたちはチェトラに向かう予定だった。

コルカタの交通量は凄まじく、少し前に、政府が穏やかな音楽を流す取り組みを始めたほどだ[1]――スピーカーから流れるその音楽は、エアコンのきいた車内にいても聞こえてくるほどの大音量だった。交通手段は馬を含めて九種類あった。どの黄色いタクシーを見ても、象の頭を持ったガネーシャ神（障害を祓うと言われている）の像がダッシュボードの上で揺れていた。サバシスのスタッフは何キロも離れたスラム街へよく出向くそうだが、大抵は自分の「足《イレヴン》［11が二本の脚に見えるからと考えられる］」が交通手段だと言っていた。

しかし、銀行からチェトラまで歩いていく時間がなかったわたしたちは、まずオート・リキシャのトゥクトゥクを呼び止め、汗ばんだ同乗者たちと一緒に車内に詰め込まれたあと、今度は自転車型のリキシャに乗り込んだ。そうして、わたしたちはようやくチェトラの正面ゲートにイレヴンを踏み入れた。子どもたちが合唱しているのが教室から聞こえた。

チェトラは運河と線路のあいだに押し込まれたような古いスラム街だ。コルカタの発展について民族誌を著した都市学の教授アナーニャ・ロイは、運河から流れ着いた動物の腐った死骸にまじって遊ぶチェトラの子どもたちの様子を描写し、こう述べている。「わたしは全身の力を込めて、吐きそうになるのを必死でこらえた」[2] しかし、わたしはどういうわけか、都会の喧騒から離れたチェトラに少し安心感を覚えた。チェトラは人が密集している（コルカタのスラム街のほとんどは、約四〇平方メートル内におよそ一三人の人間が密集している――四〇平方メートルは、マンハッタンの平均的なワンルームマンションより約九平方メートルほど狭い）。それでも、住民のほとんどが村出身のせいか、なんとなく田舎の風情があった。オンドリが高い声で鳴き、メンドリが餌をついばんでいる。女性は外で玉ねぎを炒め、子どもたちは線路の上で手作りの楽器を鳴らしていた。子どもたちは列車が通るたびに慌てて避難していた。

わたしたちが到着すると、住民たちはすぐに料理や洗いものをやめて、サバシスのノートパソコンを取り囲むように集まった。彼とそのチームは何週間もかけて、各家にGOコードを割り当ててきた。GOコードとは九桁の数字と文字を並べたもので、その場所のGPSによる位置情報とリンクしている。九桁の数字もなかなか厄介だが、通りの名称決定作業ときたら――いや、そもそもスラム街の曲がりくねった、ほとんどが行き止まりになる小道のどこからどこまでをひとつの通りとするかを決定する作業も――果てしなく時間がかかる上に、政治的問題まではらんでいた。とりあえずは数字で間に合わせている状態だ。GOコードが決定すると、それが青と白のプラカードに印刷され、各小屋に釘で固定される。わたしが訪れたときには、チェトラの二三〇〇以上の小屋にGOコードが既に割り当てられていた。八〇〇〇人近くの人たちが正式な住所を手に入れたことになる。

スラム街は住所よりも深刻なものを必要としているように見えた――衛生や、きれいな水源、医療、季節風《モンスーン》から身を守る屋根さえ不足していたのだ。しかし、彼らがスラム街から出るチャンスを得るためには住所が必要だ。住所がなければ、銀行口座を開くこともできない。そして銀行口座がなければ、貯金も、銀行から金を借りることも、年金を受け取ることもできない。コルカタのスラ

（彼専用の）籠を抱えて町を移動する男八名……さらに、リストにはPeonが四名、Hircarahが四名、Chubdarが二名、Jemmadarが二名必要とあったが、それぞれどんな職種を指すのか、わたしには想像することしかできない。合計すると、彼は四人のイギリス人のために一一〇人の人間を使っていた。

　イギリス人は、カルカッタを「ブラック・タウン」と「ホワイト・タウン」に分けた。イギリス人が住む「ホワイト・タウン」ではヨーロッパの建築様式が見られ、ロンドンと同じ都市計画を誇っていた。家々は宮殿やギリシャ神殿と見紛うほどで、柱廊が印象的だった。一方の「ブラック・タウン」では、柱廊など見られない。カルカッタの人口は二〇〇年で五〇倍に膨れ上がったが、住居の増加数は一一倍程度だった[5]——当然のことながら、スラム街が爆発的に増えた。

　イギリスの植民地政府は一〇年ごとにインドの国勢調査を行い、毎回、インド人の住居に番号をつけるべきだと考えた。同一人物を二回カウントしてしまうのを防ぐためだ。しかし、カルカッタに永久番号をつけるのは不可能に近かった。理由のひとつは、誰にも「住居」を定義できなかったからだ。イギリスで「住居」と言えば、一戸の家や個々のアパートメントを指す。だが、その「住居」という単語をヒンディー語には翻訳できないのだ。各部屋に一世帯が住んでいる場合、世帯ごとに番号を付与することは可能だ。しかし、一部屋をゴザで分けて二家族が住んでいる場合はどうすればいいのだろう？　インドの国勢調査員は、住居に番号を付与する指示を受けてパニックを起こした。「調査票の記入方法がわからない[6]。どうすればいいのだろう？」と嘆いた。そうして、番号付与プロジェクトは失敗に終わった。

イギリス人にはインドの町の仕組みが理解できなかったのかもしれない。いや、そもそも理解する気がなかったのだろう。リチャード・ハリスとロバート・ルイスは、大変な手間をかけてカルカッタの植民地の通り番号付与の記録を調べたが、イギリス人にとってインドは「理解の範疇を超える不可知の領域」[7]だったのだろうと述べている。インド人がどのように目的地を目指して市内を移動するのか、どのような生活を送っているのか、イギリス人は学ぼうとも理解しようとも思わなかった（インド在住のイギリス人たちが行きたい場所といえば、職場やホテルなどに限られていたので、彼らは住所を知らなくても困らなかったのだ）。ハリスとルイスの指摘によると、イギリス人は義理堅い地元のリーダーが必要な場所へ案内してくれるので、自らの足で近隣を歩くことがなかったらしい。住所から身元がわかった場合にも、イギリス人はそのインド人がどこの誰であろうと意に介さなかったのだ。

植民地から独立後のコルカタは、カルカッタという呼称をベンガル語発音のコルカタに変更することで、イギリス人が遺したものを拒絶した。理屈で考えると、イギリス人よりも独立したコルカタのほうが、市民に住所を与える作業もうまくやれるはずだ。コルカタは長年、左翼政権が続いていた。しかし、インド政府はスラム居住者に住所を与えることに関して、必ずしもイギリス人より熱心だったとは言えない。二〇〇〇年代初期、アナーニャ・ロイは、カルカッタ・メトロポリタン開発局が二万世帯を対象にして、コルカタの貧困家庭への食料配給計画のための調査を行っていたと知る。朗報ではないか！　しかし、アナーニャが局長にインタビューしたところ、調査対象は無断居住者を除外していることがわかった。「無断居住者を調査対象にすると、そこに無断で住むことを認められたと勘違いされる恐れがあるからです[8]」局長は語った。「彼らの存在を認めるわけにはいきませんからね」

イギリス人がときおりスラム街を解体するのは、[9]たとえば道路を建設したり、入植者用の土地を切り開いたりするのが目的だった。イギリス人は追放された者たちのその後の生活など気にもかけなかったものの、スラム街を一掃することは不可能に思われた。しかし、西ベンガル州政府（二〇一一年まで共産党政権が続いていたが、同党は民主的な選挙によって成立した共産党政権としては世界最長の政権であった）は、スラム街のないインドを実現できると信じていたようで、スラム街を合法的に消滅させることは「厄介事[10]」を始末することだと正当化した。そこに存在すべきではない──そして、存在しなくなる──スラム街を数え上げてなんになる？　彼らはそう考えた。地図を作ったり、住所を与えたり、スラム居住者を数えたりするのは、彼らに居住許可を与えるようなものだと考える者もいた。

わたしはホープ・コルカタ財団法人のプログラム主任に会いに行った。ホープ・コルカタ財団法人は、コルカタのストリートチルドレンの保護活動を行うアイルランドの慈善団体で、当時のプログラム主任はポーラマイ・ドゥ・サカーだった。彼女のデスクに積まれた書類は膨大な仕事量を物語っていた。わたしたちは活気あるオフィスで、こぎれいなトレイにのせられてきた熱く甘いコーヒーを飲みながら話した。政府はスラム街をどんどん解体していた。しかし、彼女は疲れた口調で言った。「いつまで経ってもスラム街はなくならないですよ」

それでも、居住者を数えて住所を与えることで、スラム街にスポットライトがあたり、必要な援助が届くようになる。ＡＴＵのプロジェクトによって新たに付与された住所を活用して、ホープ・コルカタ財団法人は人口調査を実施し、彼らの援助対象を絞ることができたという。スタッフのひとりは、一家族の男児の数、世帯所得、学校の中退率の相互関係を比較して、児童の就労率の高いエリアを割り出した。住所を活用して、赤ん坊の出生証明書取得の援助もできた――出生証明書がなければ、学校にも行けない。

インタビューを終え、わたしはサバシスと昼食をとりにホープ・カフェに行った。それはスラム街の人たちをトレーニングするレストランで、彼らは親切な接客の仕方を学んでいる。わたしたちは伝統料理のターリーを注文し、スープと米を手ですくって食べた。サバシスは、政府が住所の付与そのものに着手したがらないこともあると理解していた。「ふたりの子どもを相手にするようなものなんです」彼は説明した。「無関心な子と好奇心旺盛な子がいて、好奇心旺盛な子は、なんでもかんでも知りたがる。反対に、無関心な子は何も知りたがりませんからね」

コルカタでは、マザー・テレサが遺したものに関して話がもつれている。彼女がヒンドゥー教徒の命よりもカトリック教徒の死を優先したと論じる者も多いのだ。しかし、彼女がコルカタを絶望の町として有名にしたことは間違いない。わたしはコルカタの貧困を表す言葉をうまく見つけられないが、ほかの西洋人でそれを見事に表現した人たちがいる。[11] 彼らによると、コルカタは「宇宙一ひどい場所」「恥ずべき場所」「最悪な夜の町」らしい。マーク・トウェインはコルカタの気候を「真鍮のドアノブさえ崩す」と表現した。ウィンストン・チャーチルは母宛の手紙にきっぱり書いている。「父がリスボンを見ることができて喜んだのと同じ理由で、わたしはコルカタを見ることができてよかったと思っている――もう二度と見なくてすむという理由でね[12]」

しかし、こんにちでは多くの訪問者がコルカタにあふれんばかりの魅力を感じていて、わたしもその例外ではない。コルカタの愛称「歓喜の町」は皮肉ではない。わたしが出会ったコルカタの人たちは皆、活気と知性に満ちているという町の評判を誇らしげに語った――町には映画学校やサロンのようなカフェもあれば、評価の高い大学もある。政治活動も盛んだ。サバシス自身もベンガルの音楽と文学に夢中だった。彼はある朝、コルカタ出身のラビンドラナート・タゴールの木版画を見せてくれた。タゴールは詩集『ギタンジャリ』の著者で、一九一三年にノーベル文学賞を受賞している。また別の日、サバシスはコルカタの約一・五キロにわたる古書市場を案内してくれ、わたしのためにベンガル語の詩集の薄い英訳版を選んでくれた（彼はボブ・ディランの歌詞本を買おうか長々と考えていたが、二〇〇〇ルピーという価格を見てすぐにあきらめた）。

スラム自体にもそれぞれ際立った個性がある。「スラム街」という言葉は、さまざまな共同体の総称だ。運河や道路脇、空き地に沿って発生したスラム街の大半は違法である。そこの住人は無断居住者で、他人の土地に許可なく住んでいる。「小部落《バスティ》」と呼ばれる合法スラムもあり、そこには大抵、賃貸で住めるましな住居がある。

とはいえ、スラム街には総じて共通点がある――換気が悪く、浄水の供給は限られていて、トイレや下水設備も足りていない。政府はスラム街の構造を「身の寄せ合い」と定義しているが、それを初めて聞いたとき、わたしは専門的ではなく文学的な表現だなと思った。しかし、いくつもの掘っ立て小屋が倒れないように文字どおり互いに寄りかかっているのを見て、納得した。コルカタの五〇〇〇におよぶスラム街には三〇〇万人が居住していると推測されるが、彼らは運がいいほうだ――少なくとも避難できるシェルターがあるのだから。底辺の貧困層、つまり道端に住む人たちは通りで眠っている。赤ん坊は、通りに横たわる両親のあいだに注意深く挟まれている。厳密に言うと、リキシャは禁止されているが、裸足でほぼ裸の運転手たちは、その薄汚れた通りで気にせず商売をしている。

少しはましなスラム街もある。チェトラのように、都市部に近いスラム街は大抵できてから数百年経っていて、ブリキの屋根とちゃんとした床のあるコンクリートでできた頑丈な家が並んでいる。「パンチャナンタラ」という無意味に繰り返したくなる名前の区域では、明るい色のサリーをまとった一〇代の少女たちが二〇人ほど集まって、目抜き通りとおぼしき場所の真ん中で、ヒンドゥー教の祭壇に向かって楽しげに歌っていた。群衆はあたりをうろつき、屋台でフルーツや野菜を買っていた。わたしは生活の質《クオリティ・オブ・ライフ》とはなんだろうと思った。それを評価する正式な方法がわからない

――たとえば、そこにトイレは見あたらなかったけれど、活気あるコミュニティの賑わいを目のあたりにし、自分は心からくつろいで溶け込めている気がした。後日知ったのだが、近くの病院で火事が起こったとき、パンチャナンタラの住人たちはすぐさま救助に駆けつけたという。警備隊は住民たちを追い払ったが、彼らは竹製のハシゴをかけ、サリーとベッドシーツで作ったロープを結び、病人たちを窓から救出したらしい。[13] その話を聞いてもわたしは驚かなかった。

そうかと思えば、もっと悲惨なスラム街もある。サバシスと彼の同僚のロミオに案内されたバガーという区域では、入り口で高くそびえるゴミの山に迎えられた。女性や子どもたちがゴミの山をよじのぼり、金目のものならなんでもかまわず漁っていた。その横では、何台ものトラックがゴミを追加しようと並んでいる。地面を掘りかえしているブタたちも家族の収入源だそうだ(仮設の肉屋が数軒、血の滴る豚肉の厚切りを小屋の天井からぶらさげていた。肉にはハエの大群がたかっていた)。少女がひとり、インクのように真っ黒な池でそっと水浴びをしていた。池はゴミからにじみ出る化学薬品が原因で自然発火することもあるらしい。そんな環境にもかかわらず、バガーよりも悲惨な場所はたくさんある、とサバシスは言った。なぜなら、ここでは少なくともゴミの山が収入源になるからだ。

そのバガーで、サバシスはパソコンを取り出し、顔の汗を拭った。煙のすすでTシャツが黒く汚れた。既にバガーの住所付与は終えていたが、サバシスとロミオは新たにできたその場しのぎの建造物の住所を更新しに来たのだ。スラム街は常に変化し、家が壊されては再建される。いくつもの家族が入れ代わり立ち代わり現れては去っていくのだ。何世帯かの新しい家族がベランダで生活していた。鎖でつないだヤギの横で寝転がっている。サバシスとロミオは新規の家族にそれぞれ住所を与え、これまでの記録と目前に並ぶ新しい建造物を見比べていた。最後に来たときから多くの変化があったのだろう。わたしは、またすぐに彼らがこの場所を来訪することになる気がした。

一九八〇年代、世界銀行は発展途上世界の経済成長を低迷させている要因のひとつに着目していた——不安定な土地所有権だ。言い換えると、誰がどの不動産を所有しているかを一元管理するデータベースがないのが問題だった。それがないと土地の売買もできなければ、不動産によって信用を得ることもできない。所有者がわからなければ、土地に課税することもできない。理想を言えば、各国が土地台帳を作成すればいいのだろう。土地の住所、所有者、価値を登録する公的なデータベースだ。たしかな土地台帳システムがあれば、土地の売買も徴税も容易になる。そして土地の購入者は、それが自分の——自分だけの——土地だと断言できるようになる（ついでに税務署も、土地の所有者を断言できるようになる）。

しかし、世界銀行による土地台帳プロジェクトはしばしば暗礁に乗り上げた。貧しい国々では、データベースを維持する資金も要員も足りないのだ。役人が土地所有者の正当な権利を奪い、不正情報を入力して、土地台帳が改悪されることもある。コンサルタントに高給を支払い、シンプルな登記簿ではなく、先端技術の電子化システムを構築させたが、それはそれで管理が複雑すぎた。終わりも見えず、行き先も不明なプロジェクトに何百万ドルもの資金が投じられたわけだ。

世界銀行や万国郵便連合などの組織は、もっと簡単な方法を思いついた。発展途上国に欠けているのは土地台帳だけではない——住所も欠けているのだ。住所があれば、その都市は「最初の一歩」[14]を踏み出すことができる。居住者を見つけたり、情報を収集したり、インフラを維持したりもできる。誰もが利用できる地図を作成することもできるのだ。

専門家が住所付与の方法を行政管理者たちに徹底指導しはじめた。チャド共和国、ブルキナファソ、ギニア、マリは、その方法を初期に取り入れた国々だ。世界銀行の専門家は書籍を発行し、住所付与のオンライン講座を開き、住所によって得られる恩恵を宣伝するためのボードゲームのアイデアコンテストまで主催した（役員たちが会議室に集まり、コンテストに応募してきた三五種類のゲームを審査した。《I need a sign〝目印が必要〟》と《Urbs and Civitas〝都市と市民意識〟》という名称のゲームが優勝した）。

住所によって得られる恩恵や利益はすぐに明らかになった。住所は民主制を促進し、有権者登録や選挙区の区分けを容易にした。安全面を強化することにもなった。住所のない地域は犯罪がはびこりやすいからだ（あまり明るい話題ではないが、住所によって政治犯も見つかりやすくなる）。それまで水道会社や電気会社は、集金やインフラ維持のために独自のシステムを作るしかなかったが、住所付与システムのおかげで、そうした業務量もはるかに削減された。政府による納税者割り出しや徴税の労力も軽減された。住所と収入のあいだには、プラスの相互関係があることもわかった。住所がある場所は、そうでない場所よりも所得の不平等格差が少ないことも判明した。
アイルランドに拠点を置くＮＧＯ「ＡＴＵ」が、自分たちの活動を重要視する理由はたくさんある。わたしはコルカタに向かう数カ月前に、ＡＴＵの共同創立者であるアレックス・ピゴットと会った。それはコルカタから八〇〇〇キロ以上離れたダブリンの外れで、わたしたちはアイリッシュソーダブレッドとアップルクリスプのデザートを添えたカレーを出すタイ風レストランに入った。アレックスは品のある白髪のビジネスマンで、長年愛用しているのがうかがえる麻のジャケットを着ていた。一九七〇年代にアイルランドでクリスマスの郵便配達員として出発し、一九八〇年代に郵便ビジネスを始めた。郵便サービスは正確な住所があって初めて機能する。彼は必要に迫られ、すぐに住所の専門家になった。

アレックスは会議でモリーン・フォレストというアイルランド人女性に出会った。彼女はホープ・コルカタ財団法人を発足した人物で、その基金対象となるスラム街の人口調査を手伝ってくれる人を探していた。アレックスは自分の唯一の得意分野、すなわち住所に関する専門知識を提供しようと申し出た。

調査はアレックスが思ったほど容易ではなかった。コルカタの多くのスラム街にある家は、どれもレストランのブース席くらいの大きさしかなく、最初に作った住所表示用のプラスチック製プラカードを破棄せざるを得なかった。プラカードがドアから落ちて牛が食べてしまう、と居住者たちが心配したからだ。当初は、各住居の新しいＧＯコードを載せたスラム街の地図を大きなビニールシートに印刷し、居住者が近隣を確認できるようにしていた。ところが、そのビニールシートはすぐに姿を消した。モンスーンの時期に屋根に空いた穴を塞ぐために、居住者が使ってしまうからだ。そうこうしつつ、アレックス率いるチームはきちんと機能するシステムを徐々に構築していった。

ある日のこと、わたしはサバシスと彼の同僚と一緒に、コルカタ港付近にあるシックレーンというスラム街を訪れた。通りを走る何台ものトラックが、朝から晩まで埃を撒き散らしていた。人がふたり並んで立てないほど狭い路地で、サバシスの同僚は片手にパソコンを抱えてスラム街の地図をスクリーン上で確認した。住居のある位置をクリックすると、そこのGOコードが表示される。サバシスがそのコードを読み上げ、同僚が該当する住居のドアにコードを丁寧に書き入れた。ドアの外観から、それがかつては女子トイレの入り口だったことがうかがえる。一同はまた戻ってきて、正式な番号を印刷した分厚いプラカードをドアの上に設置する予定だ(わたしがコルカタを去ってから間もなく、ATUとグーグル社が提携することになり、今では同社のプラスコード住所指定システムを共有活用している)。

また別のスラム街では、ATUの研修生がふたりで人口調査を行っていた。彼らは西洋風の服装にテニスシューズを履いたボランティアの法学部生で、コルカタ出身だが、中流家庭で育ったため、この研修に入るまでスラム街に足を踏み入れたことはなかった。ふたりは一〇代の若者らしく朗らかに笑いながら実習に臨み、戸惑うことなくスラム街を歩き回った。彼らが調査のための質問をすると、スラム街の住人は年配者でさえ従順に回答した。調査の質問は一枚の紙におさまるほどで、居住者の身分証明書や公衆衛生システム、水の供給源などについて尋ねるものだった。ふたりの研修生はドアからドアへと各住居を訪ね、仕事前に昼寝をしている男がいれば、そっと起こして調査することもあった。

紫色のサリーを着た腹のふくらんだ女性が、サバシス一行を手招きした。彼女は自分たちにも番号を付与してほしいと言った。どういったわけか、見過ごされていたようだ。彼女は自分たちが住む場所に一行を連れていった。いくつかの小屋の裏手にひっそりとたたずむ、奥まった場所だった。部屋は大きめのベッドがやっと入るくらいの広さで、いくつかの料理用の深鍋がきちんと積まれていた。ベッドの上にはふたりが横になり、もうひとりがベッドの下の地面で寝ていた。あまり役に立たない屋根しかなく、風雨にさらされる環境だ。

髪を櫛でなでつけたばかりの少年が、シャツのボタンを閉めながら戸口に現れ、母親に代わって調査の質問に答えた。「いいえ、身分証明書はありません。アドハーカードもありません」わたしたちが出会った人たちはほぼ全員、携帯電話を持っていたが、その少年も例外ではなく、彼はゆっくりとした口調ではっきり自分の番号をサバシスに伝えた。母親のほうを見ると、そのゆったりしたサリーから、妊娠しているらしいとわかった。彼女は何も話さなかったものの、わたしににっこり笑って頷いてみせた。世界共通のさよならを告げる仕草だ。住所を与えられたところで、彼女になんの利益があるのだろう？　銀行口座に入れる金があるとでもいうのだろうか？　いや、そんなことが問題なのではない、とわたしは思った。住所があれば、彼女もその家族もコミュニティの一員になれた気がするのかもしれない。

その「一員になる」ことが、住所の持つ隠れた強みのひとつなのだ。世界銀行の職員はすぐに気づいた——住所を持つと、そこに住む人々は社会の一員になれた気がして自信を持てる。住所は人が自信を持てるよう手助けをするのだ。それは、スラム街においては特に顕著だった。「市民は、都会のジャングルに迷い込んだ匿名の誰かではありません。親戚や仕事仲間にしか知られていない存在ではないのです。人にはそれぞれ認められたアイデンティティがあります[16]」専門家グループが住所付与について書いた本でそう述べている。市民は「組合や政府機関と相互に連絡が取れる手段を持つべきで、たとえそれまで知らなかった相手とでも、市民同士で連絡を取れる手段を持つべきだ。しかし住所がなければ、自分が知っている相手としか連絡が取れない。さらに言うと、自分のことを知らない相手こそが、自分をもっとも助けてくれる人間だということが多々ある。

この「社会の一員である」という一体感は、スラム街においては特に重要だ。なぜなら、彼らはまさに「社会の片隅」で生きているからだ。だからこそ、ＡＴＵのような組織が疑いの目で見られることもある。この組織は、コルカタの既存の住所システムにスラム街を組み込むのではなく、スラム街だけに特化した新しい種類の住所を割り当てているからだ。スラム街を市のほかの地域に組み込んでいるわけではない。その点で、一体感とは逆の方向に進んでいると言われるかもしれない。

ある意味では、わたしもそうした批評に同意する。隣り合って暮らしているのに分断されている二種類のコルカタ居住者を、住所システムによって統合できれば、それに越したことはないだろう。

スラム街の住人がお互いだけで帰属意識を持つのではなく、市全体に属しているという感覚を得られたらすてきだと思う。しかし先述したように、行政はスラム街の人たちを認めたがらない、あるいは認める手段を持たないように思われる。だからこそ、今の時点ではサバシスたちに頼るしかないのだ。

ある日の夜一〇時頃、わたしはサバシスと一緒に黄色いアンバサダー［かつてのインドの国民車］のタクシーに乗って、暗く長い道を走っていた。突きあたりに着くと、わたしたちはコリー・マーケット・エリアの通りをゆっくりと歩いた。そこは青と白の街灯に照らされていた。コルカタを象徴する色だ。売り子たちが色とりどりのマットの上に売り物を広げていた。あれほど種類豊富な野菜は見たことがない。わたしは幼な子のように果物や野菜を指さしては、サバシスにその名前を訊いた。色つき電球のランプで売り物を照らしている売り子もいた。赤い電球はトマトをみずみずしく演出し、紫の電球はナスビをぴかぴか光らせている。魚が布の上でぴちぴち跳ね、何人かの年配女性がそれを杖でつついていた。

わたしたちはそこでサリル・ダラに会った。彼はヒッピーのような雰囲気のハンサムな男性で、短いアフロヘアの頭に太い黒縁の眼鏡をかけていた。足元はビーチサンダルで、Tシャツには組んだ両手の写真の下に「More Than Words（言葉以上のもの）」と印刷されていた。彼はもともと検眼の勉強をしていたそうだ。学生の頃、住人の眼鏡を調整するために田舎の村へ派遣された。それほ

米系のショッピングモールを探すしかないとサバシスに言った。ところが、その眼鏡の薬剤師はまったく躊躇せず、積み重ねた商品の上から申し分ない搾乳器を悠然と取り出した。コルカタをあなどってはいけない。そう思ったのは、それが初めてではなかった)。

わたしはそのバイクにヘルメットもせずに乗りたくなかった。生きて、家族のもとに帰りたい。しかし、サバシスは頑として譲らず、こんな暗闇ではタクシーは来てくれないし、歩くには時間が遅すぎると言った。わたしは渋々ヘルメットなしでバイクにまたがり、ふたりの細いが屈強な男に挟まれて、コルカタの喧騒に加わった。

しばらくして、わたしたちはタクシーがつかまる場所に着いた。タクシーが鉄道の駅に着くと、サバシスは電車に間に合うよう車から走り出た。家で妻と幼い息子が待っているのだ。そして、わたしは彼が走り去ってから気づいた。無事にホテルへ戻れるように住所を書いたカードをもらっていたのに、それを忘れてきたのだ(あとから気づいたのだが、ホテルのルームキーも持っていなかった)。電波の入る携帯電話もない。わたしはタクシーからおりて、近くの交番に助けを求めるしかなかった。近くといっても、車が行き交う道を六つも横断しなければならなかった。

軍隊風の制服を着た警官たちは威圧的に見えた。ありがたいことに、ベレー帽をかぶった豊かな口ひげの上官らしき警官が英語を話した(いつもは、サバシスにベンガル語を英語に通訳してもらっていた)。その警官はわたしのパスポートを調べると、大きな電話帳をめくって、ホテルの名前を見つけた。彼は最初、目印を示して道順を教えようとしてくれた——このレストランを通過したら、靴屋で曲がればいい……わたしは必死で耳を傾けた。しかし透析センターが登場したあたりから、パニックに襲われた。自分では絶対に見つけられないだろう。わたしはコルカタの通りをさまよい歩く自分を想像した。ベンガル語の「透析センター」を探しながら、延々と迷い続ける姿が目に浮かぶ。

哀れに思ったのだろう、その警官はバイクの護送を手配してくれた。わたしはヘルメットなしでその夜二度目のバイクドライブになるのか、と思った。だが、事態はさらに悪かった。大柄の警官が既にふたり乗っていたため、そのバイクにわたしが乗り込む余地はなかったのだ。わたしはそのバイクについて走った。リキシャやトゥクトゥクや黄色いタクシーをよけながら、混み合う道路の端を縫うように進むバイクに遅れまいと走った。とうとう、見覚えのあるホテルが遠くに見えた。わたしは息を切らしつつスピードをあげ、バイクのふたりを追い抜くと、感謝を込めて無言で激しく手を振った。早くホテルに入って、この恥ずかしい経験を愛想のいいホテルスタッフに気づかれずに部屋へ戻りたい。

ところが、バイクに乗ったふたりの警官はブーンと音を立ててさらに進み、わたしより先にポーターに話しかけた。彼らは早口のベンガル語でわたしの災難をポーターに語った。ホテルの住所がわからなかったわたし。交番に助けを求めたわたし。彼らを追ってコルカタの通りを駆け抜けたわたし。ポーターは唖然としてわたしを見つめ、警官に視線を戻した。ホテルの薄暗い明かりの下で、三人は笑いはじめ、警官のひとりは体を折り曲げ、膝に両手をついて大笑いしていた。

想像してほしい！　わたしはひとりで機嫌を損ねていた。コルカタで迷子になるなんて！
しかし部屋に戻ったわたしは、自分が本当に迷子になったわけではないと気づいた。なぜなら、わたしは住所のある目的地に向かっていたからだ。交番の電話帳にちゃんと住所が載っているホテルに。しかもわたしはアメリカのパスポートを持ち、自分が何者かを警官に示すこともできた。スラム街の人たちはそれができない（スラム居住者は、インドのパスポートを取得することさえ難しい――申請には住所が必要だからだ）。住所がないという事態は、わたしがコルカタで出会った人たちだけではなく、世界中のスラム街に住む何百万という人々の現実なのである。

迷子になったのは、バガーを訪れて間もない頃だった。うずたかく積まれた、煙漂うゴミの山と共存しているスラム街バガー。そのバガーから出て、埃っぽい道を歩きながら、サバシスはこう言った。バガーの最大の問題は、市のほかのエリアとの適切なコミュニケーション手段がないことだ、と。わたしは最初どういう意味かわからなかったが、たぶん彼は「トランスポーテーション」（交通手段）と言うつもりで、コミュニケーション手段という言葉を使ったのだろうと気づいた。バガーにたどり着くためには、フーグリー川を越えて四種の交通手段を必要とするからだ。毎日、およそ一五万人の歩行者（と一〇万台の車）がカンチレバー橋を渡ると推測され、橋の鋼接合部は摩滅してきている。原因のひとつは、橋の上で通行者が噛んでは吐き捨てるグトゥカ（タバコのような嗜好品）だ。[17] ありがたいことに、わたしたちは道中のほとんどをタクシーに頼ることができたが、運転手がスラム街に向かうのを拒めば、歩くしかなかった。

今思えば、サバシスが「コミュニケーション手段」という言葉を使ったのは正しかったのかもしれない。バガーはコルカタのほかのエリアから物理的に遮断されているが、世界のほかのエリアもバガーから遮断されている。ゴミを捨てに来るトラックの運転手以外、バガー居住者がどのような生活を送っているのか知る者はいない。住所があれば、彼らとのコミュニケーション手段のひとつになるかもしれない。

第二章　ハイチ

住所は疫病を防げるか

ロンドン大学衛生熱帯医学大学院の疫学コース初日、ポール・ファイン教授はジョン・スノウの話をした。スノウはヴィクトリア時代のロンドンの医師で、その名のとおり雪《スノウ》のように清廉潔白な男と言われ、ベジタリアンで禁酒家で独り身の人生を歩んだ。貯炭所の労働者の息子として生まれ、幼少期は恵まれなかったが、母が相続したわずかな遺産を学資にあててくれたため、のちにニューカッスルで医師見習いとなった。[1] 彼はそこから歩を進め、やがて数百キロ離れたロンドンで医学校に通うことになる。

スノウが医師として名声と信頼を得るまで、さほど時間はかからなかった。彼はイングランドの歯科医院で初めてエーテルが施されるのを見て触発され、イングランド初の麻酔専門医のひとりとなる。ヴィクトリア女王が八人目の子ども、レオポルド王子を出産した際、スノウは麻酔医として立ち会った。女王はクロロフォルムのことを称えて言った。「あのありがたいクロロフォルムは、気分をなだめて落ち着けてくれ、非常に心地よい効果がありました」[2] それがきっかけとなり、出産時の鎮痛が世間でも受け入れられるようになった。三年後に女王がベアトリス王女を出産した際も、スノウは立ち会った。

しかし、スノウの人生にはふたつの面がある。彼は正規の職務から離れた使命に燃え、華やかなバッキンガム宮殿とはかけ離れた、ヴィクトリア時代のロンドンの通りやスラム街を調査して回っていたのだ——コレラがロンドン中に伝染している原因を突き止めるのが目的だった。コレラは厄介で残酷な病だ。朝、起きたときは元気いっぱいだったのに、夜になる頃には死の床についていることもある。初期症状は吐き気だ。次に、嘔吐と下痢がほぼ同時に始まって、体内の水分が押し出される。血液粘度が高くなり、血が循環しなくなる。やがて臓器が機能不全を起こし、皮膚が黒ずんでくるのだ。コレラが大流行すると、病院は患者を「コレラベッド」に

ジョン・スノウ

寝かせた――寝台下方の三分の二には不気味な穴がいくつも開けられていて、穴の下に置いたバケツに下痢便が流れ落ちる仕組みだ。医学史家のリチャード・バーネットは次のように述べている。「コレラ患者は、およそふたりにひとりの割合で、感染後一日、ひどいときには半日以内に、自身の水便にまみれて死んでいった」[3]

コレラはおそらくインドで発生したとされ、その後中東やロシアに広まったが、イングランドに達したのは一八三一年になってからだった。当時は、菌（微生物）がコレラを伝染させるという理解が欠けていた。それどころか、医療専門家のあいだでは「瘴気説」が主流だった――すなわち、腐敗の悪臭が原因で病気が発生するという考えが支持されていたのだ（よって、「マラリア」は「bad mosquitos（悪い蚊）」ではなく「bad air（悪い空気）」を意味している）。悪臭は病気の兆候ではなく、病気そのものと解釈されていた。

スノウはニューカッスルでの医師見習い時代に、コレラに感染した炭鉱作業員の治療にあたったことがある。その経験から、コレラの症状は呼吸器系からではなく消化器系から始まることを知っていた。それゆえ、コレラ伝染の本当の原因は汚染水と不潔な手による食事だという的確な仮説を立てた（コレラ菌ビブリオコレラは一八五四年にフィリッポ・パチーニによって発見されたが、その発見はおよそ三〇年間、無視された。その後、一八八四年にロベルト・コッホが単独でコレラ菌を突き止めた――スノウが調査していた頃から数十年経っていた）。

スノウがつかんだのは状況証拠だった。ひとつヒントになったのは、コレラ感染者のベッドシーツを使った人が同じ病気を発症したことだった。また、別の発生例では、ロンドンのアルビオン・テラスにある一列の家々でコレラが流行したが、その周囲の家は感染を免れた。調査員によって判明したのは、その不運な家々の給水源（井戸）が下水で汚染されていたことだった。スノウはその井戸から採取した腐敗水を自ら検査し、「消化管を通ったものの消化されなかった種々の物質、たとえばブドウやスグリの種や殻、ほかの果物や野菜の皮など」[4]を発見した。採取した水は異臭も放っていた。アルビオン・テラスの一部の住民たちは、自分たちの排泄物を飲んでいたのである。

スノウはコレラに襲われた隣人たちについて、医学校では学ばないようなことも知っていた。それをスティーヴン・ジョンソンは、自著『感染地図　歴史を変えた未知の病原体』で次のように述べている。スノウは「他人の絶望や死を観察しては安全なウエストミンスターに戻っていくような」公衆衛生の見物人ではなかった。彼は、コレラの中心地ブロード・ストリートから通り数本しか離れていない場所に住んでいた。女王の看護をするような医師にまで出世していたが、育ちは貧しかった。彼よりも裕福な家庭に育った多くの医師たちとは違い、スノウはコレラの原因が下層階級の悪習だとは考えなかった。ジョンソンはこう述べている。「不当な数の貧困層が命を落としたが、それは彼らに道徳的な弱点があったからではない。彼らは汚染が原因で亡くなったのだ」[5]

わたしはロンドンでファイン教授と会った（スノウの熱狂的ファンは「雪片《スノウ・フレイク》」と呼ばれているが、彼もそのひとりだ）。彼が勤めるロンドン大学衛生熱帯医学大学院は、イギリス植民地で病気治療にあたる医師を育成するために設立された。つまり、当時の植民地大臣が言い放ったように、「熱帯地域を白人が住めるようにすること」[6]が目的だった。こんにちでは、公衆衛生を専門とする世界有数の研究大学に数えられる。ファイン教授はアメリカ人で、プリンストン大学を中退し、平和部隊に加わった。同部隊がモロッコに派遣した初期のボランティアスタッフとして活動したのち、学問の世界に戻っている。彼はジョン・スノウが昔住んでいたサックヴィル・ストリートから数ブロックしか離れていない研究室で、スノウが疫学の祖と呼ばれるようになった経緯を語った。疫学は伝染病の発生やその要因を研究する医学の一分野で、スノウのような疫学者は「疫病探偵」のような存在だ。特定の疫病が広まっている場所、理由、流行状態を究明し、判明した情報をもとに公衆衛生を改善するのが仕事である。

当時の医学界はスノウの主張を完全否定したが、彼はコレラが汚染水を通して広がっているという自説を貫いた。スノウの時代は排泄物を汚水槽に溜めるのが普通で、外に置いた貯蔵タンクに溜めることもあった。槽やタンクの構造上、液体が漏れてくる。排泄物が溜まってくると、収集人が夜間に便を集め、肥料として農家に売る（一七世紀のイギリス官僚サミュエル・ピープスは、近所の地下室から「大量の糞便」[7]が自分の家の地下室まであふれてくる、と日記でこぼしている）。下水管に取りつけられた汚水槽もあり、なかの排泄物はそのままテムズ川に流された。当時のテムズ川は飲料水の主たる供給源だったにもかかわらず、未処理の下水があふれていたというわけだ。

ソーホー地区は特に劣悪な環境だった。かつてはロンドンでも好ましい地域だったが、富裕層がソーホーのような地域から徐々に転出し、ロンドンの腐敗から逃れたところに家を構えるようになったからだ。一八五〇年代に入る頃には、ソーホーはスラム化し、仕立て屋やパン屋、食料品店、修道女、売春婦、そしてリチャード・バーネットの言う「カール・マルクスのような反体制派の亡命者」ばかりになった[8]（ちなみに、スノウと同時代に生きたマルクスは、スノウの住居から通り数本しか離れていない場所で『資本論』を著した）。ソーホーでは住居も不足していたため、人々はひとつのベッドに二、三人がシフト制で寝ていた。こんなエピソードもある。ある教区の司祭が教区民の女性にこう尋ねた。「そんなに密集した状態で、皆どうやって暮らしているんです？」彼女はこう答えたという。「司祭さま、あの男性が部屋の真ん中に居座るようになるまで、快適に過ごしてたんですよ」[9]その部屋の中央には、その男のテリトリーとしてチョークで円が描かれていた。

そのような状況だったため、一八五四年にソーホーのゴールデン・スクエアでコレラが発生すると、それはまたたく間に広まった。[10]「この王国で発生したコレラ流行で一番ひどいのは、ゴールデン・スクエアのブロード・ストリートで発生したものだろう」スノウはコレラに関する自著でそう述べている。そのコレラ大流行は最終的に六〇〇名を超える死者を出した。そのときスノウは既にコレラ調査の真っ最中で、水の供給源とコレラの因果関係を調べていたが、自宅近くで起こったブロード・ストリートでの大流行は、すぐに彼の人生を大きく支配することとなった。

スノウにとって幸運なことに、イングランドでは、また別の地味な新改革が起こったところだった。一八三七年に一般登録局が出生と死亡の記録を開始していたのだ。[11]議会がその記録システムを決定したのは、相続財産の譲渡を円滑に進めることが主な理由だったが、それが思わぬ方面で、はるかに有意義な目的を果たすことになった。出生と死亡の届けを一元化することで、国内の公衆衛生が飛躍的に改善されたのだ。

ウィリアム・ファーは、一般登録局でその新しいデータの取りまとめを任された人物である。彼は過去に医師の訓練を受けていたが、医師として特段の業績をあげたわけではなく、その関心は学問に向いていた。やがて、医学の新分野である人口動態統計に関する一連の論文を執筆しはじめる。一八三七年、同局の要約書の編集を任されたファーは、その任務以上の働きを見せ、医師に各患者の死亡原因を詳しく記録するよう依頼した。彼はイギリス人の生死に夢中になり、死亡原因と職業に関するデータをまとめて、公衆衛生の改善につながりそうなパターンを探求した。

その結果、ロンドンで人がどのように死んでいるか、初めて正確にわかるようになった。それがわからなければ、死亡原因を調査しようがないことを、ファーはよく理解していたのだ。彼はこう述べている。「病は治療するよりも予防するほうが簡単です。そして予防の最初のステップは、その病の原因を発見することなのです[12]」

詳細にまとめられた統計は、住所があって初めて可能になった。ロンドンの詳しい実地調査は以前から行われていたが、一般の家屋番号はまだ比較的新しかった。一七六五年に議会がすべての家屋に番号を付与すると決定したため、各家のドアに目立つように番号が記されるようになっていた。そのおかげで、ファーが勤める一般登録局は、誰が死亡したかだけではなく、どこで死亡したかも把握できたのだ。人の「死亡場所」が公衆衛生にとってどれだけ重要か、いくら強調してもしきれない。住所があるからこそ、病の発生場所を正確に示すことができたのだ。

火曜日。スノウは一般登録局を訪れ、ゴールデン・スクエアで起こったコレラ大流行による死者の死亡証明書を取得した。証明書は、死者の死亡日、死亡原因、そして極めて重要な死亡場所（住所）を記載している。スノウは、死者のほぼすべてがブロード・ストリート付近で死亡していることに気づいた。

人々がソーホーから逃げるなか（ソーホー居住者の四分の三が六日間で自分の住居を空けた）、スノウは一軒一軒を訪れ、コレラによる死亡者が飲んでいた水の供給源を尋ねた。ブロード・ストリートから遠く離れた家でもコレラによる死者が出ていたが、その何軒かの家族に話を聞いてみると、彼らはわざわざ遠出して、ブロード・ストリートにある給水ポンプから飲料水を調達していたことがわかった。そこの水のほうがきれいだと思われていたからだ。通学途中でその給水ポンプから水を飲んで死亡した気の毒な子どもも何人かいた。何も知らずにその水を飲んだ被害者もいた。近隣のパブでは、バーテンダーがその給水ポンプの水で酒を割っていた。コーヒーショップも、そのポンプの水にシャーベットの素を混ぜ、炭酸水にして売っていた。

しかし、そのポンプの水にコレラ菌が含まれていたのなら、なぜその給水ポンプ付近に住む全員がコレラに感染しなかったのだろう？　スノウにはその答えもわかっていた。ソーホー地区のポーランド・ストリートにある救貧院では、女性労働者が靴下を縫い、男性労働者が羊毛を梳く作業をしていた。そこはコレラ感染者が住む家々に囲まれていたが、労働者のなかでコレラにより死亡したのはたったの五人だった。スノウはこう指摘している。「救貧院の三方を囲む通りの住民たちの死亡率と、救貧院労働者の死亡率が同じであったなら、救貧院でも一〇〇人以上の死者が出たはずだ」[13]調査を進めたスノウは救貧院が独自の給水ポンプを使っていたことを知る。さらに、近くの醸造所で働く従業員たちもコレラ感染を免れていた。醸造所の所長がスノウに話したところによると、彼らも独自の井戸を持っていた上に、従業員たちはほとんど水を飲んでいなかったという。水よりもモルト・リカーを好んでいたからだ。

　スノウはさらに遠い地でもコレラ感染者を見つけた。医師から聞いた話によると、ロンドンから南に一〇〇キロ近く離れたブライトンから、ある男がブロード・ストリートを訪れ、コレラに感染した弟を見舞ったそうだ。[14]弟はすぐに亡くなり、兄はランプステーキとブランデーの食事をとると、ブロード・ストリートのポンプから汲んだ水でそれを流し込んだ。兄はその家に着いて二〇分後に辞去し、二日後に亡くなったという。同じく、ブロード・ストリートから何キロも離れたハムステッドに住む未亡人スザンナ・エレーもコレラで亡くなった。その息子から聞いた話によると、彼女はブロード・ストリートの水を気に入っていたという。彼女の夫はブロード・ストリートに雷管工場を所有していたことがあり、彼女は例の給水ポンプから汲んだ水を毎日カートで運んできてもらっていた。[15]イズリントン区から遊びに来ていた彼女の姪もその水を飲み、間もなく亡くなった。

木曜日。ソーホー区の調査開始からわずか二日後、スノウはコレラ調査特別委員会に出席し、例の給水ポンプのハンドルを取り外して、ポンプを使用不可にするよう要請した。同区の住民は不満だったが（そのポンプの水はそれほど評判がよかったのだ）、ハンドルを外すことに渋々同意した。既に終息しつつあったコレラはすぐに途絶えた。

アングリカン教会の二九歳の司祭ヘンリー・ホワイトヘッドも、当初はスノウの仮説を信用しなかった。スノウと同じく、彼もソーホー区の部外者ではなく、毎日のように同区の通りを歩いては、教区民の世話をしていた。彼は最初、スノウの話を大げさだと思い、自分でもっと徹底的に調べてみることにした。スノウが調査した家々を自らも訪れ、スノウの仮説を反証しようと情報収集に取りかかったのだ。

意外なことに、ホワイトヘッドの調査結果は、スノウの仮説を立証しているとしか思えなかった。[16]同区でコレラが大流行した初期の頃の死亡者は五六人だったが、そのうち五四人が例の給水ポンプの水を飲んでいたのだ。清潔な家々のほうが不潔な家々よりも被害がひどかったため、各家庭の衛生状態が問題ではないことも判明した。驚いたことに、高齢者のほうがコレラ感染の数は少なかったものの、それはたぶん、その給水ポンプから水を汲んできてくれる人がいなかったからだろう。理論的に考えて、下層階の住民のほうが下水設備や悪い空気の被害に遭いそうだと思われたけれど、上層階の住民と比べても、被害には大差なかった。

調査終盤になると、ホワイトヘッドは自分が見過ごしていた死亡者のことに気づいた。[17]「九月二日、ブロード・ストリート四〇番地で、生後五カ月の女児フランシスが下痢の発作で四日間苦しんだのち衰弱死した」その死亡証明書にはコレラと記載されていなかったが、死亡日はコレラが勃発する直前だった。その家は例の給水ポンプの真横にあった。

その日、ホワイトヘッドは調査結果を特別委員会に提出することになっていたものの、予定を変更して、ブロード・ストリート四〇番地に住むフランシスの母親サラ・ルイスを訪ねた。彼女は幼い娘と警官だった夫の両方をコレラで亡くした。フランシスを看病していたとき、母親はオムツを洗い、その汚水を家の前の汚水タンクに捨てていたらしい。検査官がポンプを掘り起こすと、汚水タンクの排泄物がポンプの水に浸透していたことが判明した。

のちにホワイトヘッドはこう述べている。「不承不承ではあるが、わたしは次第に、その給水ポンプの水がコレラ発生とその流行に関係していることを認めた[18]」最初のコレラ感染者、つまりブロード・ストリートにおけるコレラ発生源は赤ん坊だったのだ。

ファイン教授はジョン・スノウのことを語り終えると、スノウの著書『コレラはどのように伝染するか（*On the Mode of Communication of Cholera*）』を取り出した（スノウは二〇〇ポンド以上を費やして同書を出版したが、売れたのはたった五六部だった[19]）。ファイン教授はその本のなかから、セロハンテープで補修した古い地図をそっと広げた。ブロード・ストリートで伝染したコレラの分布図だ。地図自体はほかの目的で作成されたものだったけれど、スノウが自分の用途に合わせて、コレラによる死亡者が発生した場所を丁寧に黒い太線で書き記していた。その不吉な黒線のほとんどは給水ポンプ付近に集中している。地図は、そのポンプがコレラの発生源であることを強烈に物語っていた。

「地図はデータをまとめるためのツールです」疾病地図の世界的専門家であるトム・コックは言う。「わたしたちは地図をツールとして、自分のアイデアを理論的根拠に取り入れていきます」コックの著書には、中世時代の地図から、こんにちの癌分布図にいたるまで、地図の歴史について述べたものがある。そのうちの一冊は、研究者たちが空間疫学を用いて、サルモネラの発生源がカナダのパン屋のカスタードにあったことを発見した経緯を説明している。[20]「でも地図は魔法ではありません。わたしたちは地図をツールにして、連続する個々の出来事を見つけ、それらを分類し、その分類について議論します。データが多ければ多いほど、具体的な分類や議論ができます」

コックいわく、スノウは疾病を調査するために地図を用いた最初の人物ではなかった。[21]アメリカに天然痘ワクチンを導入するのに一役買ったヴァレンタイン・シーマンは、一七九五年、ニューヨーク市における黄熱病の事例すべてを地図に書き入れ、廃棄物処理場の所在地に印をして、両者が関連しているという結論に達した（残念ながら、黄熱病と蚊の関連性については地図からはわからなかった）。また、グラスゴーの精神病院の収容者たちは、一八三二年のインフルエンザの流行分布図を暇つぶしに作成した。しかし、厳密に言えば初の世界的伝染病とも言われるコレラは、疾病地図の作成者にとりわけインスピレーションを与えたようだ。彼らは当時もっとも関心を集めていた公衆衛生に取り組もうと意欲に燃えていた。イギリスの有名な医学雑誌『ランセット』は、

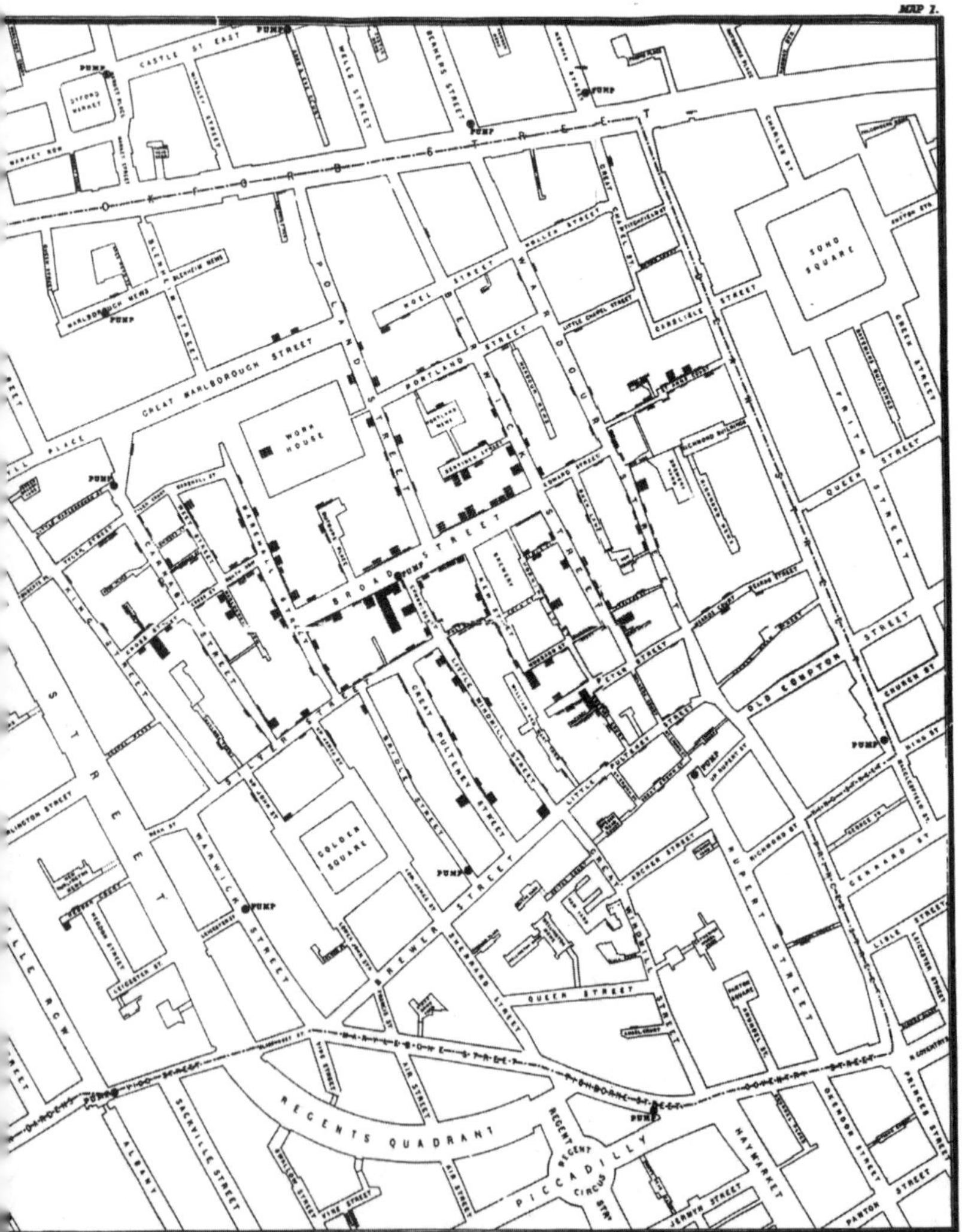

【ジョン・スノウの地図】
ブロード・ストリートの給水ポンプ付近のコレラ分布

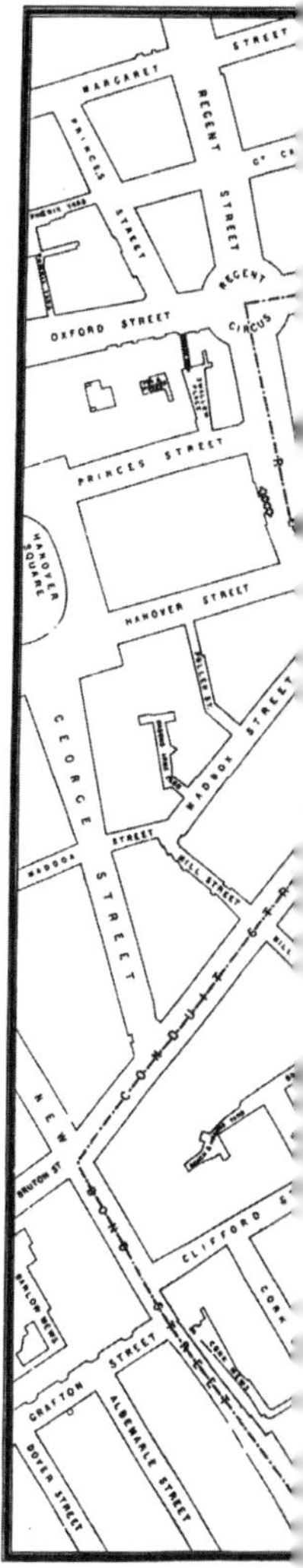

一八三一年に『コレラの推移に関する地図』を発行した。その地図は、いくつかの大陸にわたって発生したコレラを示し、その発生場所と伝染ルートを赤い線で結んでいる。それまでの死亡証明書には、一五種類以上の「コレラ」がリスト化されていたが、その『ランセット』の地図は、初めてコレラをひとつの疾病として示したのだ[22]。

ファイン教授も疫学者として疾病地図の作成に相当の貢献をしてきた。たとえば、数十年かけて、アフリカにおけるハンセン病を追跡したのだ。彼は赤いキャビネットからマラウイの巨大な航空写真を何枚も取り出し、デスクに広げた。該当エリアの住所や正確な地図がなかったため、現地調査をするのに航空写真に頼るしかなかったらしい。わたしは住所と公衆衛生には因果関係があるという持論を話し、彼にどう思うか訊いてみた。教授は丁寧に地図を巻き上げながら言った。「当然ですね」つまり、わたしの考えは独創的なものではなかったのだ。疾病とその所在特定は、疫学者にとって切っても切り離せないということがわかった。

わたしはジョン・スノウ協会の申込書に記入し（名前と、もちろん住所も）、ファイン教授に一五ポンド払って正式に協会員となった。会員特典として、真面目な顔のスノウが描かれた上品なマグカップを受け取った。そして、ファイン教授は協会員だけが知る秘密の握手法を教えてくれた（詳しくは内緒だが、ポンプを押す仕草がヒントだ）。その後、わたしたちはソーホー区をゆっくり散歩しながら、ジョン・スノウ・パブに向かった。パブはかつてブロード・ストリートの給水ポンプがあった場所の真横にある（ブロード・ストリートは今ブロードウィック・ストリートと呼ばれている）。そのパブを訪れることが、協会員になるための最後の必要条件だった。

わたしたちはカクテルバーやブティックの横をそぞろ歩いた。ロンドン中の働き手が、一杯飲もうとパブをめがけて押し寄せているように思われた（ソーホー区はもはやスラム街ではなく、ロンドンの性風俗業の中心地でもない。こんにちでは、のぞき見ショーよりも、ヴィーガンレストランやブティックホテルなどをよく見かける）。デスクワークから解放された町の勤め人たちは、ネクタイを緩めて袖をまくりあげ、薄手のカーディガンを丸めて鞄に押し込んでいた。パブは大混雑していて、客が外にはじき出され、石畳の道でタバコを吸ったりビールを飲んだりしている。わたしたちは彼らのあいだを縫うように進み、道端にしゃがみ込んで給水ポンプの跡地をじっくり眺めた。サラ・ルイスの赤ん坊フランシスは、このすぐ傍で亡くなったのだ。

パブに入ると、わたしたちはジョン・スノウとその生涯に関する展示物がある二階にあがった。ファイン教授はバーの奥にしまわれているジョン・スノウ協会のゲストブックを引っぱりだした。ここを巡礼する客の多くは疫学者だ（ある医者が「わたしたちのための場所があったなんて知らなかった！」とゲストブックに書いていた）。しかし、客のなかには『ゲーム・オブ・スローンズ』

のファンもいた。彼らは、綴りも違うまったく別人のジョン・スノウ（Jon Snow）への心からの愛を捧げに来るようだ。

それでもいいではないか。わたしもファイン教授も、わ、た、し、た、ち、のジョン・スノウ（John Snow）のことで話が尽きなかった。「スノウはコレラの発生源を二日で突き止めたんだ、たった二日でね！」ファイン教授はソーセージとマッシュポテトを食べながら言った。「現代でも二日で究明するのは無理だろうね」まるでジョークの落ちを言うような口調だった。しかし、それが冗談どころではないことが、以下の話で判明する。

ジョン・スノウがブロード・ストリートのコレラ発生を解決してから一五〇年以上経った二〇一〇年、国境なき医師団で事業計画《ロジスティクス》を担当するアイヴァン・ゲイトンは、ハイチの修道女から電話を受けた。ハイチ地震の発生から数カ月後のことだ。「人はあの災害の甚大さを忘れています」アイヴァンは言った。ほんの三五秒間の地震が、広島と長崎とドレスデン爆撃による死者を合わせた数よりも多くの死者を出したのだ。その災害がフロリダ州沿岸からおよそ一三〇〇キロしか離れていない地で起こった。

その修道女がどのようにしてアイヴァンの連絡先を知ったのかは不明だが、自分のいる村で人がばたばた死んでいる、助けが必要だと彼に話した。しかし、アイヴァンは彼女の居所がわからなかった。何人かの看護師が大雑把な地図を頼りに現地へ向かった。彼らは何度も立ち止まっては道を尋ねた。ここがその村だろうか？　ここにあの修道女がいるのだろうか？　とうとう道の行き止まりに来てしまった。もう水路しかない。「ボートを借りて向かえ」アイヴァンはそう指示した。ようやく、彼らはボートから目的地を確認した。何百人もの人たちが奥地から出てきて死んでいた。コレラがハイチを襲ったのだ。

子どもの頃のアイヴァンは冒険に憧れていた。しかし、海賊になるには年齢が行きすぎていたし、火星に行くには年齢が若すぎた。だからといって、戦争に行きたいとは思わなかった。そこで、母国カナダで大規模な植林チームを結成した。その後、国境なき医師団のロジスティクスの職に志願し、自分が医師たちの苦手ジャンルを得意とすることに気づいた。病院の建設や、住宅計画、クリニック経営などだ。そうした運営能力があるにもかかわらず、彼はさまざまな面で、自分はフランス語を話せるサスカチュワン出身の平凡な男にすぎないと思っていた。そんな彼が今やハイチでロジスティクスの責任者となり、国境なき医師団がかつて試みた人道的介入のなかでも最大の活動のひとつに携わることになったのだ。

ハイチではコレラが急速に広がっていた。コレラ菌は水中に生息するが、汚染した手やベッドシーツ、飲料水に浸出した汚水などを介しても伝染する。二〇一〇年のハイチの公衆衛生は一八五四年のソーホーと大差なかった。唯一のトイレは野原だということも珍しくない。恵まれた人たちには汚水溜めもあった。バヤコウと呼ばれる男たちが汚物をすくいあげにやってくる。[23]ひとりが穴（汚水溜め）に入り、残った男たちが周りでバケツを持って待つ。大抵の場合、彼らはすくった排泄物を川や空き地に捨てる。
アイヴァンと彼の医療チームは、その日に見つかったコレラ感染者のほとんどを治療することができた（こんにちではコレラの治療は単純なものだとわかっている。第一に水分補給をして、場合によっては抗生物質を処方する）。「よくやったぞ、われわれの勝利だ！」そう思ったのも束の間、彼は毎週のように同じような助けを求める連絡を受けた。

問題は患者の居所がわからないことだった。地震発生前も、ハイチの詳しい地図は入手困難だった。それはハイチだけに言えることではない。世界のおよそ七〇パーセントがまだ詳細な地図を持たず、そこには一〇〇万人以上の人口を抱える都市も含まれている。意外なことではないが、そうした場所は地球上でもっとも貧しい地域となる。科学者マウリシオ・ロッチャ・エ・シルヴァは、ブラジルにおける蛇咬傷の統計値を訊かれたとき、そんなものはないと答えた。「蛇がいるところに統計値はなく、統計値があるところに蛇はいない」[24]同じく、疫病が発生するところには地図がない、ということが多々ある。

通常の医師がそうするように、国境なき医師団は患者の記録をつけようとした。患者が来ると、問診票を渡す。彼らは名前や誕生日を記入し、「住所」欄にも記入する。アイヴァンはその欄を「適当な備考欄」と呼んでいた。「〝マンゴーの木から一ブロック離れたところ〟なんて書くんですからね――そんな情報はまったく役に立ちません」

そのようなわけで、アイヴァンはグーグル社に連絡し、協力を頼めないかとかけあった。社員のひとりが家電量販店ベスト・バイに行き、鞄いっぱいのGPS端末を購入した。そしてグーグルチームはハイチに赴き、現地での地図作成プロジェクトを手伝った。彼らのひとりが大まかな地図をまとめてくれたので、アイヴァンは近隣の患者データをそこに入力できるようになった。患者数に応じた大きさの点を地図上に入れていく。

　アイヴァンの任務は、個々の患者の記録と各区域の名称を結びつけて、人から人へコレラが伝染するのを食い止めることだった。彼の仕事は患者の治療を助けることで、発生源を探すことではない。その職務はルノー・ピアルーに任された。[25]

　ルノー・ピアルー医師はパリのソルボンヌ大学で寄生虫学を教えている。小児科医でもある彼は、三人のわが子をフランスの自宅に残して、ゴマ（現在のコンゴ民主共和国）でコレラに襲われた二五〇〇人の孤児を治療しに向かった。孤児たちはルワンダ紛争から逃れてきた子どもたちだった。彼はその後、世界を調査して回りながら、アフリカの多くの国々で疫病の治療にあたった。ハイチでコレラが発生したとき、ハイチ政府はピアルーに現地調査を依頼した。有能な疫学者がそうするように、彼もまず発生源を調べにかかった。その調査結果すべてが意外な発生源を指し示していた——国際連合だ。

　国連軍（ハイチでは「国際連合ハイチ安定化ミッション（MINUSTAH）」として知られている）はジャン＝ベルトラン・アリスティドの復権後の国内治安維持を目的として、二〇〇四年に創設された（ちなみに、アリスティド元大統領は二度、辞任させられている）。MINUSTAHはハイチ人に受けがよくなかった。地震のわずか数カ月前、ハイチ北部にある軍基地内で、現地の若い男性が木から吊り下がって亡くなっているのが発見された。死因は自殺と判定されたが、地元民の多くはそれを不服とした。以前から、ハイチ人のあいだでは多国籍部隊について数々の噂が流れていた。のちに立証された噂もあり、なかには部隊が食べものや携帯電話を餌にして女性や少年少女をおびき寄せ、レイプしているという訴えもあった。大抵の場合、レイプの容疑者はそれぞれの母国で審議されるために送還されるだけだった。

そのような背景があったため、コレラが最初に報告されたときも、国連軍がヘリコプターで毒を散布するなどして川を汚染させたという噂が飛び交った。それは根も葉もない空想話だったが、ミエバレ付近にある国連基地が怪しいという話は空想ではなかった。そのキャンプに駐屯していたのはネパールからの部隊で、ネパールはコレラ大流行の真っ只中にあった。ハイチで広がっているコレラはそのキャンプから発生したという噂を、国連はただちに否定し、キャンプから出る汚水は適切に処理している、とその詳しい処理法に言及した。

国際組織がコレラ感染者の居所を示す大まかな地図を作成中だった。ピアルーはハイチ全土にわたるコレラ分布図を作成し、協力してくれそうな団体組織——ハイチ政府、世界保健機関、ハイチ駐在のキューバ大使、さまざまなＮＧＯなど——の代表と会う際は、その分布図を活用した。しかし、スノウやホワイトヘッドと同じく、ピアルーも土台作りを重視した。ハイチの疫学者とチームを組み、軍基地に赴いて自分の目で確かめることにしたのだ。チームを組んだハイチ人が地元民に聞き取り調査をするあいだ、ピアルーは車のなかで待機した。そのほうが、地元民は緊張せずに平和維持軍について話せるだろうと思ったのだ。基地があるミレという村の住民が話したところによると、国連軍の使用しているパイプから汚水が漏れ、アルティボニット川の支流に流れているとのことだった。アルティボニット川は何十万もの人々の主要水源だ。

　AP通信社の記者ジョナサン・カッツは、国連軍にとって非常に不利な証拠を独自入手した。国連の報道発表によると、基地内には七つの汚水処理タンクがあり、民間の請負業者が汚水処理を行っているとのことだった。[26]しかし、カッツがキャンプを調査しに行くと、地元民に腐敗臭のするタンクまで案内された。カッツはキャンプから出ている壊れた塩化ビニルのパイプを確認した。パイプからは黒い液体が漏れ、川に流れ込んでいた。

　ひとりの農民がカッツに声をかけ、道路を越えて自分と家族が住むコンクリートの家に連れていった。付近には大きな穴がいくつもあり、「ぎらぎら光る排泄物」で埋められていた。国連軍が彼らの言う「糞《カカ》」をそこに放置しているらしい。[27]トラックが基地内の汚水処理タンクから汚水を回収し、丘の頂上まで運搬して、その埋め立て穴に捨てていくとのことだった。

　ピアルーは初期のコレラが報告された場所を調査していたため、コレラ発生源が軍の基地である可能性が非常に高いことを知っていた。川に棒を投げると、コレラ菌がすごい速さで流れを下っていくのが想像できた。のちに測定した結果、膨大な量の糞尿が川に流れていたことが判明した。

ピアルーに直接話を聞くと、彼はフランス語訛りでこう言った。「とても驚いたのですが、発生源を突き止めることは重要ではないと説く人が大勢いました」世界保健機関の支局広報担当者はメディアにこう発表した。「世界保健機関は、コレラ感染者の治療、問題把握、救命に専念しています」[28]アメリカ疾病予防管理センターの疫学者も、発生源を見つけるために多大な労力をかけることが「資金の有効利用」[29]になるとは思わない、と『ニューヨーク・タイムズ』紙に話した。本書を執筆中の現在も、イエメンが深刻なコレラ大流行に見舞われているが、「発生源が重要ではない」だなんて聞いたこともない、とピアルーは話した。「普通では考えられません。きな臭いものを感じました」

基地から検査試料《サンプル》を取ることは、国連軍のスタッフにしか許可されていなかった。ピアルーは説明会であることに気づいた。国連軍が用意した地図によると、最初のコレラ事例がミレではなく、基地から遠く離れた川の下流で起こったように見える。基地にもっとも近い場所で起こったコレラ事例を省略している地図もあった。控えめに言っても、それらの地図は誤解を招くものだった。

ピアルーは自分もまた、瘴気説のような信じがたい説にハイチで対応する羽目になっていることに気づいた。コレラ菌がハイチに達した原因については、ふたつの仮説があった。ピアルーは一目瞭然のほうの仮説を取った――すなわち、コレラ菌がハイチの外から持ち込まれたという説だ。しかし、疫学者のなかには別の見解を示す者たちもいた――コレラ菌はハイチ周辺の水中でもともと休眠状態にあったが、その強力なパワーが地震によって活性化され、疫病につながったという考えだ。
仮にそうだとするならば、少なくともここ一〇〇年、ハイチでコレラが発生しなかったことはどう説明するのだろう。しかも、ハイチで発生しているコレラの菌株は、アジアで見られるものと近似していた。[30] 初期にコレラ事例が確認されたミェバレは、地震の震源地から約一〇〇キロ離れている。地震がコレラ菌を活性化させたというのなら、コレラがミェバレから広まったという事実はつじつまが合わない。
国連に対する評判はハイチでは既に芳しくなかったため、疫病学界の面々はその評判をさらに貶めることを恐れて口をつぐんだ。ピアルーは自分の調査結果をまとめた論文を発表しようと苦戦した。『ランセット』はなんの説明もなしに彼の論文を却下した一方で、「コレラがハイチで再発、批判は事態を解決しない」と題した論説を発表した。[31]『ザ・エマージング・インフェクシャス・ディジーズ・ジャーナル（*The Emerging Infectious Disease Journal*）』という世界に出現する感染症を扱う学術誌がようやくピアルーの論文を掲載し、五人の査読者が内容の正確性を認めた（通常は二、三人の査読者しかつかない）。国連は二〇一六年にやっと渋々ながら責任を認めたが、[32] そのときには最初のコレラ感染者が亡くなってから六年が経っていた。ハイチで起こったコレラと南アジアで見られるコレラの菌株が同じであることが、遺伝子検査によって判明した。[33]
ハイチにおけるコレラの被害は二〇一九年二月四日まで続いた。二月四日は最後のコレラ患者が確認された日だ。ピアルーと、彼が保健省やユニセフやいくつかのNGOと結成したコレラ対策チームは、この疫病を終息させるのに八年以上もの闘いを要した。ハイチでの任務を終えると、ピアルーは次なる疫病流行に着手した。

一八七四年、ヘンリー・ホワイトヘッドはロンドンの治安の悪い地域を離れて、妻とふたりの娘を伴い、静かな田舎町の教区の仕事を引き受けることにした。多くの友人がお別れの会でプレゼントを用意し、ホワイトヘッドは二〇年間におよぶインナー・ロンドンでの司祭職についてテーブルスピーチを行った。もちろん、コレラ調査にも触れ、友人となったジョン・スノウと交わした会話についても言及した。スノウはこう話したそうだ。「コレラの大流行が過去のものとなる日がいずれやってくるだろう。コレラの原因と感染の広がり方が解明されれば、完全に根絶されるはずだ」[34]この点に関してだけはジョン・スノウが間違っていたことが証明され[35]、コレラのメカニズムが解明されたあとも、ハイチで流行が発生している。

ジョン・スノウは生前に正当な評価を受けなかった。医師会は彼の綿密な調査を否定したのだ。ロンドンのコレラ流行が終息したのは彼の調査のおかげではなく、皮肉なことではあるが、悪臭がコレラの原因だと信じていた人々が、その悪臭に耐えられなくなったからだ。彼らは精巧な下水システムを整え、テムズ川を浄化した。

スノウは一八五八年に四五歳の若さで亡くなったが、『ランセット』は以下のような追悼記事を載せただけだった。「この著名な医師は今月一六日の正午にサックヴィル・ストリートの自宅で脳卒中により亡くなった。クロロフォルムをはじめとする麻酔に関する同氏の研究は医学界で高く評価されていた」コレラに関する言及はいっさいなかった。しかし、スノウによる「コレラ発生地図」は疫病学の教科書で今も生き続けている。ピアルーも当初は医学界から疎外されていたものの、スノウとは異なる運命をたどった。二〇一七年、ピアルーはレジオンドヌール勲章を受けたのだ。

アイヴァン・ゲイトンはハイチでの任務を終えたが、その後も、地図が人命を救うという考えが頭から離れなかった。シエラ・レオネでエボラ出血熱が流行したときも、彼は現地に向かい、対策チームをバイクで送り出した。行き先で何が待っているのか、漠然とした予想しかできなかった。病気の伝染ルートを追跡するのは気が滅入る作業である。アイヴァンは言った。「わたしは大胆な主張をしますが、自分の考えを信じています。シエラ・レオネとリベリアの地名辞典があれば、エボラ感染を食い止めることができていたでしょう」今となっては、わたしも彼の考えに同意している。

アイヴァンは、英米の赤十字社やヒューマニタリアン・オープンストリートマップなどと団結し、「ミッシング・マップス」というプロジェクトを発足させた。同プロジェクトは世界中からボランティアを募り、自宅で衛星写真を見ながら、まだ地図に載っていない地域の道路や建物を地図に入力してもらう。アイヴァンは言った。「寄付だけではなく、実際に手を貸したいという人たちがたくさんいます。彼らは子どもたちに靴下を編んであげたい、などと申し出てくれますが、靴下を現地に届ける費用は、それが彼らに与える恩恵と釣り合いません。でもミッシング・マップスのプロジェクトに参加してもらえれば、実際の現地調査に手を貸すことになるのです。多大なる貢献です[36]」

ボランティアが道路や建物を地図に書き入れると、当該地の地元民やボランティアスタッフが筆記用具を片手に現地へ向かい、住民に声をかけて、通りや建物の実際の名称を尋ねて回る。そして、確認した名称を書き入れて地図を完成させていくのだ。ミッシング・マップスは次の危機が起こるまでぼんやり待つのではなく、事前に地図を作成しようとしている。

わたしはロンドンの自宅近くで開かれるミッシング・マップスの会合《パーティ》に参加することにした。それはサウス・ケンジントンにある王立地理学会本部で開かれた。ロンドン市内でも有数の美しいヴィクトリア様式の建物だ。ボランティアの地図制作者たちは、かつての舞踏室とおぼしきホールで折りたたみテーブルの周りに座っていた。ミッシング・マップス・プロジェクトは世界各地でマッピング会合を催している。わたしが参加した会合も、ロンドンで毎年何度か行われる会合のひとつだった。

わたしのテーブルには、フィンランドの開発経済学者、クロアチアの地図専門家、イギリスの大学卒業者（今はまだ求職中だと彼女は朗らかに言っていた。会合のことは両親から聞いて参加したらしい）がいた。ほかのテーブルにもさまざまな年齢、国籍のボランティアが世界各地から集まっていた（参加費無料のこの会合は満席状態だった）。時間になると、わたしたちは各自のノートパソコンを開いた。

わたしのパソコンの画面には、五平方キロメートルごとに区切られたニジェールの衛星写真が映し出された。作業手順は簡単だ。各区切りの端から、道路や建物や小道をじっくり探していく。建物には影や屋根がある。マウスを使って、画面上の道をたどっていく。家らしきものがあれば、それを囲む。作業は難しくなかったが、瞑想をするときのような集中力が必要だ。経験豊富な地図制作者が立ち止まってわたしの質問に答えてくれた。「これは木かしら？　家かしら？」わたしは目を細めて画面を見つめながら尋ねる。「道かしら？　それとも川？」

休憩時間になると、青葉をちりばめたピザと甘いエルダーフラワーの飲みものが振る舞われた。見知らぬ者同士が、格調も天井も高いホールのテーブルを囲んでおしゃべりしている。陽気な雰囲気が漂っていた――結局のところ、それは地図「パーティ」だったのだ。

しかし、田舎じみたニジェールの小さな片隅にある道路をマウスでたどったりクリックしたりしているうちに、わたしの気分は次第に沈んでいった。誰がここに住んでいるのだろう？　どんな仕事をしているのだろう？　今は夕食中だろうか、それとも土地を耕したりしているのだろうか？病気の子どもの看病に明け暮れていたのだろうか？

とりわけ気になったのは、今度はどんな病気が原因で、アイヴァンのチームはそこに派遣されるのだろうということだった。どんな悲惨な災害や惨事が、新たに彼らを呼び寄せる結果になるのだろう……わたしはそんなことを心配していた。

起源

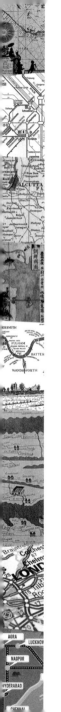

第三章　ローマ

古代ローマ人は何を頼りに移動していたのか

古代ローマ人はわたしたちに送水路やトイレ、床暖房、整備されたコンクリートの道路をもたらしたが、おそらく住所というものはもたらさなかった。ローマ市外の主要幹線道路の多くは、その建設者にちなんだ名称で呼ばれていた。[1] アッピア街道などがその例だ。名称がついていた通りもある。たとえば「Vicus Unguentarius（香料通り）」「Vicus Frumentarius（穀物通り）」「Vicus Sobrius（素面《しらふ》通り）」といった名称だ（「素面通り」はわたしのお気に入りで、アポロに捧げる牛乳が流れた道だと言われている）。しかし、古典学者のおおむねの見解によると、古代ローマの約一〇〇キロにおよぶ通りの大半には名称がなかったらしい。[2]

古代ローマ人の道案内は、わたしがウエストヴァージニアの住民から受けた道案内と不思議なほど似ている。奴隷の首かせに遺っていた覚書には、「フローラ神殿の近くの床屋」に当人を連れ戻してくれと指示がある。[3] 役人による道の説明も、「ユーノー・ルーキーナ神殿の裏通りからマートゥータ神殿まで続く道を行って、ヤヌスの門からの坂道をステルラティナ門の馬車駅舎まで……」といった具合だ。[4] 公文書でさえ、「二本のアーチ道を結ぶ、広場につながった通り」などと記載している。美術史家のロジャー・リング教授は自著で嘆いている。「せめて公文書には、正式な通りの名称が必要ではないだろうか！」

古代ローマの通りに名称はなかったかもしれないが、古代ローマ人はさまざまな呼び名で通りを表した。たとえば英語では「アヴェニュー」（大通り、並木道）、「ブルヴァード」（広い並木街道、大通り）、「ウェイ」（道、通路）、「レーン」（車線、小道、細道）などの呼び名があるが、わたしにはそれぞれの違いが（あるとしても）判然としない。アメリカの普通の町のストリートとロードはどう違うのだろう？　しかし、語彙がすばらしく豊かなラテン語の具体性ときたら、英語の比ではない。たとえば、「pons（橋）」は水上を移動するためのものだが、考古学者のアラン・カイザーによると、物乞いや釣りや宗教儀式に適した場所のことも意味していたらしい。[5]「forum（広場）」は裁判、選挙、政治活動、銀行取引、大道芸などに適した場所。「gradus（一続きの階段）」は、処刑された犯罪者の遺体を見せしめにするのに絶好の場所。「angiportum（家の裏口の路地）」は、赤ん坊を遺棄したり殺人を犯したりするのに絶好の場所という意味もあったらしい。

娼婦が立っていた道は「viae」だが、高齢で下層階級の娼婦が立っていた道は「angiporta」とも呼ばれていた。品のないことで有名だった詩人カトゥルスは、自分の恋人が今や「angiporta」をうろついていると言ったそうだが、彼が言わんとしたのは、「恋人がただの娼婦ではなく、老いぼれて衰弱した娼婦のように振る舞っている」ということだろうとカイザーは指摘している。[6] 密通を意味する「fornication」が「アーチ」を意味するラテン語の「fornix」に由来しているのは単なる偶然ではない。たとえ通りに名称がなくても、そこが「viae（道）」なのか「fora（広場）」なのか、違いを知っていることが肝心だったのだ。

古代ローマ人は地方都市を格子状に区分けしたことで有名だが、クレア・オレラン博士によると、ローマ市自体は区分けの大部分が自然発生的で、路地や小道や街路が規則性なく並んでいた。[7] 路地のなかには、手を伸ばせば反対側にいる者に触れられるほど狭い細道もあった。上流階級の人々は広々とした一軒家《ヴィラ》に住んでいたが、市民の多くは寝るのがやっとの広さの集合住宅《アパートメント》に住んでいた。火災の危険があったため、家屋内での煮炊きは鞭打ちの刑に処されることもあった。よって、労働者階級の人々は大抵、屋外で食事をした。おそらく道端の屋台を活用していたのだろう。一般市民は、通りをキッチンや居間やオフィスとして代用せざるを得なかったと推測される。[8] トイレやゴミ捨て場としても代用していただろう。古代ローマの区分けはあまり有意義なものではなかった。店、家、菜園、工房などがひしめいていたからだ。

そのようなわけで、多くの古代ローマ人にとって「どこかに行くこと」は道のもっとも重要な活用法ではなかった（交通遮断されている道などは、移動手段として存在していたわけではなかったのだ）。とはいえ、最盛期のローマの人口は一〇〇万人ほどで、そのほとんどが市の中心から約三キロ以内に住んでいた。[9]彼らも、どうにかして自分の所在地を知る必要があったはずだ。いったいどうしていたのだろう?

＊＊＊

マサチューセッツ工科大学で都市計画の研究をしていたケヴィン・リンチ教授は、一九五二年の夏、研究研修制度でヨーロッパに向かった。彼には次のような関心があった。「人はどのような都市に心地よさを覚えるのだろう?」フィレンツェの町をあてどなく歩き回りながら、視覚でその景観をとらえ、地図を描いて、町の魅力的な点を走り書きした——ドゥオーモ(大聖堂)は町のほとんどの場所で視界に入るし、数々の広場、町を囲む丘、境界線となるアルノ川も印象的だ。フィレンツェは入り組んでいるものの、目印となる建造物や道や史跡が多いので、たとえ地図がなくても町の全体像がなんとなくわかった。町は首尾一貫していて居心地がいい。リンチはこう述べている。「そこにいると自然に純粋な喜びや、満足感、存在感、公正さが胸にわきあがる。町を見ているだけで、通りを歩いているだけで、そうした感覚に包まれたのだ」[10]

リンチはフィレンツェのような町を「imageable(イメージしやすい)」と評し、自著『都市のイメージ』(岩波書店)で「極めてイメージしやすい町」を次のように述べている。[11]「そういった町は整然としていて、独特で、人目を引く。視覚や聴覚に訴え、一体感のようなものを感じさせるのだ」そのような町では、本格的に迷うほうが難しい。『ヘンゼルとグレーテル』の物語を例に考えてみよう。ふたりは森のなかに残された。木々はどれも同じに見え、帰り道を示すパンくずの手がかりも失った。絶望的なほどに迷ったのだ。しかし、もし木々がそれぞれ違う色や大きさだったら、あるいは曲がりくねる小川や焚き火の跡やビーバーのダムがあったなら、ふたりはパンくずなど必要としなかったかもしれない。目印となる景観を頼りに、家に戻れただろう。ところが、なんの特徴もない木々が並んでいるだけでは印象に残らない。リンチの言葉を借りると、ふたりは不安や恐怖を覚えるほどに迷った。心細くなるほどに迷うと、それがいかに「平常心や安心感を左右するか」[12]がわかる。

とはいえ、すべての都市がフィレンツェを見習えるわけではない。リンチはボストンとジャージーシティとロサンゼルスにボランティアを派遣し、一般市民がそれぞれ自分の都市をどのように見ているか調査させた。各地の居住者にインタビューを行い、自分の住む町の特徴を話してもらい、心象風景を描いてもらったのだ。ボストンでは、リンチ自身もボランティアと一緒に町を歩き、そのときの経験を次のように述べた。「わたしたちはボストンのバークレー・ストリートやボイルストン・ストリートなどの端に立った。老若男女を問わない二七名のボランティアのなかには、その地を訪れるのが初めての者もいれば、もう何年も毎日のように通りを通行している者もいた」リンチは彼らに町を歩いてもらい、見聞きしたものを「気の向くままに[13]」報告してほしいと依頼した。

ボランティアたちが描いた地図は確固としたものだった。ビーコンヒル地区の整然とした気品ある建築様式、上院議事堂の金色の円屋根、長いチャールズ川、広々としたボストン・コモン公園、肩を並べ合うコロニアル建築と近代建築は、どれもこれも強い印象を与えた。リンチはこう述べて

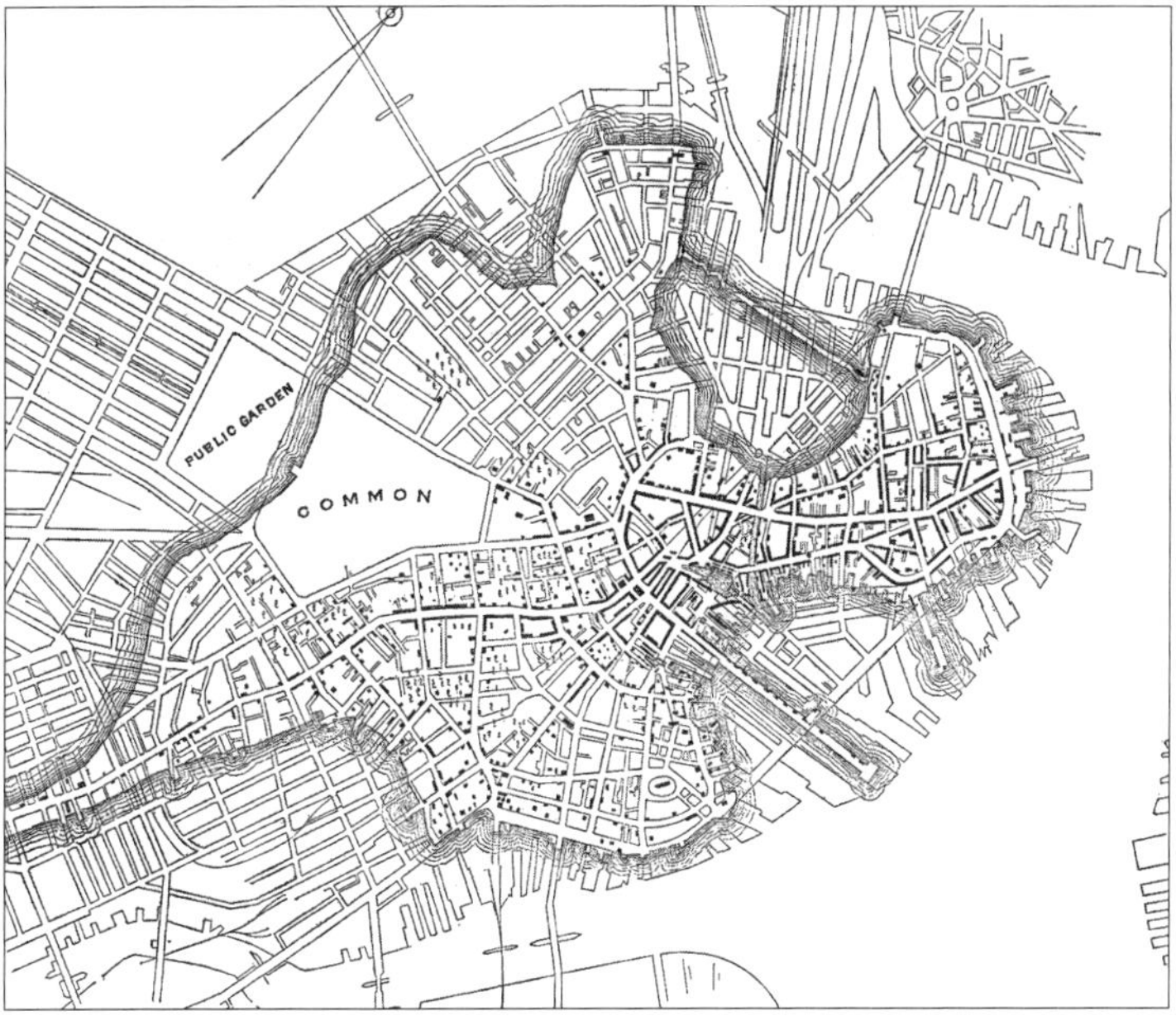

【1722年のボストンの通りの配置】
1722年のボストン。ジョン・ボナー船長によるニューイングランドのボストンの市内地図。
薄い線は1880年の通りを示している。

いる。「ボストンという町は異彩を放つ区域の集まりだ。町の中心エリアの大部分では、周囲の特徴を見るだけで自分の所在地がわかる」[14] 町なかのふたつの場所を一本道でまっすぐに移動できるとは言えないが、各区域がわかりやすい形でつながっていることだけは理解できる（ラルフ・ワルド・エマーソンは、そうした道のつながり方について一八六〇年にこう書いている。「ボストンの町は牛のたどった道に沿って建設された。でも、牛より始末の悪い測量技師もいるのだから[15]」）。

一方のジャージーシティはというと、あまりにも退屈で、ボランティアたちは地図に描けるものがほとんどなかった。せいぜい、高層ビルが立ち並ぶマンハッタンの圧倒的な景色が望めることくらいだろう。ボストンの住民は自分の住む町の特別なところを訊かれると、生き生きと描写したが、ジャージーシティの住民の多くは何も思い浮かばなかった。こんな回答もあった。「ジャージーシティの残念な点は特徴がないところですね。遠方から客が来ても、〝ここを案内したいんです、とても美しいから〟と言える場所がありません[16]」

ロサンゼルスでインタビューを受けた人たちは「広々としている」「雑然としている」「中心がない」などと自身の町を描写した。「どこかに向かって長々と移動している感じです。目的地に着いても、結局、何もないことに気づくのです[17]」

リンチはこの調査から、町の観察者が頭に地図を描く際に必要な五つの要素を抽出した――道、分岐点、境界線、目印、地区だ。町を歩くとき、人は道（車道や歩道）、分岐点（交差点や横断歩道）、境界線（川や線路）、目印（タコス・レストランや遠くに見える山）、地区（ソーホーや繁華街）などを活用して頭のなかに地図を描く。リンチはこう述べている。「まだ調査の余地はあるが、目的地を探す手段として、〝謎めいた本能〟が挙げられるとは思えない。人はむしろ、外的環境から知覚的にはっきり思い出せるものをまとめて、それを活用しているのだ[18]」

古典学者は、リンチの抽出した五要素を活用して古代ローマの理解に役立てた。ほかの都市の例に漏れず、ローマもその歴史のなかで劇的に変化してきたが、さまざまな道、分岐点、境界線、目印といったものは変わらなかった。市壁やアーチ道、交差路、広場。噴水や競技場。丘や川。地区もわかりやすかった。[19] 各区には交差路や二体のラレース神を祭る神殿、警察隊、消防隊、地域改善クラブのようなものもあった。[20] 住民は自分の住む「地区」を大切にし、棺に自分の地区名を彫らせる者もいた。

平凡なものなどなかった――古代ローマでは、すべてに何かしらの意味があったのだ。古典学者のダイアン・ファブロは自著で次のように述べている。「古代ローマのパトロンは、自分の建造物が目的の用途を果たすだけではなく、自分の存在を知らしめるよう計らうことで、投資利益を最大限に回収しようとした。建物は自分の地位を強化し、政治的競争に勝つためのツールだったのだ[21]」これはローマに限ったことではなく、古代世界のさまざまな場所で同じことが言えた。古代小説家のアキレウス・タティウスは、アレクサンドリアの町を歩き回って圧倒されたときのことをこう描いている。「わたしはあらゆる通りを探索し、とうとう疲れ果ててこう漏らした。〝ああ、もう目がついていかない[22]〟」

しかし古代ローマの町は、ケヴィン・リンチの言う「イメージしやすい」町である上に、共感覚を得られる町でもあった。そこでの生活は五感を刺激したのだ。今となっては、古代遺跡から物音が聞こえるわけではなく、建造物も経年により色あせている。[23] かつては彫像に派手な彩色が施され、通りは人でごった返していたことを忘れてしまうほどだ。火山灰に埋もれた古代都市ポンペイを訪れたとき、そこが静まり返っていることに気づいた。まるで墓地を歩いているようだった。ある意味では、墓地を歩いていたのだろう。かつてはポンペイにも人があふれていた。喜怒哀楽、食欲、後悔といった感情や感覚を持った人たちでいっぱいだったのだ。わたしたちは、それぞれの墓に人生が埋もれていることを忘れ、今は死だけを見つめている。

古代ローマも生命にあふれていた。大道芸人、曲芸師、剣飲み師、ベンチで休息する老人、市場の行商人などを思い浮かべてほしい。たくさんの動物もいたはずだ——ゴミを漁るブタ、屠殺待ちのヤギ、半野犬の群れ。

目的地に向かうには、嗅覚を頼ることもできた。まずは悪臭だ——歩道にまかれた排泄物、汗臭い体、魚市場、動物の糞尿や死骸などなど。芳しい匂いもあっただろう——花びらやハーブからできる香料、湯気を立てるパン、お香からのぼる煙、あぶり焼きにした肉……オイルを塗りたての体の匂いをたどれば、公衆浴場に行き着いたかもしれない。[24]

聴覚を頼ることもできただろう。古代ローマには音もあふれていた。道端の屋台から聞こえる大声、剣闘士ごっこをする子どもたちの騒ぎ声、戯れる恋人たち、火がパチパチ燃える音、鍛冶屋が金属を打つ音、カウチに座った主人を持ち上げて人混みを縫うように運ぶ奴隷たち、予言する占い師[25]——どれもが道案内に一役買ったはずだ。屋内にいても、騒々しい音から逃れるすべはなかったと思われる。ストア哲学者のセネカは、自宅の上手にある公衆浴場から聞こえてくる、脇毛を抜いてもらう客の叫び声といった騒音について書き残している[26]（「上流階級以外で、いったい誰がこのローマで眠れるだろう？」[27]と風刺作家のユウェナリスも二世紀当時のローマのことをぼやいている）。古典学者のエレナー・ベッツは多感覚に訴える地図というものを想像してみた。「たとえば、夏の暑い午後はゲームを楽しむ人の声やさいころを振る音が聞こえてきただろう。下水から漂う悪臭。汗の塩気。虫の羽音。それぞれを道しるべとして、バシリカ・ユリア公会堂の角を曲がる人やタスカス通りに向かう人は、自身の所在地を知ったのだ」[28]

多感覚に訴える地図は古代ローマ人が唯一知っていた地図かもしれない。「ほとんどのローマ人は地図を使うなんて信じられなかっただろう。そもそも地図を買う余裕などないし、あったとしても、使い方がわからなかったはずだ」[29]そう述べたのは考古学者のサイモン・マルンベリで、彼はリンチの考えをローマに当てはめ、次のように指摘した。「古代ローマ人の頭のなかにあった地図は、自分たちが育った場所（通り）に属している」

ところで、「心象地図《メンタル・マップ》」とは実際にどんなものを指すのか？　その地図を使うとき、脳内では何が起こっているのだろう？　一九七〇年代、神経科学者のジョン・オキーフは脳がどのように記憶を形成するかを研究していた。まさか脳内に地図が入っているなどと考えてもいなかったし、そもそも地図など研究していなかった。当時の科学者は記憶について多くを理解していなかったのだ。「たとえば、記憶を呼び起こすなどの脳内表現の機能が働いているとき、神経細胞は何を行うのだろうか？」そう疑問に思ったのは神経科学者のケイト・ジェフェリーだ。脳内の認知地図を探求する彼女の研究室は、ロンドンのブルームズベリーにあるオキーフの研究室の目と鼻の先にある。「脳は血肉の塊にすぎないのに、わたしたちの記憶はまるで映画を見ているように再現されます。目で見ているかのように、生き生きと再現されるのです。当然のことですが、何かを考えたり思い出したりしているとき、脳内に小さな映画が上映されているわけではありません。では、その記憶の再現は実際どのように行われているのでしょう？　そして、その再現は脳内のどこで起こっているのでしょう？[30]」その答えを見つけることは神経科学者にとって「至高の目標《ホーリー・グレイル》」だとジェフェリーは語った。

　科学者たちは長らく、記憶が海馬と関係していると仮説を立ててきた。海馬はタツノオトシゴの形をした左右一対の脳組織だ。神経外科医のウィリアム・ビーチャー・スコーヴィルと心理学者のブレンダ・ミルナーは、一九五七年の論文で、深刻なてんかん発作に苦しんでいたＨＭ氏の事例について述べている。[31]スコーヴィルはコネチカット州のハートフォード病院で、ＨＭ氏のてんかんを治療するために実験的な脳手術を行った。同氏の海馬を含む脳組織を部分的に切除したのだ。てんかんはおさまったが、ＨＭ氏は重度の記憶喪失になり、子どもの頃のことは思い出せるが、手術後のことは何も思い出せなくなった。永遠に「夢から覚め続ける[32]」ような人生で、毎日が断続的になってしまった。スコーヴィルとミルナーは、海馬の損傷が記憶喪失の原因ではないかと論じた。

　オキーフはスコーヴィルとミルナーの仮説を証明しようと考え、海馬の神経細胞の発火活動を記録することにした。彼と弟子のジョナサン・ドストロフスキーは、まずラットの脳に微小電極を埋め込んだ。そして、ラットが鼠らしくちょこまか動くのを観察し、その海馬の神経細胞から生じる電気的ノイズを記録したのだ。その結果、ラットが特定の場所にいるときだけ、その神経細胞が発火活動をすることに気づいた。彼らが「場所細胞」と名づけたその神経細胞は、人間の脳にも存在する。

ほかの神経科学者たちも、目印なしにナビゲーション（位置確認や進路決定）を手伝う細胞があることを発見した。ジェイムズ・D・ランクはラットの頭が特定の方向を向いているときだけ発火活動をする細胞を確認し、それを「頭部方向細胞」とした。二〇一四年にオキーフとともにノーベル生理学・医学賞を受賞したノルウェーの脳神経学者マイブリット・モーセルとエドヴァルド・I・モーセルは、脳内で位置座標を形成する「グリッド細胞」を発見した。わたしたちは各自が脳内にGPSナビゲーション・システムを搭載しているのだ。

神経物理学者のマヤンク・メータは、UCLAの実験室で彼の研究チームが行った、ラットをバーチャル・リアリティ（VR）空間に置く実験について教えてくれた。タキシードのようなベストを着せられたラットは、実世界の空間と、それに似せたVR空間で動き回り、その両方の空間にうまく適応した。しかし驚いたことに、VR空間では海馬のおよそ六〇パーセントの神経細胞が活動を停止した。さらに、まだ活動中の残り四〇パーセントの神経細胞も、その発火活動が「完全に不規則」になり、脳内の空間地図も消滅したようだった。

同じく古代ローマ人も、住所（通りの名称）はなくても五感を刺激するその環境で、現代のわたしたちよりも脳を活用していたのだろうか？　今となってはわからない。しかし、現代のわたしたちの海馬がデジタル技術によって傷ついているという証拠がある。神経科学者のエレナー・マグワイヤの発見によると、約二万五〇〇〇の道路を記憶しなければ資格が得られないゆえ「ナレッジ」（知識）と呼ばれるロンドンのタクシー運転手は、海馬の灰白質が通常よりも発達しているという。また、GPS世代のわたしたちには、その反対の現象が起こっているという研究もある。たとえば、ある実験で人にロンドンの町を歩かせ、そのルートをGPSの指示に従って引き返してもらうと、脳のナビゲーション・システムはその活動に関与しなかった。[33] この実験に関する論文の共同執筆者ヒューゴ・スパイアーズは次のように述べた。「脳を筋肉として考えると、ロンドンの道路地図を学ぶといった活動は筋トレのようなものです。すなわち、衛星ナビゲーションなどを頼っているとき、人は脳の特定の部位を鍛えていないことになります」[34]

脳のナビゲーション・システムが目的地に向かうためだけのものなら、海馬を弱らせたところで大して問題ではないかもしれない。しかし、海馬はGPSの役割だけを果たしているわけではない。オキーフはまず海馬のなかに記憶貯蔵領域を探した。その仮説が正しいとする証拠が増えている。ジェフェリーはこう述べている。「どういうわけか、自然界は大昔から人生経験をまとめるには地図が役立つとわかっていたようです」[35] たしかに、場所と記憶は深く結びついている。たとえば、映画を観ていると、恋人を失った登場人物がデートで訪れた場所に行き、過去を回想するシーンがある――この席でスパゲッティを食べたわ、あのソファでカクテルをこぼしたのよね、あのベンチで花嫁介添人《ブライズメイド》のドレスが裂けてしまったのを思い出すわ……といった具合に、それぞれの記憶が場所とセットでよみがえるのだ。著述家のニコラス・カーは自著『オートメーション・バカ』で次のように述べている。「〝自分探し〟という言葉は使い古されたくだらない表現かもしれないが、自分の正体と自分の居場所が複雑に絡み合っているという強固な信念を表している[36]」

古代ローマ人は、この記憶と場所の結びつきを、現代の科学者が証明しはじめるずっと前から理解していた。キケロは自著『弁論家について』で「座の方法」について論じている。スピーチを暗記するとき、見慣れた場所を移動しているところを想像し、スピーチの各部（冒頭部、本題、エピソードなど）をそれぞれ特定の場所と結びつけるのだ。たとえば、冒頭部はコート掛けと結びつけ、子ども時代のエピソードは廊下のクローゼットに結びつけて記憶する、といった具合だ。ダイアン・ファブロはその方法について次のように述べている。「スピーチの内容を思い出すには、頭で描いた場所を歩いているところを想像しながら、そのイメージと結びついている内容を〝読む〟だけでいいのです[37]」上級のローマ人は皆こういった方法を教育されていたのだろう。ファブロはそれを「物理的環境を読む特別な訓練[38]」と評した。場所細胞が発見される何千年も前から、古代ローマ人は視覚的に印象的な場所と記憶が複雑に絡み合っていることを本能的に知っていたのだろう。

「イメージしやすい町」を設計するのは難しい、とリンチは言った。優れた町は設計してできるものではないのかもしれない。もしかすると、それは自然に発生し、子どものように育まれていくものなのかもしれない。「美しくて快適な都市環境は異質なものです。それを生み出すのは不可能だと言う人もいるでしょう」[39]アメリカには、そうした質の高い町は少ない。アメリカ人は「環境がどれだけ日常の喜びに影響するか、あまり理解していない。生活のよりどころとして、あるいは世界が存在する意義と豊かさの延長として、環境をとらえていない」[40]からだ。

古代ローマは混沌としていた。古代の著述家たちはその狂気と醜悪を嘆く一方で、愛してもいたようだが、その混沌はローマ人が理解できるものだった。だからといって、通りの名称がないウエストヴァージニアでわたしが直面した問題を、古代ローマ市民が抱えていなかったというわけではない。頭のなかで町の地図をはっきり描けるからといって、誰かを探し出せるとは限らないのだ。プビリウス・テレンティウス・アフェルは、アメリカの喜劇俳優ジェリー・サインフェルドの古代版のようなコメディ作家で、日常生活の不条理を鋭い視点で観察した。以下は、ふたりの男の道案内の会話を描いたプビリウスの喜劇芝居『兄弟』からの抜粋だ。[41]

――この道を行ったところにあるマセラム（屋内市場）の柱廊はわかるか[42]？

――ああ、わかる。

――その通りをまっすぐ行くと、坂に突きあたるから、のぼっていくといい。のぼると、こっち側に神殿があるからな。その真横に小道が延びている。

――どっち側のことだ？

――あの、大きなイチジクの木がある側だよ。

——ああ、あの木か。

——そっち側に進めばいい。

——でも、あの小道は袋小路になってるぜ。

——ちきしょうめ！　たしかにそうだ。俺としたことが、勘違いしていた。マセラムの柱廊に戻ってくれ。もう少し近道を教えてやろう、そのほうが迷わないからな。クラティノスの家は知ってるか？

——知ってる。

——クラティノスの家を通り過ぎたら、左に曲がるんだ。その通りをまっすぐ行って、アルテミス神殿に着いたら右に曲がる。町の入り口の門の手前、噴水の近くにパン屋があって、その反対側に大工の工房があるだろ？　あんたが探している男はそこにいるよ。

最後にドカンとくる落ちはない。けれども、観客はよくある光景だと思って笑う。イチジクの木、神殿、丘、門、工房……目印が秀逸ではないか！　ケヴィン・リンチもきっと古代ローマの町を愛しただろう。

第四章　ロンドン

通りの名称の由来は何か

ナイジェル・ベイカーはフリーランスの考古学者で、イングランドのミッドランズにあるバーミンガム大学で教員を務めていたこともある。現在は主に歴史的建造物を評価したり、発掘調査隊を組織したり、カヌーに乗ってセヴァーン川を下る考古学ツアーを案内したりしている。しかし、一九八〇年代後半の頃は、大学のスタッフ用バーで多くの時間を過ごしていた。「ほとんどのスタッフは、最上階の食堂のようなところで、ちゃんとした食事をとっていましたが、ビールとサンドイッチのようなランチを好む庶民派もいたんですよ」そうした軽食はバーでとることができた。「むさくるしい外観、一九七〇年代の剝がれかけたライム・グリーンの内装、真面目な学者たちは顔をしかめるような店でしたね」

ベイカーが若手研究員として大学で勤めはじめたのは、イギリスの中世の町や教会を調査するプロジェクトに参加するためだった。勤務しはじめてすぐに、歴史家のリチャード・ホルトと友人になった。ホルトもまた、むさくるしいバーの賑やかな雰囲気を気に入っていたのだ。「リチャードのパソコンをのぞき見たら、『下痢の発作』という名前のファイルがあって、すごく感心したんです」ベイカーはそう回想した。そのファイルには、こんにちでは「悲惨な歴史」と評されるような情報が集められていた――「伝染病や公害、痛ましい事故の歴史」だ。ベイカーとホルトは魂の片割れのように意気投合した。

　ふたりはビールを飲みながら、ベイカーの故郷シュルーズベリーのことを話しはじめた。シュルーズベリーはイングランド西部にある中世都市で、一五世紀から一六世紀のチューダー様式の建造物が数多く残っている。アメリカ人旅行者が古風な趣だと言って喜びそうな、石畳の道や木造骨組みの家が見られる町だ（そして、フリーランスの考古学者でも生計を立てられる、多くの物語の舞台となった町でもある）。ホルトは町の中心にある「グロープ・レーン」のことを話題にし、ベイカーはその通りが昔は「グロープカント・レーン」と呼ばれていたと聞いて驚いた（「グロープカント」には「女性器をまさぐる」という意味がある）。しかも、イングランドにはほかにもその名称の通りがいくつかあったらしい[1]。

　ベイカーは通りの名称にもともと関心を持っていたわけではなかったが、ホルトの話を聞いて以来、何をしていても「グロープカント通りプロジェクト」というアイデアが頭から離れなくなった。ベイカーとホルトは古地図や昔の地図帳を探して回るようになり、国中の「グロープカント」がつく通りを調べはじめた。すると、一〇以上見つかった。

初期の通りの名称は実用的だった。中世のイングランドでは、通りは近隣の木や川、農場、宿屋などにちなんで名づけられ、徐々に発展した。その場所の日常の光景にちなんで名づけられることもあった——娼婦が客取りをしていた「グロープカント・レーン」もその一例だ。ほかにも、肉屋や鍛冶屋、市場など、その通りで行われる商売にちなんで名づけられることもあった。また、その通りがどこに続く道かを示す名称もあった——たとえば「ロンドン・ロード」はロンドンに続く道だとわかる。通りの名称は長年使用されて標識が立てられると、ようやく正式名称として認められた。意外な話ではないが、「チャーチ・ストリート」（教会通り）、「ミル・レーン」（製粉所の小道）、「ステーション・ロード」（駅道）といったなんの変哲もない名称は、イングランドによくある通りの名称として今も普通に残っている。

しかし、この場あたり的な命名こそが、イギリスのもっとも耳に心地いい名称の数々を残してくれたのである。イギリスの町や都市の通りの名称を読んでいると、タイム・トラベルをしているみたいで楽しい。たとえば、ロンドンにある「ハニー・レーン」（蜂蜜の小道）、「ブレッド・ストリート」（パン屋通り）、「ポウルトリー・ストリート」（鶏肉通り）といった名称を見ると、昔そこにフードマーケットがあったのだと気づく。[2] かつて魚市場が大盛況だった「フィッシュ・ストリート・ヒル」は「ニュー・フィッシュ・マーケット」（新しい魚市場）と呼ばれていた頃もある。別の場所にあった「オールド・フィッシュ・マーケット」（古いほうの魚市場）と区別するためだ。

一六六六年にロンドン大火が発生した「プディング・レーン」の「プディング」は、あの甘いデザートを指しているのではなく、動物の臓物（廃棄部位）を指していたらしい。[3]

その土地を知らない者でも、通りの名称を見ればどこで金物や雑貨が買えるのか一目瞭然だった（それぞれ「フライパン通り」と「小間物通り」を探すといい）。「アーメン・コーナー」と呼ばれる一角は、主の祈りを唱えながらセントポール大聖堂の近所を回る聖職者たちがちょうど「アーメン」と祈りを終えた角だ。[4]騎士道精神を想起させる名称もある。セントラルロンドンの「ナイトライダー・ストリート」（騎士の馬車道）は、騎士が馬上槍試合に向かうときに横断した道らしい。[5]「バードケージ・ウォーク」（鳥小屋の散歩道）には、王室の鳥類飼育場があった。[6]「アーティレリー・レーン」（砲兵隊の道）では、砲兵隊が砲撃の練習をしていた（特筆すべきものがない通りには、なんの意味もない名がついた――たとえば、ヨークの「ウィップマ・ホップマ・ゲート」は「あれでもこれでもない」という意味だ）。わたしの家のすぐ近くの「セブン・シスターズ・ロード」には、質屋や新聞販売店やフライドチキン屋などが並んでいる。でも目を細めてみれば、今はその影もない七本のニレの木が見える気がする。この通りに愛らしい名前を与えた七本の木が目に浮かんでくるようだ。

ベイカーとホルトも同じく目を細めるようにして調べた結果、「グロープカント」がつく通りの歴史が中世イングランドの売春に関する通説を揺るがすことを発見した。表向きの話では、一三一〇年、ロンドンの売春婦は正式に郊外へ追いやられ、売春はロンドン・ウォールの外側で行わざるを得なかったことになっている。ところが驚いたことに、「グロープカント」がつく通りの各所在地を調べてみると、それらは郊外には存在せず、むしろ市内中心の、主要市場付近に散らばっていたのである。イギリス人歴史家のデレク・キーンのようにイギリス風に言うと、「市場の商店は、近くで売春行為が行われることに同意する（あるいは、せざるを得ない）のが普通だったのかもしれない」[7]つまり「グロープカント」という名称はその通りの説明をしていただけではなく、よそ者に情報を与えていたのである——たとえば、小さな村から来た田舎者や農民、港町から来た船乗り、さらには監督派教会から来た神父たちは、「グロープカント」がつく通りを探せば欲求を満たせることを知っていたというわけだ。そう考えると、それらが市の中心地に集まっていたのも頷ける。通りの名称に「グロープカント」がついていれば、よそ者でも案内など必要なかったのだ。

　イギリス人はよく国内の下品な通りの名称を称えるが、なぜそれらが下品なのか理解するには、男子学生が使うようなスラングの知識が必要だ。一般的に慎み深いと考えられている国民にしては、卑猥な言い回しの語彙が驚くほど豊かなのだ。二〇一六年、放送用語を規制するイギリス政府機関の英国情報通信庁《オフコム》は、イギリス人がどのような言葉を不快に思うかを調査した。その調査結果を見ると、アメリカ英語とイギリス英語がふたつの異なる言語だということを思い知らされる。[8]アメリカ人のわたしには、調査結果に挙げられた言葉の多くがなぜ侮蔑的とされるのかわからなかったのだ。[9]「やや侮蔑的」（「ばか、まぬけ」を意味する「git」などが挙げられていた）な言葉から、「わりと侮蔑的」（「女」を意味する「bint」や「醜女」を意味する「munter」などが挙げられていた）

な言葉まで、わたしにはそのニュアンスも、それらが「tits」（乳房）と同じくらい下品とされる理由もわからない。しかし、「クラックナッツ・レーン」［「crack nuts」は「木の実を割る」という意味でつけられたと思われるが、「睾丸を割る」という意味にも解釈できる］や「セント・グレゴリーズ・バック・アリー」［「back alley」は裏道という意味だが、スラングで「肛門」の意味］、「スラットショール・ロード」［「slut」はかつて「泥」の意味で、「shole」は現在の「shoal」つまり「浅瀬」。現代では「slut」s（ふしだらな女たちの）「hole」（穴）と読める］、「コックシャット・レーン」［「cock-shut」は方言で「夕暮れ」の意味だが、「ペニス」を「締める」とも読める］といった道路標識に観光客が群がり、こぞって記念撮影する理由はわかる。オックスフォードに住むある男性は、ちゃんとした人と話していて「お住まいは？」と訊かれると、気まずい思いをすると不平を漏らした。彼の住まいは……「クロッチ・クレセント」（股間・三日月）にある。[10]

しかし、「グロープカント」がつく通りは別として、イングランドの下品な通りの名称のほとんどは、たまたま品がなくなっただけだ。ロブ・ベイリーとエド・ハーストの共著書『下品なイギリス（*Rude Britain*）』[11]は品のない地名をたくさん紹介しているが、それによると、「バットホール・ロード」の「Butthole」は「尻の穴」ではなく「天水桶の穴」という意味で、「ブーティ・レーン」の「Booty」は「尻」ではなく「靴職人」、「海賊の戦利品」、あるいは「ブーティ家」に由来しているらしい。「イースト・ブレスト・ストリート」の「Breast」は「胸」ではなく「丘・坂道」を意味する言葉に由来しているそうだ。「バックサイド・レーン」の「Backside」も「尻」という意味ではなく、村の後ろ側にあるからそう呼ばれているだけだ。「アッパーソング・ストリート」の「thong」は「Tバック」ではなく「狭い小路」という意味で、「リトル・ブシー・レーン」の「Bushey」は古英語で「茂み近くの囲い地」という意味らしい。「カムロデン・コート」は「cumload」（精液）を連想させるが、ゲール語の「水を貯蔵するプール」に由来しているようだ。では最後に、「アス・ハウス・レーン」は何に由来しているのだろうか？
――答えは、ご想像にお任せする。

しかし、行政にとっては、くだらない名称よりも平凡な名称のほうがはるかに扱いにくい（なおかつ平凡な名称は重複して存在することが多々ある）。一八〇〇年代のロンドンは世界最大の、しかも過去最大の都市だった。[12] 大昔のローマ城壁に囲まれたシティ・オブ・ロンドン自体はおよそ二・五平方キロメートル程度だったが、グレーター・ロンドンはかつての田園地帯を薄汚い混乱の地に変貌させた。一八四〇年代だけでも、ロンドンは計三〇〇キロ以上になる道[13]をシティの道に加えた。

ロンドンには通りの名称決定をする機関が長らく存在しなかったため、あまり想像力が豊かでない民間の住宅開発業者に各地の命名が任されていた。ディケンズ時代のロンドンの伝記作家ジュディス・フランダースは次のように述べている。「一八五三年のロンドンには二五の〝アルバート・ストリート〟、二五の〝ヴィクトリア・ストリート〟、三七の〝キング・ストリート〟、二七の〝クイーン・ストリート〟、二二の〝プリンセス・ストリート〟、一七の〝デューク・ストリート〟、三四の〝ヨーク・ストリート〟、二三の〝グロスター・ストリート〟があった――しかも、これは同名の小道や広場、道路、角地、袋小路などを除外した数だ[14]」

「道の建設者は、自分の妻や子どもの名前にちなんで名称を決めるものなのか？[15]」一八六九年に雑誌『スペクテイター』は呆れたように読者にそう問いかけた。「メアリーという名の妻を持つ建設者は三五人もいるのだろうか？　エミリーと名づけられた場所、道路、街路は七箇所もあるし、エマは四箇所、エレンは七箇所、イライザは一〇箇所、エリザベスは五八箇所もある。そのうちの二三箇所は〝エリザベス・プレイス〟だ」重複しているのは女性名だけではない。「六四の〝チャールズ・ストリート〟、三七の〝エドワード・ストリート〟、四七の〝ジェイムズ・ストリート〟、それとは別に二七の〝ジェイムズ・プレイス〟、二四の〝フレデリック・プレイス〟、三六の〝ヘンリー・ストリート〟」といった具合に、男性名の通りもたくさんある。人名だけではなく、「五分以内に思いつくような果物や花の名前は、ことごとく通りの名称に使われている」らしい。とはいえ、最強に愚かな名称は「ニュー・ストリート」だ――合計五二箇所もある。

　ヴィクトリア時代のお上品な人たちは、あまり品のよろしくない名称のいくつかを一掃した。イングランドにはもう「グロープカント」がつく通りは存在しない。しかし、川岸に汚物が集積し、議会のカーテンに染みついた悪臭を消すためにさらし粉に浸していたような町で、通りにだけ上品な名称をつけたのは皮肉な話だ。風刺雑誌『パンチ』は、ジョン・ストリート、ピーター・ストリート、ウェリントン・ストリートといった名称にうんざりし、次のように提案した。「その通りにふさわしい名称をつけたらいいではないか。各通りに蔓延している病気や愚行にちなんでつけるといい[16]」同誌が提案した名称には「下水溝通り」「溝穴小路」「食肉処理ビル」「墓地街路」「発疹チフス・テラス」「肺結核の小道」などがあった。「この薄汚いロンドンが適切な上下水システムを整え、教会の付属墓地を閉鎖し、大気を浄化し、疫病を終息させるまで、そうした愚かな名称をつけておくといい」

通りの名称が重複していると、郵便業務は目もあてられない状態になる。しかも、識字率は高いが技術は未発達だった当時の人々にとって、郵便は必要不可欠なコミュニケーション手段だった。イギリスの初期の郵便システムでは、差出人ではなく受取人が郵便料金を払うことになっていたため、労働者階級にとっては大きな負担だった。郵便料金は配達距離と手紙の枚数によって変動した。上流階級でも、紙の節約のために縦と横の両方の向きに手紙を書いた（ジェーン・オースティンも縦横に書いていた）。貧しい人たちは、旅人に手紙を託したり、口伝てで連絡を取ったりしていた。

そこへ登場したのがローランド・ヒルだ。彼の家族は個性的で、本人も変わり者だった。教師だった彼は、ちょっと斬新な学校を設立するのに一役買った。[17] その学校では、生徒が自分たちで教室を管理し、近くの野原でクリケットやフットボールをした（当時では珍しかった）。体罰を恐れるようなこともなかった。歴史家のダンカン・キャンベル・スミスによると、ヒルは教師としての功績にもかかわらず、四〇代になる頃には自分のことを落伍者だと感じるようになっていた。[18] ケンブリッジで学問を続けるという希望も、学費がなくて断念した。彼は世界から貧困や犯罪をなくすことができると主張していたが、公務員として輝かしい人生を送る夢もかすんでしまっていた。新しい印刷機のアイデアを含む、発明や試作品をいくつか世に出したものの、実家が運営する学校の校長としてくすぶっていたのだ。キャンベル・スミスの言葉を借りると、ヒルは「どこかに天職が待っていると確信していながら、それをまだ見つけていない」[19]人間だった。

そんなヒルがひょんなことから郵政改革に関わることになる。彼は子どもの頃、郵便配達員が来ると両親がパニックを起こしたことを覚えていた。郵便料金を払うために、母は彼に古着を売りに行かせたものだった。[20]一八三七年、ヒルは『郵便制度改革：その重要性と実用性』と題した小冊子を配布し、財務大臣にも提出した。ヒルの説明によると、郵便料金が高い理由のひとつは、手紙を配達して料金を徴収するのに多大な労力を要するからだ。郵便配達員は、受取人の家が留守だと、何度も足を運ばなければならなかった。

ローランド・ヒル

ヒルは郵便局に関する膨大な量の公式資料を分析し、郵便制度には不正や汚職がはびこっていることに気づいた。国会議員は無料で郵便を送ることが許可されていたが、金持ち連中もその無料郵便サービスを利用（しかも乱用）しているらしいと勘づいたのだ。貧しい人たちも、自分たちなりのやり方で料金の支払いを免れていた――差出人が封筒に記号や何かを書いておき、受取人は配達員が握っている手紙を見て内容を読み取り、受け取り拒否をするのだ。そうすれば、郵便料金を支払わなくてすんだ（わたしも子どもの頃、似たような作戦で公衆電話の料金を節約した。コレクトコールで家にかけ、受信音が鳴ると早口で「迎えに来て」とだけ言って切るのだ）。とはいえ、貧しい人たちの多くは手紙など一度も書かなかった。

ヒルは単純な計画を立て、現代では簡単明瞭な解決策に思える方法を提案した——国内郵便を均一料金とし、差出人が支払うという方法だ。ヒル以前にも、ウィリアム・ドクラという商人が一六八〇年にロンドン初の均一料金郵便を設定したことがある。[21] ロンドン内ならわずか一ペニーで手紙を送れた。しかし、郵便の独占権を持っていた政府はドクラが始めた制度に脅威を感じ、それを郵政省に吸収させた。そうした経緯があるなか、ヒルは全国統一料金の一ペニーで国内のどこにでも手紙を送れる郵便制度を提案したのだ。

常に教師の視点を備えていたヒルは、安い料金で郵便を送ることの倫理性と合理性を説き、郵便局が「現代社会の強力な原動力として新たに重要な役割を果たすこと」[22]を要請した。活動家弁護士のウィリアム・ヘンリー・アッシュハーストは、一八三八年にヒルの提案を支持する小冊子を発行し、次のように論じた。貧しい家庭の子どもたちは、家から遠く離れたところまで出稼ぎに行くしかない。そうした人たちにとって、親子間の手紙のやり取りに必要な郵便料金は「追放の宣告」[23]に等しい。「もし親が子どもと話すためには六ペンス払って政府の許可を得なければならないという法が通過したら、それは明らかに悪法であり、そうした強制取り立てのような課税はただちに廃止されるだろう」[24]

経済的理由で始まった郵政改革が政治的様相を呈してきた。ヒルが推奨する「ペニー郵便制」は、フランスやアメリカで起こった革命をイギリスが免れるために一役買うだろうか？　著述家のキャサリン・ゴールデンは「ペニー郵便制」の始まりを見事にまとめ、郵政改革論者についてこう述べている。「彼らは〝主従関係〟のあいだで起こっている政情不安を小規模な改革で緩和し、政治変動を鎮圧できる可能性に気づいた[25]」講演や冊子や広告など（その広告のひとつは大評判となったディケンズの最新刊『ニコラス・ニクルビー』に出ていた[26]）の効果もあり、民衆は国を破産させかねないと多くが考えた政策を頑固な議会に受け入れさせた。

そうして一八四〇年に全国規模のペニー郵便制が誕生し、その後すぐにヒルは郵便切手を考案した。ペニー郵便制が実施される初日、多くの人が手紙を送ろうと殺到したため、警官が警備に立つほどだった[27]。紀行作家のサミュエル・レインは一八四二年にこう書いている。「遠くで家族の食費を稼いでいる子どもを持つ母親は皆、このありがたい制度への感謝の思いを胸に抱いて眠りにつく[28]」

しかし、ヒルのペニー郵便制は慈善事業ではなかった――利益は財務省に流れた。郵便事業を営むロイヤル・メールは、すぐに世界でも有数のもっとも効率的な官僚組織となった。セントラル・ロンドンなら、友人へのディナーの招待状を朝に投函すれば、ディナー準備に間に合うように返事が着くようになった。一八四四年発行の旅行ガイドには、配達スケジュールが次のように紹介されている。

市内宛の配達[29]

第一便：前日の午後八時までに要投函
第二便：当日の午前八時までに要投函
第三便：当日の午前一〇時までに要投函
第四便：当日の昼の一二時までに要投函
第五便：当日の午後二時までに要投函
第六便：当日の午後四時までに要投函
第七便：当日の午後六時までに要投函

市外宛の配達

第一便：前日の午後六時までに要投函
第二便：当日の午前八時までに要投函
第三便：当日の昼の一二時までに要投函
第四便：当日の午後二時までに要投函

一九〇〇年代初期まで、ロンドンのいくつかの地域では一日に一二度も郵便が配達されていた。

しかし、郵便を滞りなく配達するには効率のよい住所制度が欠かせない。通りの名称が重複していたり、番地があやふやだったり、一般市民が住所とはなんぞやと理解していなかったりすると、配達員の仕事は必要以上に難儀になる。一八八四年、郵便局勤務二五年になるジェイムズ・ウィルソン・ハイドは「おそらく生涯で一番楽しかった[30]」と言い、ロイヤル・メールでの勤務中に遭遇した、宛先が不明すぎる手紙を自著で紹介している。「ニュー・フォレストの近くの森にあるコテージに住む親愛なるスーおばさんへ[31]」や「ふたりの赤ん坊の世話をしている眼鏡をかけた若い女性さま[32]」といった具合だ。わたしが気に入ったのは、以下の宛先だ。

エディンバラのキャノンゲートを進んで路地を行ったところに住む[33]
ジーン姉さんへ
彼女は片脚が義足です。

宛先が判読できない手紙は配達不能郵便物課《デッド・レター・オフィス》に回され、「宛名判読係《ブラインド・オフィサー》」が差出人の意図を究明する（彼らが「ブラインド・オフィサー」と呼ばれる由来は「はっきりしない《ブラインド》住所」に対応するからだ）。担当職員は地図とにらめっこをしながら、その手紙の正しい宛先を突き止める。有効な手段のひとつは住所を声に出して読むことだ。子どもに読み方を教えるように、ゆっくり読んでみると宛先を判読できる場合がある（実際にあった。〝アウル・オニール（Owl O'Neill）〟宛の手紙は、声に出して読んでみると、なんとローランド・ヒル宛であることが判明した）。[34] こんにちでも、三〇〇人以上の郵便局員[35]がベルファストにある巨大な郵便物保管所で住所解読に励んでいる。[36]

頭のいい差出人はデッド・レター・オフィスにゲームを仕掛けたがる。ヴィクトリア女王の秘書官ヘンリー・ポンソンビー男爵は、全寮制のイートン校にいる息子たちに宛てて手紙を書き、複雑な絵のなかに住所を忍ばせた。彼の子孫にあたるイラストレーターのハリエット・ラッセル[37]は先祖の悪戯心を引き継いだのか、レシピや手書きの漫画、色識別テスト、視力検査表、点つなぎ絵などのなかに住所を忍ばせ、自分と友人たちに宛てて一三〇通もの手紙をグラスゴーから送付した。ブラインド・オフィサーはクロスワードを解くなどして住所を解読した。パズルを解いて住所が判明した手紙には、「グラスゴーのメールセンターによって解読」とメッセージが添えられた。一三〇通のうち一二〇通が無事に受取人に届いたという。

アメリカでは、一八二五年に開設したデッド・レター・オフィスが宛先不明の手紙の処理を行っている。同オフィスはたちまち年間七〇〇万もの郵便物を処理するようになった。[38] 初期の頃のスタッフは退職した聖職者が多かったが、[39] それは宛先不明の郵便物から見つかるお金に彼らは手をつけないだろうと信頼されていたからだ。スタッフのなかには女性も多かった。女性のほうが分析能力が高く、住所解読も得意だと思われていたようだ。

そのなかでも一番有能な手紙探偵は、一日に一〇〇〇通近くの住所を解読するパティ・ライル・コリンズだった。[40] 彼女は裕福な家庭に生まれ、旅の経験が豊富だったが、夫が亡くなって、まだ小さな子どもと未亡人の母親を支えなければいけなくなり、デッド・レター・オフィスで天職を見つけた。[41]彼女はアメリカ全土の郵便局や都市を知っていたようで、通りの名称から企業、大学、丸太小屋、鉱山集落、民間機関まで、なんでもお任せあれという知識の持ち主だったのだ。さまざまな言語に特有の筆跡まで識別できた——差出人の字の癖をヒントにすると、住所を解読しやすかったらしい。

　コリンズほどその仕事に適した人はいなかっただろう。著述家のベス・ラヴジョイは、コリンズに関する記事で次のように述べている。「コリンズは〝ストックのイザベル・マーベリー〟[42]宛の手紙を、マサチューセッツ州にある町ストックブリッジ行きだと解読した。マーベリーというのがその町ではよくある名前だと知っていたからだ。また、〝アイランド〟[43]宛の手紙をウエストヴァージニア州に正しく転送したこともある。同州の一部が〝アイランド〟と呼ばれているからだ」一八九三年発行の雑誌『レディス・ホーム・ジャーナル』によると、コリンズは「イースト・メリーランド・ストリート三一三三」宛の封筒を手にし、「〝メリーランド〟と呼ばれる通りは多くの都市に存在するが、〝三一三三〟まで番号が続く通りはインディアナポリスにしかない」と見事に正確な住所を解読したという。また、「ニューヨークのジェリー・レスキュー・ブロック」宛の手紙をシラキュースに正しく転送したこともある。[44]一八五一年のシラキュースで、ジェリーと名乗る逃亡奴隷が救出《レスキュー》された出来事を知っていたからだ。

　しかし、住所があやふやな封筒を分類するのは多大な労力を要する。住所をきちんと整備し、人々にもその活用法を学んでもらったほうが便利ではないだろうか？　イングランドでは、ローランド・ヒルが熱心にこう訴えた。「ロンドンの通り命名改革は、郵便事業にとって極めて重要である」[45]首都建設委員会（のちのロンドン郡議会）は、ロンドンが市壁を越えて拡大したことを踏まえ、グレーター・ロンドン内の通りの名称問題を解決する業務に追われた。

それは報われない業務だった。一八六九年に『スペクテイター』で次のように述べられている。「市民の大半は住所のことなど何も考えていないので、自分の住む通りの名称が変更されて初めてそれを意識する。番地が変更されるだけでも始末が悪いのに、通りの名称まで変更されたら、全員の身元が一時大混乱に陥る。郵便配達員は物忘れが悪化したように右往左往し、小売商人も商品を誤配する。訪ねてきた親戚は道がわからなくなったと抗議するのだ[46]」

ロンドン中で、都市計画の担当者は住民に言い聞かせる羽目になった。「まったくの気まぐれ[47]」で命名変更を行っているわけではない、と。しかし、住民の抵抗にはあったものの、一八七一年までに四八〇〇本の通りの名称が変更され、一〇万戸の家に新たな番号がつけられた。その後、ロンドン郡議会を非難する者もいた。社会主義者が牛耳っていた同議会は、キング・ストリートといった名称を排除することで、「平等主義」を示してほくそ笑んでいるのではないか、という非難の声だった。[48]とはいえ、二〇世紀も命名変更は続けられ、郡議会は第二次世界大戦が始まる前に通りの名称をなんとか整理した。

ところが、ドイツ軍の爆撃が始まる前に通りの名称変更を行ったのは愚策だったと判明した。[49]

一九四〇年に始まった大空爆は、たったの八カ月で四万人以上の市民の命を奪い、ロンドンの町を通行不可能にしたのだ。イギリス国民は爆撃機に気づかれまいと電気をことごとく消した——街灯も消され、車のサイドライトも制限され、窓もひとつ残らず遮光ブラインドや褐色の包装紙などで覆われた[50](政府は「車に轢かれないように、歩行者は白いハンカチを持って歩け」と忠告した。そうした忠告も虚しく、何千もの人々が事故死した)。

　通りの新名称はいっそうの混乱を招いた。ドイツ軍の侵略に備えて、道路標識が撤去され、書店も市内地図を焼き払ったからだ(市民も、よそ者に道案内をしたがらなかった。イギリス人女性ジーン・クロスリーは戦時を次のように回想している。「誰かに道を訊かれたら、愛国的義務から、違う道を教えたほうがいいだろうかと迷ったものです[51]」)。しかし、通りの新名称リストは戦後に大がかりな改訂を要した。ドイツ軍による空爆がロンドンの通りの多くを破壊し、それらの名称を地図から消したからだ。

　通りの名称と番号だけでは、郵便を効率的に配達するには不充分だった。一八五七年、ヒルはロンドンを八分割し、それぞれの地区にコードをつけた(郵便局調査員のアンソニー・トロロープの提案により、のちに二地区がそこから外された[52])。アメリカでは、フィラデルフィアの郵便局員ロバート・ムーンが郵便番号《ジップコード》(zip code)を考案した(「zip」は「zoning improvement plan」［区域改善計画］の略)。一九四四年、ムーンはまず上司にこの郵便番号制度の提案をし、それが実際に採用されるまで、およそ二〇年ものあいだロビー活動を行った[53]。ようやく実施が叶うと、彼の妻は「Mrs. Zip」と彫

ミスター・ジップ

封筒に郵便番号を書こう
——住所には郵便番号も書いてね

られた金のペンダントを身につけ、実施までにこれほど時間がかかったのは、夫のロバートが共和党員で、彼の上司が民主党員だったからだと新聞記者に言った。[54]

郵便番号の使用を推進するために、郵政公社は「ミスター・ジップ」というキャラクターを登場させて広報に努めた。フォークバンドのスウィンギン・シックスは郵便番号の宣伝ソングを全国テレビで歌った。冒頭の歌詞はこんな具合だ。「ジップ！　ジップ！　こんにちは、友よ／いかがお過ごしかな？／少し時間をくれないか？／お知らせしたいことがあるんだ／郵便制度に関することなんだ[55]」

こんにちでは、郵便番号のおかげで配達が正確かつ効率的に行われるため、年間九〇億ドルの費用削減になっているとされる。[56]スウィンギン・シックスもその分け前を請求するといいだろう。

近代の官僚的な住所決定方法によって、わたしたちは貴重な情報源を失ったのだろうか？　最近ではもう、通りに「ショッピング・ストリート」や「スクール・ストリート」といった名称をあまりつけなくなった（そんな風潮のなかで、スコットランドにあるコストコとイケアが並ぶ通りに最近「コスケア・ウェイ[57]」という名称がついたと聞いたときは、なんだかうれしかった）。ウエストヴァージニアに行ったとき、レストラン・チェーンの〈チューダーズ・ビスケット・ワールド〉の女性店員は、わたしが住所について調べていると聞くと、ため息をついてこう言った。「わたしはグレープバイン・アヴェニュー（ブドウの木通り）に住んでいるの。どこにもブドウなんて見あたらないのにね」

正式な名称がその通りにそぐわないときは、別の呼び名を使えばいい。出生届の記載名に従って名乗る必要はないのだ。サンフランシスコのチャイナタウンにある通りは、よく地元民に名称変更された。[58] たとえば「ウェントワース・プレイス」は、一九四〇年代には塩漬けの魚が屋根に干されてずらりと並ぶ、香味豊かな通りだったので、地元民に「ストリート・オブ・バーチュー&ハーモニー」（美徳と調和の道）と呼ばれていた。長屋が密集する「ウェイバリー・プレイス」は「フィフティーン・センツ」と呼ばれていた——耳掃除と弁髪込みの散髪代が一五セントだったからだ。「ベケット・ストリート」は「ストリート・オブ・プレイン・ランゲージ・ジョン」（わかりやすく話すジョンの通り）と呼ばれるようになった。ジョンはアメリカ人だが流暢な広東語を話し、住民にわかりやすく通訳してくれる男だった。いつもベケット・ストリートに立つ高級娼婦たちと暇つぶしをしていたため、住民は通訳が必要になると、ジョンの家ではなくベケット・ストリートに彼を探しに行った。ジョンがいつもいる場所、という意味で名称が変えられたというわけだ。

こうした微笑ましい名称変更は過去のものだと思っていたが、勝手な名称変更はこんにちでも行われているようだ。アーロン・リースは何年か中国に住んだのち、ニューヨークに越してきた。せっかく覚えた中国語を忘れないようにと、彼は年配の移民の何人かとルームシェアをすることにした。アーロンは彼らの話題にのぼる通りの名称がどこを指すのかわからないことに気づいた。よくよく聞いてみると、彼らは葬儀場の多い「マルベリー・ストリート」を「死人通り」と呼んでいた。「ディヴィジョン・ストリート」は「ハットセラー・ストリート」（帽子屋通り）、「ラトガース・ストリート」は「ガーベッジ・ストリート」（ゴミ通り）といった具合だ。アメリカ独立戦争で戦ったポーランドの副官タデウシュ・コシチュシュコにちなんだ「コシチュシュコ・ブリッジ」は、何をどう間違えたのか、「ジャパニーズ・ガイ・ブリッジ」（日本の男の橋）と呼ばれていた。中国各地から集まった移民たちは、マンハッタンの通りを自分たちの出身地や方言に合わせて名称変更していたのだ。[59]

しかし、正式な名称でも、その通りに似つかわしいものもあるようだ。経済学者のダニエル・オトー・ペラリアスは、スペインとイギリスの通りの名称データを調べた。スペインでは、宗教的な名称の通りが多い町の住民は、実際に信心深かった。[60] イギリスでも、「教会」や「チャペル」がつく名称の通りが多い地域の住民は、キリスト教徒だと言う者が多かった。[61] スコットランドで、「ロンドン・ロード」や「ロイヤル・ストリート」といった名称の通りに住む人たちは、スコットランド人としての意識がやや薄かった。

通りの名称と住民の特質のあいだに因果関係があるかどうかは推測するしかない。信心深いから「チャーチ・ストリート」に住むのだろうか？ それとも、「チャーチ・ストリート」に住んでいるうちに信心深くなるのだろうか？　たぶん通りの名称が先にあって、その名称が住民に影響を与えるのだろう。

言うまでもないが、わたしは「グロープカント・レーン」がなくなったことを嘆きはしない。

通りの名称にも流行がある。アメリカでは長いあいだ、自然にちなんだ名称が流行っていた（ポーランドも同様で、通りの名称に使われるもっとも人気のある言葉は「森」「野原」「ガーデン」など[62]）。ベルギーでは最近、国民が自国の料理の歴史を祝していくつかの通りを名づけた――「キュベルドンの小道」（円錐形の砂糖菓子）、「スペキュラースの小道」（ミラのニコラオスの日に食べるクッキー）、「シコンの小道」（チーズとチコリを使った郷土料理）などだ。

現代イギリスの新しい通りにはよく多文化的な名称がつけられる（「カルマの道[63]」やモスクを意味する「マスジッドの小道」などだ）。ある学者から聞いたところによると、「通りの名称の今後の流行りは女性にまつわる」ものらしい。フェミニスト団体「Osez le Feminisme」は、パリの通りに新しい名称を非公式でつけて回っている（「ニーナ・シモンの波止場」など）。パリの通りの名称で女性を記念したものは、まだ全体の二・六パーセントにすぎない[64]。

その一方で、ロンドンは歴史にちなんだ名称を大切にしている。ある友人を訪ねたときのことだ。彼女は、イースト・ロンドンのかつては薄汚れていたエリアにある超現代的なアパートメントに住んでいる。わたしは建物の名前を二度見した。「ブートメイカーズ・コート」（靴職人邸）とあったのだ。自転車に乗ってその建物に出入りしている若いホワイトカラーの居住者たちが、靴製造に携わっているようには思えなかった。

地理学者のドリーン・マッシーも、ドックランズでこの現象を見た。ドックランズは昔は労働者階級が多かったが、急速に高級化した地域だ。「ここに長く住む、自意識の強い居住者たちにとって、通りの名称は過去の労働者階級への憧れを覚えさせるものだった。あちこちにあるパブ、フットボール、つらい労働やコミュニティを連想させる数々の名称。こんにちでもそうした名称を使い続けたり、倉庫を改築したアパートメントに名前をつけ直したりするのは、新しい形で過去への郷愁をかきたて、ロマンティックに感じさせる試みなのだ」[65]わたしの友人のアパートメント「ブートメイカーズ・コート」は、その地域に住んでいた昔の労働者階級にとっては高価すぎる物件だ――寝室がひとつのアパートメントがおよそ四〇万ポンドで売られている。しかし、その名前によって、裕福なロンドン市民は実際よりもロマンティックなエリアに住んでいるような気になれるのだ。

昔の「グロープカント通り」にさえ郷愁を覚える人たちもいる。二〇一二年、「グロープカント通りを復活させよう」という無記名の嘆願書が議会に提出された。「わたしたちの文化遺産とも言えるその名称を復活させたら、愛国心を示す絶好の機会になるでしょう」と嘆願書には記されていた。議会は、通りの名称の決定権は地方自治体にあります、とおどけたように嘆願をばっさり切り捨てた。しかし、誰もが下品な名称を維持したいと思っているわけではない。「バットホール・ロード」（肛門通り）の住民は、二〇〇九年に名称変更の運動を起こし、晴れて「アーチャーズ・ウェイ」に名称変更された場所に住めることになった。

二〇一八年、ウエストミッドランズにある町ローリー・レジスで事業を営む者が、地元の通りの名称変更を提案するチラシを各家に配り、変更すれば不動産価格が六万ポンドまであがるはずだと主張した。彼が変更を主張した名称は、わたしには馴染みのないスラングだった。「ベル・エンド」――なんだかエレガントな響きではないか。わたしは、ベルという言葉の軽やかな語感とエンドという言葉の厳粛な響きが合わさったイメージを描いた。ところが、イギリス英語のスラングでは、それが「ペニスの先」という意味にもなるらしい。地元の嘆願書によると、その通りに住む子どもたちは、その名称のせいでいじめにあっていたそうだ。

リンダ・ジョージは「ベル・エンド」の名称変更計画を聞いて激怒した。彼女の家族は代々その村に住んでいる。彼女自身も、近くの教会でそわそわと落ち着きなく礼拝を受けた。聖書以外の本を禁止している、厳格なバプティスト派の教会だ。子どもたちがいじめにあっているのなら、それは通りの名称が問題なのではなく、いじめる側が問題なのだ。そう考えたリンダは、「ベル・エンド」の名称変更に反対する嘆願を独自で始めた。驚いたことに、ほんの数日でおよそ五〇〇〇人の住民が嘆願書に署名してくれた。

「ベル・エンド」のある町ローリー・レジスは昔、王室の猟場だった。深い炭層があることから「ブラック・カントリー」[66]と名づけられた地域に属し、小さな村が工業化して発展した町だ。庶民は裏庭に手洗い所ではなく小さな鍛冶場を作ることもあった。巨大な採石場があり、国内の道路建設のための石の供給源となった。しかし、マーガレット・サッチャーが炭鉱を閉鎖させ、工業が閉塞してからは、ローリー・レジスの仕事の大半が失われた。多くの古い建物が修復されずに取り壊され、道路が広げられ、想像もしなかった近代的な団地が建設された。リンダが子どもの頃に見慣れていた光景の大半が、見る影もなくなった。

ベル・エンドを維持しようというリンダの嘆願書は、なぜ多くの人の心をつかんだのだろうか？わたしは本人にどう思うか訊いてみた。「ベル・エンドという名称は、良識ある人たちの最後のよりどころだったのです」彼女はため息をついて言った。「それは単なる名称というだけではなく、誇り高く晴れやかな過去の思い出と結びついています。それに（少なくとも、建築的な面では）憧憬に満ちた時代を思い起こさせてくれますからね」

のちに判明したことだが、ベル・エンドはローリー・レジスの中世時代のルーツと深い関わりのある名称だった。地方自治体は、それが地元の採鉱場に由来する名称だろうと考えていたが、一九一九年生まれのベル・エンド居住者が本当の由来を教えてくれたのだ。彼女によると、その昔、通りの片端（エンド）にジョン王が所有する山荘があった。その山荘のドアには、鈴《ベル》の形をしたノッカーがついていたという。それがベル・エンドの由来だった。マグナカルタを承認したジョン王が王位についたのは一一九九年だ。わたしがリンダと話したのは、それから八〇〇年以上も経ってからのことである。

リンダは言った。「昔の建造物はなくなったけれど、名称は永遠に残るでしょう」

第五章　ウィーン

家屋番号は権力の象徴か

二月、雪の降る朝、わたしはウィーン中心部にある首相官邸界隈で、アントン・タントナーと待ち合わせた。タントナーは四〇代で、もこもこしたスキー用の上着にグレイのスカーフを巻き、黒い帽子を耳まで深々とかぶっていた。帽子の下には、赤い頬をした丸い顔。フランス・ハルスの絵画から抜け出てきた少年のようだ。町角に並ぶ殺風景な建物のあいだを、冷たい風が吹き抜けていく。マリア・テレジアの生誕三〇〇年を記念して、恰幅のいい銀髪の彼女のポスターが町中に貼られていた。

　タントナーはおそらく世界一の家屋番号研究家だろう。彼はウィーン大学で歴史を教え、家屋番号を研究し、六〇人もの見学者を引き連れてウィーンの家屋番号ツアーを案内している。[1] 家屋番号の写真展を監修したこともある。わたしがタントナーのことを知ったのは、彼の『家屋番号（*House*

Numbers)』というシンプルなタイトルの本を読んだことがきっかけだった。わたしは最初、彼は住所のなかでも一番平凡に思われる家屋番号のことで頭がいっぱいなのだろうと考えていた。

しかし、実際に会って考えが変わった。タントナーは次のように述べている。「家屋に番号をつけるという偉業は一八世紀の特色である。これは皮肉ではなく、一八世紀、すなわち秩序と分類に憑かれていたあの啓蒙時代において、家屋番号の付与はもっとも重要な革新的出来事のひとつとして数えられるだろう[2]」家屋番号が考案されたのは、道案内や郵便配達を円滑にするためではなかった。たしかに、そのような面でのメリットもあったが、家屋番号がつけられたのは、徴税や収監や逮捕に便利だったからだ。家屋番号は、市民が目的地を見つけやすくするためではなく、政府が市民を見つけやすくするためのものだった。

家屋番号の実用化は歴史上の補足事項ではなく、歴史の新しい幕開けだった。そう述べるタントナーは、その幕開けがウィーンで起こったと考えている。

一七四〇年、記録的に寒く雨の多い一〇月のことだった。神聖ローマ帝国のローマ皇帝、カール六世は狩猟に出かけ、突然、病に倒れて崩御した[3]。死因は毒キノコによる食中毒だと考えられている。長女マリア・テレジアは二三歳で、一夜にしてハプスブルク家の女帝となった。カール六世と皇后はまだ男子後継者が誕生する可能性を捨てていなかったため、長女にはダンスや音楽といった「宮廷での立ち居振る舞い」に必要な教育しかしてこなかった。プロイセンの使者は一七四六年に彼女のことを次のように描写している。[4] 淡いブロンドの髪を高く結った丸顔。小さな鼻は「下にも上にも曲がっておらず」、大きな口に、形のいい喉元と首。度重なる出産でその容貌は衰えていたが、「腕と手は美しかった」（テレジアは一九年間で一六人の子女をもうけた）。

人生は甘くなかった。マリア・テレジアは赤字を抱えた所領を相続したのだ。そこにはオーストリア、ハンガリー、クロアチア、ボヘミア、トランシルヴァニア、イタリアの一部も含まれた。彼女は何年もかけて敵国を首尾よく撃退していったが、息子の結婚祝いのさなかで夫のフランツ一世が倒れて急死してしまう。マリア・テレジアは夫のために屍衣を縫い、長い髪を切り落とし、部屋を真っ黒に塗りつぶしてその死を悼んだ。[5] 不幸は重なるもので、一六人の子女のうち三人が天然痘で亡くなった。そのひとり、一六歳のマリア・ヨーゼファはナポリ王への輿入れが決まっていたのに、ウィーンを発つ直前に逝去した。姉妹のなかで一番の美人だったマリア・エリーザベトも天然痘で顔に痘痕が残ってしまい、結婚は叶わなくなった（ちなみに、マリア・テレジアは一一人の娘全員に「マリア」を入れて命名している）。娘たちのことを政略結婚の駒と見なしていたマリア・テレジアにとって、帝国の存続という観点から考えると、痘痕の残った娘は死んだも同然だった。

一七六三年、マリア・テレジアと息子のヨーゼフ二世（彼はのちに共同政権を握ることになる）は、ヨーロッパ中を巻き込んだ七年戦争に負けた。今回ばかりは、政略結婚でも帝国を結束させることにはならなかった。マリア・テレジアはプロイセンのフリードリヒ二世から豊穣の地シュレジエン（現在はポーランドに属す）の奪還を試みたが、疲弊していたオーストリア軍はあえなく撤退

マリア・テレジア

した。絶望するマリア・テレジア。彼女はプロイセンとの戦争中だけでも八度出産したため、「もし四六時中、妊娠していなかったら自分も戦場に赴いたのに」とこぼしたという。

彼女はさらなる兵力を必要とした。ハプスブルク帝国はまだ封建制だったため、諸侯たちが領地の人民を支配し、募兵の大部分を担っていた。案にたがわず、彼らは屈強で勤勉な人民を自分たちのために確保し、そうでない残りの者を入隊させていた。帝国には、意気盛んな若者たちがあふれているはずなのに、その者たちの所在地がわからなければ、宝の持ち腐れではないだろうか？

そう考えたマリア・テレジアは一七七〇年、末娘マリー・アントワネットがヴェルサイユで式を挙げた同じ年に、入隊資格のある男子を報告させる「徴兵制度」の改新を命じた。しかし、すぐに彼女は別の問題に直面する——密集する村々に住む人民の数を把握する手段がなかったのだ。各家屋を区別する方法もなかった。

マリア・テレジアは解決策を思いついた。家屋に番号をつければいいではないか。各戸に番号をつけ、その居住者をリスト化すれば、各家庭の匿名性を排除して、そこに住む入隊有資格者を発見できる。一七七〇年三月、マリア・テレジアは指令を出し、一七〇〇名の役人が帝国中の家屋調査に向かった。塗装工が村に入り、各家屋の壁に黒の油絵の具で番号を入れていく。そして、記録係が各住民と入隊適合者の有無を所定用紙に記録する。真冬になると、村々を重い足取りで渡り歩くのは苦行だったが、最終的には七〇〇万以上の「人民」に番号をつけることができた。家屋番号は合計で一一万三九九におよんだ。経費も時間も予想以上に費やすことになったが、役人たちがウィーンに返送した記録用紙はあまりにも膨大で、宮殿内の置き場所が足りないほどであった。

わたしは雪の吹きすさぶ町をアントン・タントナーと歩きながら、マリア・テレジアがつけさせた番号を探した。探したのは、当時の塗装工が書いた徴兵用の番号だ——それらは白地のドアや壁に細いエレガントな書体で書かれていた。わたしたちはアーチをくぐり、石造りの立派な建物をのぞき込み、狭い路地に体を押し込み、町中に刻まれたいにしえの番号を探した。ウィーン生まれのタントナーは、曲がりくねる凍った小道や路地を長い脚でぐいぐい進んだ。

ショーウィンドウにファーコートやパールネックレスの飾られた店が並ぶ大通りに出ると、どこからかアコーディオンの音色が聞こえてきた。上品な靴屋の前に着いたとき、タントナーは手袋をはめていないピンク色の手で、建物の白壁に赤で書かれた家屋番号を指さした。マリア・テレジアの指示は具体的で、ウィーン内の家屋は赤で、ウィーン外の家屋は黒で番号を書かせていた。番号はローマ数字（ⅰ、ⅱ、ⅲ）ではなく、アラビア数字（1、2、3）に決められていた。ただし、マリア・テレジアが嫌っていたユダヤ人の家はローマ数字がつけられていた。

また、マリア・テレジアは番号の前に「Ｎｏ（ナンバー）」をつけるよう細かく指示を出した。「Ｎｏ．１」「Ｎｏ．２」といった具合だ。「Ｎｏ」をつけるよう指示したのは、その建造物の建設年と区別するためだったのだろう。ウィーンの建造物には建設年が記されているものが多かった。しかし、タントナーの同僚はもっと納得のいく推測をした。「誰かと話すとき、〝ミスター誰々〟と相手の名前に〝ミスター〟をつけるでしょう？　〝Ｎｏ〟も〝ミスター〟と同じ役割だと思いますよ。数字にも礼儀正しくしないとね」彼はにっこり笑ってそう言った。

タントナーによると、ハプスブルク帝国は家屋番号を思いついた唯一の（そして最初の）政府ではなかった。[6]時をほぼ同じくして、世界中で――パリやベルリン、ロンドン、ニューヨーク、そのほかの田舎町や集落でも――新しい番号を誇示するようになったのだ。家屋番号の歴史は一六世紀のパリで始まった可能性もある。ノートルダム橋の上に立っていた六八軒の家に役人が番号をつけたからだ。一七六八年、ルイ一五世も家屋に番号をつけさせた。一般市民の家に舎営している兵士を追跡するためだった。一七七九年には、マラン・クリーンフェルという書籍発行人が街灯柱に番号をつけることを思いつき、各家屋にも、通りの片側には昇順で、もう片側には降順で番号をつけた。パリのガイド本に活用するためだった。

ロンドンでも早い時期に家屋番号の歴史は始まっている。通りに名称や番号がつく前から、商売人は看板にその屋号を表す絵を描いていた。たとえば薬局はドラゴンの絵、食料雑貨店はすり鉢状に固めた砂糖の絵といったように、文字のない看板は特有の伝達手段を使っていたのだ[7]（商売が変わると、絵がややこしくなることもある。棺屋を営んでいたジェイムズ・オラブスの看板には三基の棺のシンボルの横に一山の砂糖の絵が描かれていた。以前そこは食料雑貨店だったのだ）。看板には鉄製の装飾が施されていて重いものも多く、風が吹くとぎしぎし音を立てた。一七一八年、建物から看板が落ち、その下を歩いていた運の悪い四人の通行人が亡くなったこともあった。家屋番号のおかげで、商売人はそうした看板を取りつける苦労から逃れられるようになった。ロンドンで道路標識とともに新たに生まれた家屋番号は、下働きの者たちにとっては革命的な出来事だった。[8]人生で初めて、メッセージを伝達するために文字や数字を読んで把握する必要に迫られたからだ。

とはいえ、家屋番号がすぐに市民のあいだで浸透したわけではない。「近代郵便制度の父」と呼ばれるローランド・ヒル（第四章参照）は次のように回想している。「ある通りの真ん中にある家を見ると、ドアに〝九五〟と真鍮の番号がついていた。その両脇の家には〝一四〟と〝一六〟とあった。その家の主に、なぜ〝一四〟と〝一六〟のあいだに〝九五〟が来るのか理由を尋ねると彼女は、以前住んでいた家の番号で真鍮製の表札が気に入ったからだと答えた。どうやら、前の家屋番号でも現在の家に適用できると思ったらしい[9]」

アメリカでも、イギリス人は革命論者を追跡するためにマンハッタンに番号をつけはじめた。一八四五年当時、まだ子どもたちがマディソン・アヴェニューでブラックベリーを摘めたような[10]時代、マンハッタンの家屋番号は「麗しき混乱状態[11]」だったようだ。番号が再付与され、五番街で東西が正式に区分けされたのは一八三八年のことだ。それ以降でさえも、多くのビジネスが建物の番号を表示するのに消極的だった。一九五四年に『ニューヨーク・タイムズ』紙の記者が、劇場の建物の番号をそのドアマンに尋ねたところ、次のように返答された。「知りませんね。わたしはただのドアマンですから」「ここに勤めてどのくらいですか?」「一五年です」[12]

マーク・トウェインは一九世紀後半のベルリンを気に入り、同市を「ヨーロッパのシカゴだ」と称えた。彼の目には「世界でもっとも見事に統治された都市」[13]に映ったようだ。礼儀正しい警察、上方でごちゃごちゃ絡まらずに地下に埋められた電線、箒とスクレーパーで掃き清められた通り(ニューヨークでは「祈りと議論」で通りを美化しようとしていたが、効果はなかった〔マーク・トウェイン作品からの引用〕)。ところが、家屋番号ときたら目もあてられない有り様だった!「原初の混沌以来、あんなものはお目にかかったことがない。ベルリンの家屋番号は愚か者がつけたのかと最初は思うかもしれないが、いやいや、愚か者にはあれほど多種多様な混沌は生み出せまい。もはや冒瀆的なレベルだ」トウェインはこう記している。家屋番号は非規則的に思われた。「三、四戸の家に対してひとつの番号ということも珍しくなかった。いくつかの家のひとつにだけ番号をつけて、あとはご想像にお任せする、ということもあった」

混乱していたのはベルリンだけではない。最初はウィーンでも、新しい建物ができると、未使用の番号のなかで一番小さなものがつけられた。その建物の所在地など関係なく、たとえば「一一番」の家の横に新しい家が立つと、それには珍妙にも「一五二一番」という番号がつけられたりするのだ。町のブロックごとに番号をつけるのはいいが、そうすると目的の家を探すのに通りの名称と番号だけではなく、ブロックも把握しておかなければならない（ヴェネチアも似たようなもどかしいシステムになっていて、町は区分けされ、それぞれに不規則な番号がつけられているものの、ヴェネチアはなんでも許される町だから仕方ない）。チェコ共和国では、各家にふたつの番号がついている。ひとつは案内用で、もうひとつは政府の登録用だ。フィレンツェでは、居住用とビジネス用で異なる種類の番号がついている。

そもそも、家屋番号の正しいつけ方とはどんなものだろうか？　フィラデルフィアでは、通りの片側に並ぶ家には奇数を、向かい側の家には偶数をつけた。同市が一七九〇年に人口調査を行ったとき、ジョージ・ワシントンのアドバイザーだったクレメント・ビドルがこの奇数・偶数システムを考案したのだ。そのシステムだと、一本の通りにどこまで番号が続くのか推量しなければならない。フィラデルフィアでは一九世紀にこのシステムが改訂され、家屋番号をさらに論理的につけることにした。各ブロックに一〇〇ずつ番号を割り当て、隣のブロックには次の一〇〇の番号が続くようにしたのだ。こんにちでは綿密な計算が行われ、合理的な家屋番号がつけられている——合理的すぎて、家屋番号があることに気づかないくらいだ。

それにしても、人類は何千年ものあいだ家屋番号なしでやってきたのに、なぜ急にそれを必要不可欠なものと見なすようになったのだろう？

イェール大学のジェイムズ・スコット教授は、一九九〇年代にある疑問をテーマに本を執筆しようとした――「なぜ国家は移動を繰り返す国民を目の敵にするのか？」遊牧民、ロマ、アイリッシュ・トラベラー、ベドウィン族、放浪者、路上生活者、逃亡奴隷たちは皆、彼らを縛りつけようとして失敗した国から「悩みの種[14]」として考えられてきた。しかし、執筆を進めようとすればするほど、スコットは別のテーマに着手すべきではないかと思うようになった。そもそも、なぜ国家はその国民を縛りつけるようになったのか、というテーマだ。

　スコットは気づいた。「近代以前の国家は、数々の重要な面にほとんど目を向けていなかった。その国民の経済状態、土地や収穫高、所在地、身元など、ほとんどのことを把握していなかったのだ[15]」マリア・テレジアの時代、すなわち一八世紀のヨーロッパ国家は、さながら「搾取機械[16]」といったところで、統治者たちは自らがおさめる領地の収益や取引から搾り取ることにますます長けていった。しかし、「独裁支配という彼らの主張には、少なからず皮肉な面があった[17]」とスコットは言う。なぜなら、彼らは地方レベルでは何も支配できていなかったからだ。「彼らは、ソーシャル・エンジニアリング［政府が大衆の社会的態度や行動に影響を及ぼそうとすること］の面でさらなる介入的手法を取ることができなかった。彼らの増大する野心を思う存分発揮させるには、より傲慢でなければならず、それにふさわしい国家システムと、支配できる社会が必要だった」

　だが社会を支配するには、まずその社会に誰がいるかを把握しなければならない。国家は「身元のわかる国民を作る[18]」必要があったのだ。「記録可能な氏名と地籍調査に記録された住所を持った国民」でなければならない。近代ヨーロッパにおける国家形成には「判読可能な」社会が必要だった。何かを始めるには、まずその国を形成するものを理解しなければならない。「判読可能な社会を形成する過程で、国は劇的に変化した」スコットはそう述べている。

たとえば、ヨーロッパ人のほとんどは一四世紀になるまで恒久的な名字を持たなかった（中国の秦朝では、紀元前四世紀から名字を持つことを要請していた[19]。「徴税、強制労働、徴兵」が目的だったという）。しかしスコットによると、ヨーロッパの人々は名前は持っていたが、それ以外の情報が必要になった際は職業（製粉業、パン屋、鍛冶屋など）や住んでいる場所（丘、小川のほとり）、父や一族の名前（ジョンソン、リチャードソンなど）をつけ加えた。

とはいえ、そうした名前が系統的に引き継がれることはなかった。名前だけでは、その者の所在はわからない。一七〇〇年代のイングランドでは、男性の九〇パーセントが以下の八つの名前のどれかを使っていた[20]――ジョン、エドワード、ウィリアム、ヘンリー、チャールズ、ジェイムズ、リチャード、ロバート。よそから来た警官や徴税人にとっては、なんの役にも立たない。地元の人間なら「ウィリアムの息子ヘンリー」がどこにいるかわかるかもしれないが、よそ者にわざわざ教えたりはしない。そのようなわけで、統治者たちは恒久的な名字をつけるよう要請した。

家屋番号も、この大がかりな近代化プロジェクトの一環だった。ローマ人は通りの名称や家屋番号を持っていなかったが、目的地を探すのに苦労はしていなかった。しかし、ローマ政府が住所制度を必要としなかったのはたぶん、特定の市民を探す必要に迫られていなかったからだろう。ローマ政府は地方分権制で、地方自治体が必要な人間の所在を把握していたからという理由も挙げられるかもしれない。そもそもローマ帝国は市民の生活と関わりを持っていなかった――公立学校などもなかったので、関わる媒介がなかったのだ。
中世ヨーロッパの国も同じく、市民を把握する手段を持たなかった。歴史家のダニエル・ロード・スマイルは何年もかけてマルセイユの公証人記録を調査した。[21] 彼が見つけた記録をいくつか紹介しよう。以下は一四〇七年のもので、犯罪を犯して罰金を科せられた市民の身元を記録している。

イサベラ：売春婦
シモネ・ドラピエ
アルジャンティーナ：シモネの妻
ピカデロ
ヨハン・ル・バス：マルセイユのパン屋

ところが、五〇〇年後の一九〇七年になると、記録内容が変化していた。

セルニー、アニエス・ジョセフィーヌ、三二歳、教師、ロックファイユ（オード県）出身、現住所はマルセイユ、サン＝ジル・ストリート一〇番

カステロッティ、ジョセフ・ルイ、一八歳、船員、バスティア出身、現住所はマルセイユ、フィギエ・カシ・ストリート八番

ペイロン、ベルト・ジャンヌ・アルビーヌ・ジョセフィーヌ、二八歳、マルセイユ出身（プーシュ＝デュ＝ローヌ県）、プラド・アヴェニュー六八番で生活

「一四〇七年にはテンプレートがなかった[22]」スマイルはその名著『想像上の地図製作（*Imaginary Cartographies*）』で述べている。「ヨハン・ル・バスがパン屋だと記載されているのは、たまたま彼が公証人にそのことを言及したからだろう。それが一九〇七年になると、記入用紙にテンプレートが印刷されていて、氏名、年齢、職業、出身地、そして（本書にとってはもっとも重要な）住所（居住地）の記入欄が用意されている」一五世紀のマルセイユの公証人は、個々のやり方で調査相手の身元を記録した。「住所を記載すること、すなわち相手の身元をその居住地と結びつけるやり方は、近代社会の条件なのだ[23]」スマイルはそう結論づけた。

国家は国を形成して政策を進める前に、その社会を把握し、国民の身元を確認しなければならなかった。家屋番号がつけられるまで、閉ざされた家々と地図整備されていない通りは、そこに住む人々を隠していたのだ。対象が本なら、わたしたちはそこに書かれた文字を読む。対象が町なら、わたしたちは通りの名称と家屋番号を読む。しかし、家屋の住所が定められるまで、政府はその国

民がどこの何者なのか読むことができなかった。家屋番号が政府に読む手段を与えたのだ。
　ところで、国がようやく読む手段を得ると、いったい何が起こるだろうか？

　一八世紀のパリ。フランスのポリス［一八世紀のpoliceは現代の警官よりもかなり広い役割を持ち、宗教・習俗・治安・衛生・管理・交通といった日常のさまざまな活動分野に介入した］であったジャック・フランソワ・ギヨット[24]は、イラストを豊富に盛り込んだ自著『ポリス改革構想（*Memoire sur la reformation de la police de France*）』で、ポリスにとっての理想郷を描いた。彼が考えた斬新な構想はこうだ――まず、パリ市民全員を記録する。老若男女を問わず、市民全員の情報を詳細にファイルにまとめるのだ。その書類は、外周約一〇メートルの巨大な車輪を備えた機械回転式ファイル用キャビネットに格納する。[25] それはファイルが格納できるだけではなく、官吏が迅速に情報を調べられるように設計されている。足踏みペダルで作動し[26]、公会堂ほどもある広さの部屋で市民の情報を簡単に管理運用できる仕組みだ（哲学者のグレゴワール・シャマユーは、それを巨大な〝ローロデックス〟と表現した）。文字どおり、かなりのビッグ・データだ。

　しかし、その構想を実現するには、パリの町を根本的に再考する必要があった。民衆であふれかえる、それも入り組んだスラム街に大勢が密集している町をだ。各ファイルに番号がついていなければローロデックスも役に立たない。ギヨットの構想によると、パリの町は番号をつけて区分けされ、重複する通りの名称は排除され、正式な名称が石材のプレートにはっきりと記される。そして、すべての通り、家、階段、フロア、アパートメント、さらには馬にまで番号がつけられるのだ。

構想自体は荒唐無稽なものではないだろう。だが、ギヨットはさらに一歩踏み込んだ。建築史学者のチェーザレ・ビリグナーニによると、ギヨットは特殊任務に就くポリスが巡回中に市民の情報を「詳細に」取り調べることを提起した。市民の年齢、階級、職業、居所、市内外の出入り情報などをポリスが把握するという提案だ。収集した情報は件のキャビネットに「アップロード」され、ペダルを何度か踏むだけで、どんなパリ市民の情報でも引き出せるようになる。そうすれば、ポリスは一般市民のことをその隣人よりも把握できるだろう。教会や病院でも内部にいる人間の情報を守秘できない。ギヨットはこう述べている。「(この構想が実現すれば) 個人の誕生から死亡まで、すべてを知ることが可能になる」[27]

ギヨットのファイル用キャビネット

ギヨットの人生についてはあまり情報がない。彼がポリスの職にあり、たまにパリ市民の足取り調査を依頼されていたことはわかっている。彼はあの『百科全書』編者ドゥニ・ディドロを家に居候させていた。『百科全書』は、世界中の知識をまとめることを目的とした、啓蒙思想の宝箱のような書籍だ。ギヨットがディドロと知り合ったのは偶然だと思われるが、ひょっとすると理由があったのかもしれない――ギヨットは野心家で、世界の問題を解決しようと奇抜な構想を精力的に打ち立てていたからだ（彼はまた、日に三万六〇〇〇人の通行を可能にする舟橋の設計で表彰を受けた）。ヴォルテールはギヨットのような者たちを「プロジェクトメーカー」だと揶揄した。社会に大変革をもたらそうと絵に描いた餅のようなプロジェクトを思いつくアマチュアたち、という意味だ。

それはともかく、啓蒙思想を掲げるギヨットのような人間にとって、家屋番号はごく自然な解決策だった。各家屋に番号を付与することは、啓蒙思想の根本的原則、すなわち合理性と平等を推進することになる。町で目的地を探すのも容易になり、人も簡単に見つかるはずだ。徴税もはかどり、犯罪者も迅速に見つかるだろう。しかも、小作人の家も貴族の家も分け隔てなく番号が付与されるのだ。闇に光《ライト》をもたらすことを目的とする「啓蒙思想《エンライトメント》」は、国家がその国民すべてを見る（＝理解する）ことを願っていた。

ギヨットの本はロングセラーとなったわけでもなく、その構想が採用されたわけでもない。国王の目に留まったかどうかも定かではない。しかし、それは注目すべき功績を残した。それは彼の構想が独創的だったからというだけではなく、その構想がすぐに浸透しはじめたからだ。彼の著作を読んだ者は少ないが、通りの複雑な命名システムは世界中で広まったように思う。ギヨットは自身のことを考案者だと考えていたものの、実際は予言者だった。なぜなら彼は新しい形の行政、つまり国民がどこにいるかを（良くも悪くも）気にかける政府というものを予言したからだ。

家屋番号の新しいシステムに対して、多くの人間が反発したのは驚きに値するだろうか？　歴史家のマルコ・チッキーニによると、ジュネーヴの市当局は一八世紀後半、人や物に番号をつけることを決定した。[28]まず人間から始め（どういう理由かは不明だが、最初に番号がつけられたのは木こりだった）、荷馬車、四輪馬車、馬にまで番号をつけた。その後、市当局は暴動後の秩序を維持するために、ふたりの塗装工を雇って壁に通りの名称を、そして家に家屋番号を書かせた。

ところが、ジュネーヴ市民はたった一晩で一五〇〇もの番号を破損させた。[29]それも、軍が家屋番号の破壊者を探しながら通りを夜間見回りしていたのにだ。塗装工はまた番号を書く羽目になった。法廷では「番号を消すのが禁止だったとは知らなかった」と（おそらく、きまり悪そうに）異議を唱える市民もいた。こういった話はジュネーヴだけで起こったのではない。ヨーロッパ中で、家屋番号が排泄物で汚されたり、鉄棒でたたき割られたりした。家屋番号の担当役人は殴られ、水をかけられ、村から追い出されもした。少なくともひとりの役人が殺された。[30]

アメリカでは、市民住所録の調査員が家屋に番号をつけるために各家を訪ねたが、市民の多くはその調査員を怖がった。地理学者ルーベン・ローズ＝レッドウッドによると、南北戦争が起こる前、南部人は調査員のことを「北側の企み[31]」ではないかと不安に思ったという。住所録の発行にあたって、「北側の人間とはいかなる形にせよ関係がない」ことを市民に納得させる必要があった。北部の人間も疑心暗鬼になっていたため、市の住所録を持っている人を見ると、徴兵人ではないかと疑った。調査員が訪ねてくると、彼らはその面前でドアをばたんと閉めた。

番号をつけるのは本来、非人間的な行為だ。家屋番号がつけられはじめた頃、民衆の多くが自分の新しい家屋番号によって基本的な尊厳を損なわれた気がした。チッキーニはジュネーヴの六一歳の婦人のことを回想している。彼女は自分の家屋番号を破損させた罪で起訴されたが、自分の家に通りの名称を刻まれただけでも不快だったと法廷で反論し、こう言った。「当局が〝この番号〟を加えるというのなら、人権無視の問題になると思いますけどね[32]」スイスのある回顧録作家はオーストリアを訪れたとき、「個人を決然と所有する支配者の権限を象徴するような家屋番号を見てぞっとした[33]」という。

アントン・タントナーはふざけて自分の胸を指さしながら言った。「わたしは番号ではない。わたしは自由な人間だ」イギリスのテレビシリーズ『ザ・プリズナー』からの引用だ。彼は間を置いて言った。「アイアン・メイデンというバンドの曲にも『ザ・プリズナー』というのがあるけどね」

無力な市民にとって、家屋番号を破損させることは、自分の人間性を取り戻すことに等しかった。男たちは徴兵を免れるために歯を抜いたり親指を切り落としたりしたが、彼らはそうすることで、自分の唯一の力を行使したのである。自分に対する暴力、自分の家に対する破損行為は「国家が振りかざす住所設定の権限に対抗するための、市民に残された唯一の手段だった[34]」とタントナーは述べている。政府が国民に番号をつけることができなければ、国民を徴兵できなければ、国民のことを把握できなければ、政府は国民を所有していることにはならない——国民は本当の意味で自由の身ということだ。

市民の懸念は不合理なものではなかった。今では古典となっている『国家の視点で見る（*Seeing Like a State*）』で持論を述べるジェイムズ・スコットは自称「露骨なマルクス主義者」で、近代国家に対して非常に懐疑的だ[35]（彼はE・P・トンプソンの一〇〇〇ページ近くある学術書『英国労働者階級の成り立ち（*The Making of the English Working Class*）』を読んだときに座っていた椅子のことまで覚えている）[36]。スコットの考えによると、自国を「把握可能」にしようとする政府の試みはしばしば、その救援対象であるはずの国民を失望させた。政策立案者は都市を組織化し、ジェイン・ジェイコブズがその著書『アメリカ大都市の死と生』（鹿島出版会）で称えた「都会の通りの活気ある不規則性」を排除してしまった[37]。たとえば一九世紀のパリでは、きちんと整備された並木道を作ろうとスラム街を一掃し、そこに住んでいた何万人もの労働者階級を追い払った。また、タンザニア政府は何百万もの市民を周到に準備した村々に定住させようと試み、国内の農業を図らずも縮小させてしまった[38]。

スコットは政府による決定がいかに不当な事態を招くかを説明している。名字を持たせるなどといった、一見無害な決定でさえ例外ではない。アメリカでは、政府役人がアメリカ先住民の命名のしきたりへの侮蔑をあらわにし、壮大な「文明化プロジェクト」の一環として、彼らに名前を変更するよう要請した[39]（彼らの名前の多くは性差がなく、流動的だった。たとえば「ファイブ・ベアーズ」（五頭の熊）と名乗る者は、仕留めた熊が一頭増えれば「シックス・ベアーズ」（六頭の熊）と改名した）。またプロイセンでは、一八一二年にユダヤ人に市民権を与えたが、彼らが決められた名字を名乗ることが交換条件だった。一八三三年に出た政令により、ユダヤ人は国籍を問わず、全員が政府の指定したリスト（ルベンシュタインやバーンスタインなど）から名字を選ぶことになった。しかし、その十数年後の一八四五年、ユダヤ人は変更不可の名字リストを法的に押しつけられた。のちにナチスが彼らの身元を簡単に割り出せる段取りが整ったというわけだ。歴史家のディーツ・ベーリングは次のように述べている。「ユダヤ人が居住を強制されていたユダヤ人街（法制化されたゲットー）の門は、一八一二年に完全ではないが渋々開放されたが、彼らは次なるゲットー、すなわち名字にとらわれることになったのである」[40]

次なるステップは道に名称をつけることだった。スコットは説明する。「国家形成を進展させるなら、まずは場所や道、市民、そして何よりも財産を命名して分類化する新しいシステムの構築と実用化が必要だ」[41]コネチカット州にある彼の住まいの近くには、ふたつの名称を持つ道がある。その道はギルフォードの町では「ダラム・ロード」と呼ばれている――ダラムに続く道だからだ。しかし、ダラムの住民はそれを「ギルフォード・ロード」と呼んでいる――彼らにとって、その道はギルフォードに続いているからだ。ふたつの名称は両方の住民にとっては便利だが、国にとっては混乱の元だ。だからこそ、政府は国家権力行使の一環として、自分たちに理解できる形で道を改称するのだ。

スコットは、社会をより把握可能にする政策によって、地元の知識が失われてしまうことによく言及するが、政府のそうした試みが大抵の場合は善意の政策であることを認めている。ギヨットはポリスを単なる法の執行機関だとは考えていなかった――むしろ、彼は民衆があまりにも法律にとらわれていて、不正行為を防ぐ正しい慣習にはあまり注意を払わないことを嘆いていた。ギヨットが描く理想のパリでは、ポリスに以下の任務が与えられた――通りの清掃や街灯の点灯確認、各家の窓やバルコニーの安全確認、車両点検、年に一度の各家庭訪問などである（家庭訪問は専門家を伴い、必要であれば修繕のアドバイスを与える）。そのほかにも、乳母となって乳を与える場合のもっと衛生的な方法や屋根の設計改善など、ギヨットには数々のアイデアがあった（パリの町の屋根はよく水があふれ、通りをびしょ濡れにしたが、ギヨットは聖書から優れたお手本を見つけた――モーセの「屋上に欄干を設けなさい」という言葉である）フランスのポリスは自分たちが町を管理していると自認していたため、ギヨットが描いたような社会改善のアイデアを既に受け入れていた。こうした監督という点では（ちなみにこの"surveillance（監督）"という言葉は、「クレープシュゼット」と同じくらいフランス語らしい言葉だ、とあるコメンテーターは評している）、民衆は幸せな生活を手にするために、気配りのできるポリスを必要としていたのである。[42]

マリア・テレジアの時代でさえ、市民は家屋番号がもたらす利点に気づくと、すぐに不信の念を和らげた。郵便物が配達されるようになり（モーツアルトを例に取ると、彼は自分宛の郵便物をウィーン市内の一二箇所で受け取っていた）、町案内もしやすくなった。家屋番号には、ほかにも便利な点があった。タントナーによると、一七七一年の冬、迷子犬の広告が掲載されたこともあるという。「ボロニーズの子犬が迷子になりました。白い雄犬で、目は青く（片方だけ青が薄い）、小さくて黒い鼻をしています」[43]——飼い主は、ボーグナーガッセ二二二番で子犬が戻るのを今か今かと待っていた。

五月のある湿った暖かい日のこと、わたしは列車とバスに乗って、ギヨットのオリジナル本を見るためにワデスドン・マナーを訪れた。ワデスドン・マナーは、イングランドのバッキンガムシャーにある旧市街の外れに建設された、場違いなほどに大規模なフランス様式の豪邸だ。一八八九年に建設された、ファーディナンド・ド・ロスチャイルド男爵が週末の休暇を過ごすための大邸宅だった。彼が所蔵していたフランス製家具やイギリス人の肖像画のコレクションが今も保管されている。イギリスでいち早く電気を引いた邸宅のひとつで、ヴィクトリア女王が訪ねてきたとき、一〇分間も電気をつけたり消したりしていたという話が残っている。ヴィクトリア女王の息子、のちのエドワード七世が男爵の友人だったため、邸宅に招かれたらしい。

わたしを案内してくれたレイチェル・ジェイコブスは、男爵の膨大なコレクションを管理している。わたしたちは、かつて厨房として使われていた場所を抜け、裏階段をあがった。ロスチャイルドはよく週末に盛大なパーティを開き、大勢の独身者を招いていたため、邸宅内の一部を「独身用の居室《アパートメント》」にしていた。書庫はそのアパートメントにあった。イギリス紳士の隠れ家的な落ち着いた雰囲気があり、天井まである書棚の数々、ペルシャ絨毯、ゆったりとした緑色の革製ソファが備えられていた。

わたしはレイチェルと一緒にギヨットの本をじっくり読みふけった。ページは分厚い布製だったものの、当時それは最高級の紙とされていた。製図技師ガブリエル・セイント・オービンによる淡彩画は明るく真実味があった。本には、ポリスが使うであろう詳細な記入用紙の見本や、ギヨット考案のキャビネットの複雑な製図も描かれていた。キャビネットを稼働させる、かつらと靴下を身につけた官吏たちもちゃんと描かれている。もっと陰気なものを想像していたのだが、実際に見ると品があり、美しくさえあった。

レイチェルは邸宅内も案内してくれた。わたしたちはギヨットの本の通常の置き場所である日中用の居間《モーニング・ルーム》に向かった。ゲインズバラの威厳に満ちた肖像画や錦織のソファをしつらえ、きらびやかな壁紙に囲まれたその部屋は、くつろぐのに最適だとは思えなかったが、週末のパーティ招待客たちはきっとくつろいだのだろう。わたしは、ここを訪れた気ままな貴族たちを思い描いた。ひょっとすると、皇太子も来たかもしれない。彼らはギヨットの傑作を何気なく手にしたり、読んだりしたのだろうか?

わたしはファーディナンド男爵に興味があった。彼はパリに生まれ、ウィーンで教育を受け、イングランドの田舎町にこの絢爛豪華な屋敷を生み落とした。その回想録で、フランクフルトのユダヤ人ゲットーに由来する自分の名字について触れている。彼の曾祖父は、そのゲットーから息子五人をヨーロッパの主要都市に送り出し、国際的な金融財閥を立ちあげたという。

「わたしの祖先は赤い盾（ドイツ語では赤い表札《ロートシルト》を意味する）を由来にして名字をつけたのでしょ

う——それはフランクフルトの家のドアにかけられていたそうです。まだ家屋番号がついていなかった当時、その盾が屋号代わりでした。当時のユダヤ人は名字を持っていませんでしたが、わたしの先祖一家は一八一九年にオーストリア皇帝から男爵位を授与されたときに、盾をクレスト「日本の家紋に相当するもの」に使うことにしたのです」[44] その皇帝とは、マリア・テレジアの孫息子フランツ二世である。

ウィーンでの家屋番号ツアーの途中で、わたしたちは休憩にカフェ・コルプで暖を取った。フロイトも通ったというカフェだ。そこでタントナーは、家屋番号の活用がいかに民衆の生活を予想外の形で変えたかについて語った。ヨーゼフ二世は母のマリア・テレジアを助けてハプスブルク帝国の統治に努めたが、啓蒙思想の原則から大きな影響を受けていた。彼は家屋番号をつける軍の役人に、一般市民と対話することを熱心に勧めた。その頃には帝国内の大部分を歩き尽くしていた軍の役人たちは、民衆の生活がどういった状態にあるかを勤勉に報告した——教育を受けられず、健康状態も悪く、領主の支配下でいかに過酷な虐待を受けているか、といったことを。

タントナーはコーヒーを飲みながら、そうした軍による報告とヨーゼフ二世が指示した大規模な行政改革には直接的な関係があると思う、と語った。当時の行政改革のなかには、農奴制の廃止や、政府による無料の教育制度の設立などがある。帝国はその国民を把握して番号をつけただけではなく、結果的に国民の声を聞いていたのだ。

第六章　フィラデルフィア

アメリカ人はなぜ番号名の通りを好むのか

マンハッタンは昔、マンナ・ハッタと呼ばれる緑豊かな島だった。[1] クロクマやガラガラヘビ、ピューマ、オジロジカがうろつくような土地だったのだ。一七四八年に博物学者が残した記録によると、アマガエルの合唱があまりにも騒々しくて、人間は「考えごともできない」ほどだったという。小川にはウナギがあふれ、海ではネズミイルカが回遊し、トチノキやユリノキが生い茂る森では渡り鳥が囀《さえず》っていた。現在はタイムズ・スクエアと呼ばれる場所の真ん中には、アメリカハナノキが茂る湿地帯があり、ビーバーが多数生息した。[2] 生態学者のエリック・サンダーソンによると、かつてのマンハッタンは、ヨセミテ国立公園よりも多い植物種、グレート・スモーキー・マウンテン国立公園よりも多い鳥類、イエローストーンよりも多い生態学的共同体を誇っていたという。[3] サンダーソンは長年、昔のニューヨークの再現に取り組んできた。それは探検家ヘンリー・ハドソンがムヒクナック川（現ハドソン川）にたどり着いた一六〇九年のある「晴れた暑い日」以前のニューヨークだ。

サンダーソンの「ウェリキア・プロジェクト」は、ヨーロッパ人が到着する前のニューヨークの風景を再現するデジタル版自然ガイドだ[4]（「ウェリキア」は、かつてマンナ・ハッタに住んでいたアメリカ先住民のレナペ族の言葉で、「愛するわが故郷」を意味する）。わたしが以前住んでいたイースト・ヴィレッジの住所をウェリキアに入力してみると、今ではアパートメントやアジア料理屋が並ぶその通りの昔の様子を知ることができた。そこは昔、アメリカシデやアメリカヅタ、スミラクス・ロツンディフォリア、ブラックホー、モミジバフウ、ヘラバヒメジョオンであふれていたらしい（ヘラバヒメジョオンのようにすてきな名前を持つ植物が単なる雑草だとは知りたくないので、図鑑は見るまい）。頭上ではアシボソハイタカやアメリカコガラが飛び交っていたようだ。当時も今もあまり変わらないものもある――昔の西九丁目にもっとも多く見られたと推測される六種の動物は、すべて齧歯類だった。

しかし、マンナ・ハッタはマンハッタンに変貌した。商業地マンハッタンの人口は、一八世紀になる頃には急増していた――ジェイムズ・マレーは故郷アイルランドの長老派教会の聖職者に宛てた手紙に次のように記している。「そちらの哀れな者たちに伝えてください。神は解放の扉を開かれた」[5]一七九〇年から一八〇〇年までのわずか一〇年で、ニューヨークの人口は二倍になった。当時、通りの多くは個人が所有していたが、市の発展が早すぎて道の整備が追いつかないほどだった。

市は集権的な計画を立てていなかったため、通りの風景はかつてのロンドンのように雑然と様変わりした。役人は市に秩序をもたらす計画を土地所有者たちに提示したものの、どのような計画も賛同を得られなかった。

そこで州議会が一八〇七年に三人の男を都市計画委員に任命した。弁護士のジョン・ラザファード、地質調査官のシメオン・デ・ウィット、政治家のガバヌーア・モリスの三人で、以降、本書では彼らを委員会と呼ぶ。委員会は四年かけて、もっともシンプルな計画を立てた[6]――いわゆる「グリッドプラン（格子計画）」だ。それは一五五本のストリートが一一本の主たるアヴェニューと直角に交差する格子状の都市計画だった（ロウアー・マンハッタンは昔ながらの道に沿って既に整備されていたため、グリッドプランからは外された。ブロードウェイもそのまま残された）。

委員会の三人のうち、モリスはもっとも波乱万丈な人生を送っていた。アメリカ建国の父である彼は（「われわれアメリカ合衆国の人民は」で始まる憲法前文は彼が書いたものだ）、不倫相手の家の窓から飛びおりたせいで片脚を失った、などと噂されたこともあった（実際は馬車の事故に遭ったのが原因で、以来、膝から下が義足となった。しかし、駐フランス大使としてパリに駐在していた頃の日記によると、人目に触れる危険を冒して恋人を膝にのせた、といったような描写があるので、不倫をしていたことも間違いないようだ）[7]。彼が残した文書には、自身の健康状態（大抵、不調だった）や法的尋問について詳細に綴られているが、故郷の町の景観に大改革をもたらす任務のことはあまり触れられていない[8]。モリスはグリッドプランの最終案の認可に出向いた寒い日のことを簡潔に書き残している。「マンハッタン島の委員会の用事で町に出かけた――ラザファードと食事をしながら地図に署名した。痛風で調子が悪い[9]」

委員会はグリッドプランを採用する理由を論理的に説明した。「町というものは主にその居住者によって形成される。細くて直角の家が一番安価に建造できるし、住みやすいということを忘れてはならない」ノートルダム大聖堂を思い浮かべてほしい。次にエンパイア・ステート・ビルディングを。なるほど、理屈には合っている。

しかし、実際のマンハッタンは白紙の紙ではない。委員会の報告書はビーバーダムや昔からある小川の数々については触れておらず、レナペ族の言葉「マンナ・ハッタ」がおそらく「丘の多い島」という意味であることにも言及していなかった。つまり、地形的なことはいっさい無視していたのである。何キロメートルにもおよぶ川や砂浜、何百もの丘や何十もの池や沼のことも、グリッドプランのなかでは考慮されていなかった。現在のチェルシー地区を所有していたクレメント・クラーク・ムーアは、自分の所有地を突っ切る九番街の計画を承認しなかった。彼は委員会について次のような言葉を残している。「あの連中だったら、ローマの七丘ですら切り崩すだろうね[10]」

グリッドプランに異論を唱えたのは彼だけではない。詩人エドガー・アラン・ポーは、アップタウンに借りた家でその暗澹たる思いを吐露している。「この壮大な光景は消える運命にある。三〇年もすれば、美しい岸壁はことごとく防波堤に成り果て、立ち並ぶレンガ造りの建物によって町全体が荒廃するだろう[11]」マンハッタンの大部分は依然として農地だった（アメリカ独立戦争時、ジョージ・ワシントンはトウモロコシ畑を駆け抜け、四二丁目と五番街の角に自国軍を結集してイギリス軍に対抗した)[12]。しかし、グリッドプランは緑豊かな自然をほとんど排除しようとしていた。委員会の言い分は「マンハッタン島を囲む海」があるので、ニューヨーク市民は新鮮な空気を得るのに多くの公園は必要ない、というものだった。何よりも土地に価値があったのだ(セントラルパークが計画に加えられたのは一八五〇年代のことである)。

グリッド設計を任命された二〇歳の測量技師ジョン・ランデルは、不法侵入の罪で逮捕されまくりながら[13](委員会の三人が不在のときは前市長がやむを得ず保釈させた)、土地の境界を示す杭を打っては、怒った住民に引き抜かれた。彼は森で斧を振るい、野犬の群れを追い払い、キャベツを投げつけられ、自分の土地を守ろうとした一家に追いかけ回されることもあった[14]。ウエスト・ヴィレッジの農場主は「ビーツ五〇〇〇個、ジャガイモ五〇〇〇苗、ニンジン五〇〇〇本、ナデシコ五〇〇〇本、チューリップ五〇〇〇本」を台無しにしたとしてランデルを訴えた[15]。啓蒙主義者だったランデルも負けてはおらず、自らの作図どおりに景観を変えることは間違っていない、と自分を納得させた[16]。

しかし、ジャガイモの苗を台無しにすることなく世界一の都市を作ることなどできるだろうか?ニューヨークは大都市に生まれ変わろうとしていた。あるニューヨーカーは言った。「都市が生まれる過程を見たければ、ここに来ると満足できるだろう。田畑は街路に、見苦しい崖は風格ある邸宅に変わり、立ち並ぶ家屋が牧場を押しのけているのだから[17]」そうして大都市が誕生した結果、多くの人が満足以上の幸運を得た。ランデルは何年も経ってから当時のことを気取って回想している。自分の仕事を邪魔しようとした連中は「グリッドプランのおかげで大儲けした」[18]と。直角かつ同サイズに設計された格子状の土地は売買しやすかった。経済学者のトレヴァー・オグラディの推定によると、グリッドプランのおかげで、土地の価格は一八三五年から一八四五年のあいだで二〇パーセント上昇したという。[19]

この経済性だけでも、グリッドプランは多くのニューヨーカーを納得させることができた。歴史家のポーリーン・マイヤーによると、ニューヨークはオランダ西インド会社が金儲けだけを目的に植民地拠点として建設した町だった。たしかに、オランダの入植者たちはイギリスの清教徒たちとは違って母国のほうを好んだ。[20] オランダ人は（ニューヨークに）自分たちが住みたくないからという理由で、世界中からの移民を歓迎したという。そうして移住してきた初期のニューヨーカーたちは、富を蓄えることに必死だった。一七一三年、ジョン・シャープ牧師はニューヨークのことを次のように評している。「この町は貿易に便利な立地にあり、商売のことで頭がいっぱいの切れ者たちは、わが子には読み書きと計算以外の教育など求めていない」[21] そういった基礎学習以上の教育を施すためには、「それを求めていないだけではなく、同意してもいない相手に無理強いする」必要があったようだ。

ニューヨークはライバルのボストンと正反対の役を演じた。ボストンがオタクだとすると、ニューヨークはクラスの人気者といったところだ。清教徒はボストンに移住してきて七年後にハーバード大学を創立させた。ニューヨークはボストンより早く樹立したので、印刷機を導入するまでに七〇年以上かかった。ボストン出身のジョン・アダムスはニューヨークのエレガントな雰囲気を賛美し、同地を訪問中に招かれた家の調度品や家具に感嘆したことを家族に宛てた手紙で書いている。「朝食のテーブルに着くと、贅沢な皿、大きな銀製コーヒーポットとティーポットが美しく、ナプキンも最上の素材のものだった」[22]しかし、アダムスはニューヨーカーのことは気に入らなかったようで、不満げにこう漏らしている。「連中は声が大きく早口で、いっせいに話すし、誰かに質問しても、相手が三語と答えないうちに遮って、自分の話を始めてしまう」アダムの故郷ボストンでは、ほとんどのエリアで、以前からある曲がりくねった道を変えずに維持していた。それなのにニューヨークは、その秀逸なグリッドプランでボストンを早くも凌駕しようとしていたのだ。

委員会はグリッドプランを立てると、またもや前代未聞の策を打った。ストリートやアヴェニューに名称をつけるのではなく、番号をつけたのだ。グリッドプランによるストリートは一丁目から始まって一五五丁目まで番号がつけられ、アヴェニューは五番街から一二番街までの番号がつけられた。ロウアー・マンハッタンの東側に突き出ている部分のアヴェニューには、AからDまでのアルファベットがつけられた。その後、同地域はアルファベット・シティと呼ばれるようになった。

通りの名称に番号をつけるのはアメリカ特有のやり方だ。こんにちでは、五〇万以上の人口を抱えるアメリカの都市にはすべて番号名の通りがある[23](もちろんそうではない通りもある)。アメリカで一番よくある通りの名称は「セカンド・ストリート」だ(「ファースト・ストリート」よりも「セカンド・ストリート」が多いのは「ファースト・ストリート」を「メイン・ストリート」と呼ぶ町もあるからだ）。そして、アメリカでもっともよくある通りの名称トップテンのうち七つが番号名である。

しかし、地理学者のジャニ・ヴォルティーナホによると、ヨーロッパでは番号名の道路標識をあまり見かけない。マドリードでは一九三一年、今ではスペイン第二共和政と呼ばれる時代に「通りの名称を改称するなら、意見の対立を避けるために番号をつけたらどうか」という賢明な提案があった。[24]市議会は番号名の通りは「伝統的なスペイン精神にそぐわない」という理由でその提案をあっさり棄却した。町や村に人名をつけて市民に敬意を払うのが「スペイン精神」だったらしい。こんにちでさえ、通りを命名する際に番号の使用を却下するルールがヨーロッパ中に見られる。[25]エストニアでは、番号名が法律によって禁止されている。[26]ニューヨークの委員会は番号名の通りのために草を刈り取り、川を埋め立てた。その反対に、ヨーロッパの多くの都市は番号名を拒絶した。なぜだろうか?

一六六八年、ウィリアム・ペンは二四歳のときにロンドン塔に投獄された。イングランドでは事実上、不法とされているクエーカー教（キリスト友会）に入信し、『揺れる砂上の楼閣（*The Sandy Foundation Shaken*）』という冊子を執筆したのが原因だった。同書はキリストの神性を疑問視している、という声があがったため、ペンはロンドン塔に幽閉されることになったのだ。

ペンは四方を壁に囲まれ、孤独な日々を過ごした（同じくロンドン塔に投獄され、一二年間、幽閉されたサー・ウォルター・ローリーは、部屋に妻を呼ぶことを許されていた）[27]。ペンが窮屈な部屋で面会を許されたのは父と司祭だけで、ふたりは彼に考えを改めるよう乞うた。ペンはのちに当時のことを次のように書いている。「だが、わたしは彼らに言った。ロンドン塔はわたしを説得するのに世界一まずい場所だ。誰が間違っているにせよ、宗教を弾圧する者は決して正しくない」彼は前言撤回するどころか、クエーカー教の根本原典となる『十字架なければ王冠なし（*No Cross, No Crown*）』を執筆し、記憶を頼りに多くの文筆家の言葉を引用した。ロンドン塔の所長は彼のことを哀れんで言った。「ミスター・ペン、あなたのことを気の毒に思います。あなたは頭のいいお方だ。世間はあなたを認めるべきだし、認めている。あなたには広大な領地があるというのに、なぜあの愚かな人たちとつき合い、自らを惨めな境遇にとどめておくのでしょう」[28]

もっともな意見である。ペンがクエーカー教に改心したのは不可解なことだった。彼の父は裕福で世間の信頼も厚い海軍提督で、亡命していたチャールズ二世をイングランドに連れ戻してナイトの称号を受けた。そうした恵まれた家庭に育ったにもかかわらず、ペンは社会的階級制を否定するクエーカー教に改心したのだ（クエーカー教は初期の頃「光の子」と呼ばれていたが、信徒が礼拝で身を震《クエーク》わせることから「震える人《クエーカー》」と俗称されるようになった）。クエーカー教徒は神が個々に具現すると信じており、司祭や君主などの取り次ぎは必要ないと考えていた。そして、簡素な服装を信条とした（簡素な服装はペンが唯一従わなかったルールだ。彼は天然痘で髪を失ったため、かつらを着用していた)。一七世紀では「汝」「そなた」といった言葉は親しい間柄でしか使わないものだったが、クエーカー教徒は誰にでも(国王に対しても)その言葉を平等に用いた。

一七世紀のイングランドでは、クエーカー教徒は命がけで信仰を貫いた。若かりし頃のペンは国王の前でも帽子を脱がなかった。[29] 国王は頓知をきかせて自分の帽子を取り、こう言った。「ここの習慣では、頭を隠しておけるのは一度にひとりだけなので」言いたいことは伝わったが、それでもペンは脱帽を拒んだ。

ペンはロンドン塔で七カ月と一二日間、孤独な時間を過ごした。[30] その後、釈放され、アイルランドで父の領地の管理を任されたが、ロンドンに戻ると、グレースチャーチ・ストリートにあるクエーカー教の教会堂が警察によって封鎖されたことを知った。そこで彼は同信徒のウィリアム・ミードと道端で説教をした。ふたりの周りに四、五〇〇名の人が集まり、その話に耳を傾けたとされる。「群衆はわたしの警備員を蹴散らし、わたし自身もすねを蹴られた」という状況だったため、警官はふたりのところまでたどり着けなかった。[31] 最終的にふたりは逮捕され、ペンはロンドン塔から釈放されて間もないのに、再び投獄されることになった。

裁判になり、判事は陪審員にふたりを有罪にするよう圧力をかけたが、陪審員は応じなかった。そこで判事はしばらくのあいだ陪審員全員を「食事、飲みもの、タバコ」も与えず閉じ込めた。[32] 陪審員が態度を変えず四度目に無罪判決を言い渡すと、判事はクエーカー教徒に対する嫌悪の念をあらわにし、彼らのことを「騒動を巻き起こす、人でなしの集まり」[33] と評してから退廷した。「スペイン人はなぜ異端審問の苦しみを受け入れているのだろう、と彼らの考えが今まで理解できなかったが、イングランドにもあいったものが広まるまで、安寧は得られない」しかし、判事も最終的には陪審員の評決を受け入れるしかなく、この事件は、被告人にどれだけ不利な証拠があったとしても、陪審員がそれぞれの考えを表明する権利を有することを示す基本的な教材として裁判史上に残った。

ペンは法廷でも帽子を脱がなかったため、罰金刑を受けた[34]（彼は生涯にわたって帽子をめぐるいざこざに巻き込まれた）。支払えばすぐに釈放されたはずだが、彼は信条を曲げたくなかったので、支払いを拒んだ。その頃ちょうど病が重くなっていた父が、支払うなと懇願する息子の言葉を無視して罰金を支払い、ペンは釈放されて父の死に目に会うことができた。

ペンがクエーカー教に改宗したとき、父は息子を殴るほどに怒ったが、年月を経ると、息子の熱い思いに心を和らげた。「良心に背くことに惑わされてはいけない」そう諭すほどになった父が亡くなり、ペンは土地や財産だけではなく、父が国王に融資していた約一万六〇〇〇ポンドの利子まで相続した。ペンは借金を回収する代わりに（国王は破産状態だったため、回収しようにもできなかっただろう）、別の要求をした――アメリカの土地だ。それは双方にとって都合のいい話だった。[35]国王は返済を免れる上に、ウィリアム・ペンを厄介払いできる。しかも、ペンは目障りなクエーカー教徒を従えてアメリカに移住するだろう。ペンは一〇万平方キロメートルを超えるアメリカの土地を得て、個人としてはイングランド最大の土地所有者となった。

そうして、ペンは三六歳で人生を再出発する機会に恵まれたのだ。彼はオックスフォード大学を「地獄の闇と放蕩」[36]の場所だと形容し、その「非国教徒の考え方」を理由に退学させられた（それに怒った父はペンを鞭打ちにした）。ヨーロッパ中を旅した経験もあり、[37]ガタガタ揺れる荷馬車に乗って移動したり、数カ国語をあやつって伝道をしたり、クエーカー教徒を牢から救い出したりと奔走した。複雑な信仰教義をテーマに本や冊子を執筆し、六度も投獄された。そうした経験を積んできたが、彼はもうイングランドのクエーカー教徒を救うつもりはなかった。その代わりに、彼らをイングランドから抜け出させることにしたのだ。改宗した息子をかつて勘当した父は、その遺言でクエーカー教徒の救済手段を息子に与えたというわけだ。

ペンはアメリカ大陸での「聖なる新企画」実施に乗り出した。深い森林に覆われた地を受領し、その植民地を「シルヴェニア」（ラテン語の「森」に由来する）と命名しようとしたが、国王がペンの父に敬意を表して「ペンシルヴェニア」（ペンの森）にするよう主張した。ギリシャ語の「兄弟愛」に由来する「フィラデルフィア」の町が、ペンシルヴェニアのもっとも重要な開拓地となる予定だった。ペンはクエーカー教の同志トーマス・ホルムを測量監督に任命した。[38]妻を亡くしていたホルムは、四人の子どもを連れて遠路はるばる新しい植民地に向かった。一六八二年、ペンは新しい都市の設計をホルムに指示する。彼が選んだ都市設計はグリッドプランだった。「境界線から川まで、通りが均一になるように町の測定値を決定するように」[39]とペンはホルムに書いて送った。イメージしたのは、通りが交差し、ブロックが長方形になる幾何学パターンだ。「家はできるだけ

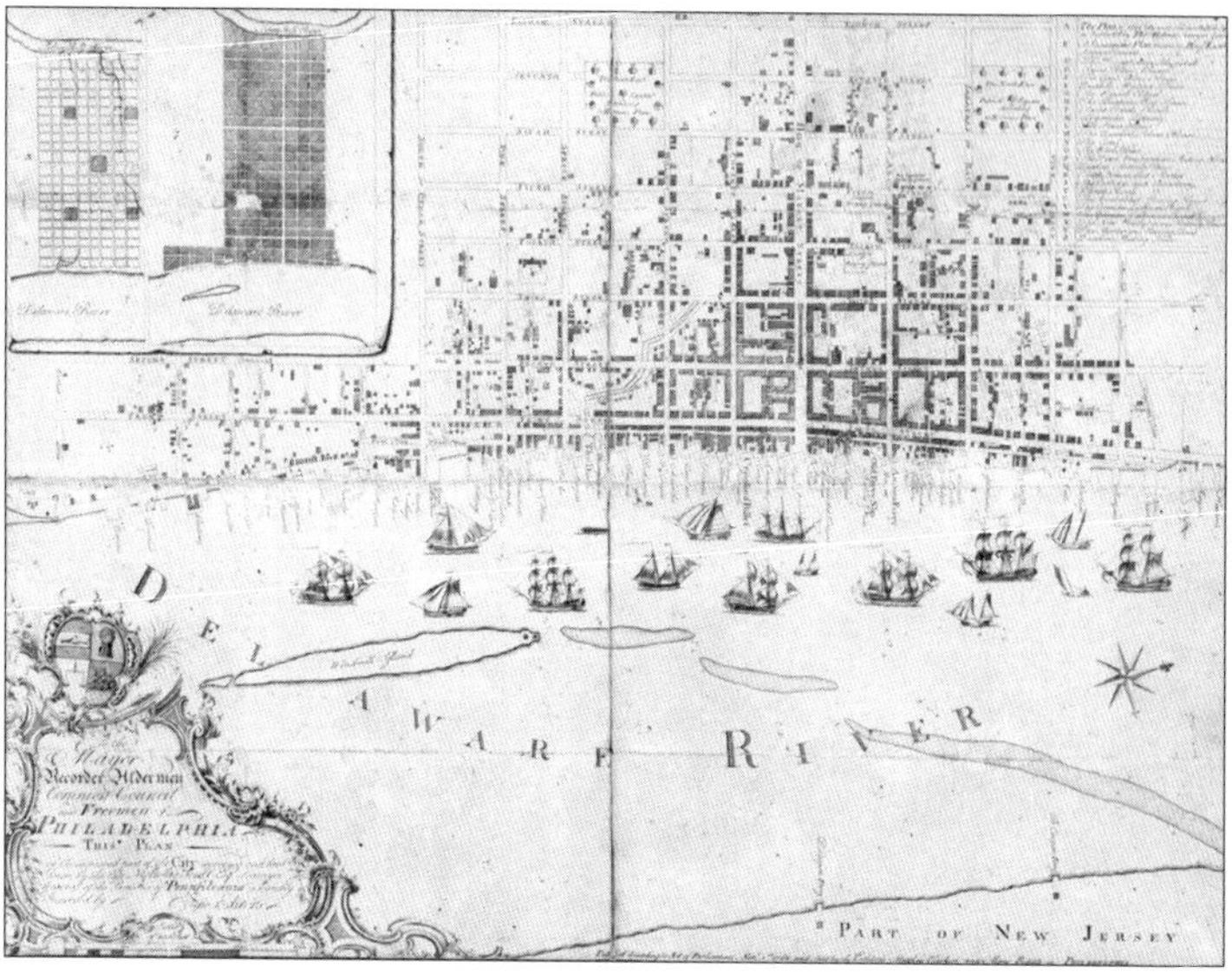

フィラデルフィア初期の地図

線上に並ぶように建設してほしい」[40]当時のマンハッタンはまだ村で、グリッドプランが導入されるのは一〇〇年先のことだった。

ペンは自分の植民地に命名することは叶わなかったが、通りには自ら名称をつけた。ホルムはいくつかの通りに（自分の名前を含む）人名をつけたがったが、ペンはその考えを品がないとして却下した。彼はおそらくクエーカー教の慣習に影響を受けていたのだろう。[41]クエーカー教徒は、異教徒に由来するグレゴリオ暦の呼称を拒絶していた――「January（一月）」「February（二月）」という呼び方ではなく「First Month（最初の月）」「Second Month（二番目の月）」と呼んでいたのだ（「September（九月）」から「December（一二月）」まではラテン数字にちなんでいたため、そのまま使っていた）。曜日の呼称も同様で、「Sunday School（日曜学校）」は「First Day School（週の最初の日の学校）」と呼んでいたくらいだ。そのようなわけで、ペンは北から南に走る通りに番号名をつけるよう指示した――「セカンド・ストリート」「サード・ストリート」……といった名称がグリッド状の合理的な直線につけられたのだ。

こうして、アメリカでは初期の都市計画者となったペンは、アメリカの町に番号名の通りも導入したのである。彼は東西に走る通りを「アメリカで自然に育つもの」にちなんで命名した――つまり「チェリー・ストリート」「チェスナット・ストリート」など、木の名前にちなんだ命名を始めたのだ。気の毒なホルムが自分の名前をつけたがっていた通りには「マルベリー・ストリート」という名称がつけられた[42]。

しかし、グリッド状の町を最初に生み出したのはペンではない。都市計画を専門とするピーター・マルクーゼ教授によると、ローマの軍事キャンプは、壁に囲まれ要塞化した土地を緊密なグリッド法でしばしば区分けしていたという[43]（マルクーゼはグリッド法には否定的で、「グリッド」という言葉は中世の拷問器具「グリディロン」に由来すると指摘している）。パキスタンの古代都市モヘンジョダロや、ギリシャのミレトスもグリッド法を導入していた。マルクーゼによると、アメリカ大陸のスペイン植民地やアフリカのフランス植民地もグリッド法を採用し、「制定しやすく、押しつけやすい、調和した設計図」ができたという。だが北アメリカでグリッド法を広めたペンは、はるかに平和的な目的を持つ都市計画の手段としてグリッド法を採用したのである。

時は進んで一七八四年、「アメリカ独立宣言」の草案を既に完成させていたトーマス・ジェファーソンは、不可能に思われる課題にまたもや直面していた——今や正式にアメリカとなった西方の未開発地をどうするかという課題だ。新政府は土地には恵まれていたが、資金に困っていた。土地を売るにしても、まずはそれを調査して、区画整理を行わなければ、物件として売りに出すことはできない。

ジェファーソンもまた、グリッド法に着眼した。アメリカの新しい平原、湖、山、砂漠のすべてを、統一した方法で地図に描く必要がある（「新しい」と言っても、実際には手つかずの新地だったわけではない。政府はその後ほぼ一〇〇年近くかけて、その地のもともとの居住者であるアメリカ先住民をグリッドプランの邪魔にならないよう締め出した）。一七八五年、ジェファーソンのアイデアをきっかけとして公有地条例が定められ、測量士は南北に走る線を直角に測量し、領地を約九〇平方キロメートルのタウンシップ［植民区画制度の名称］に区分けするよう指示を受けた。各区画に番号がつけられ、迅速性と効率性を図るために大半の通りにも番号がつけられた。

歴史家のヴァーノン・カルステンセンによると、測量士たちは各担当地に意気揚々と出かけ、何百万エーカーにもなる土地を正確に区分する仕事に着手した[44]——しかし、どの土地を取っても、「地球のでこぼこした表面」に直面した。勤勉に任務を遂行する者もいたが、曲がりくねった線で測定する者もいた——愚かだったか、測量道具に不備があったか、酔っ払っていたかだろう。馬車の車輪の円周を測り、あとは馬に引かせた馬車の上で休みながら、車輪が何回転するかを数えて測量する者もいたという。とはいえ大部分の土地は、直角に交差する線で正確に区分けされた。カルステンセンは次のように述べている。「平原、山麓の丘、山、沼、砂漠、浅瀬の湖にさえ直線が引かれた。勤勉な蜂や蟻さながらに、アメリカ人はひとたびグリッド式測定を決定すると、その概念への心酔を曲げなかったのである。最終的に、測量士たちは合衆国本土の公有地の六九パーセントを測量した」

マンハッタンはというと、グリッド状の区画によって、土地は簡単にトレードできる賭博用チップになっていた。しかし、土地測量の歴史を綿密に記録したカルステンセンによると、そこには重要な目的があったという。「グリッド法の直角に引かれた直線[45]によって、一九世紀の治安がどれほど恩恵を受けたか計り知れない[46]」テネシーやケンタッキーのように、その地図が「ちぐはぐなキルト」のように見える土地では、土地の境界線をめぐる争いによって、殺人や何世代にもわたる不和が起こることもあった。一方、グリッド法によって区分けされた土地は、確執の種にはならなかったのである。「多言語が飛び交う国においては、正確に測量した線が土地をうまく区分けするのに役立った。詩人ロバート・フロストは〝フェンスがしっかりしていれば、ご近所争いは起こらない〟と言ったが、もし彼がグリッド法の成果を見れば、〝線が正確に測量されていれば、土地をめぐる争いは起こらない〟と評価したことだろう」

グリッドのサイズや形は町によって異なった。マンハッタンのように長方形のブロックもあれば、ヒューストンのように正方形のブロックもあった。また、ソルトレイクシティのように一ブロックが約二〇〇×二〇〇メートルもあるところもあれば、オレゴン州ポートランドのように一ブロックが約六〇×六〇メートルしかないところもあった。区画化された土地には大抵の場合、番号名の通りがあり、秩序正しく実用的な新しい国としてのアメリカのイメージが映し出されていた。さらに、グリッド法のおかげで簡単にその土地を把握できるようになり、どんどん押し寄せてくる新参者にとってもありがたかった。ニューヨークに着いた者たちは、すぐにその環境に慣れ、自らをニューヨーカーと呼ぶほどに定着したのだろう。なぜなら、その土地に不慣れな旅行者のように道の角で立ち止まっては地図を見る必要がなかったからである。

しかし、ヨーロッパの国となると、アメリカのようにその景観を作り直すことは難しかった。著述家のマイケル・ギルモアは、アメリカ人の直線への執着について徹底的に記録し、アメリカに移住してきたドイツ人のヴォルフガング・ランゲヴィーシェがいだいた新天地への印象を述べている。[47] パイロットだったランゲヴィーシェは、アメリカの「正確な格子状の町」を上空から観察した。彼にとって「町の景観はグラフ用紙のように見え、アメリカ人のアイデンティティの基本原則を描いている」ように映った。そこには外壁も城もなく、その国教を示す聖堂もなかった。それは旧世界とは正反対で、「社会契約の考えを図にして表しているようだった」ランゲヴィーシェはそう感想を述べた。グリッドは「独立した国民のための設計」だったのだ。

その表現は、急進的で独立心あふれる信条を持ったペンにふさわしい賛辞だろう。彼は自分の新

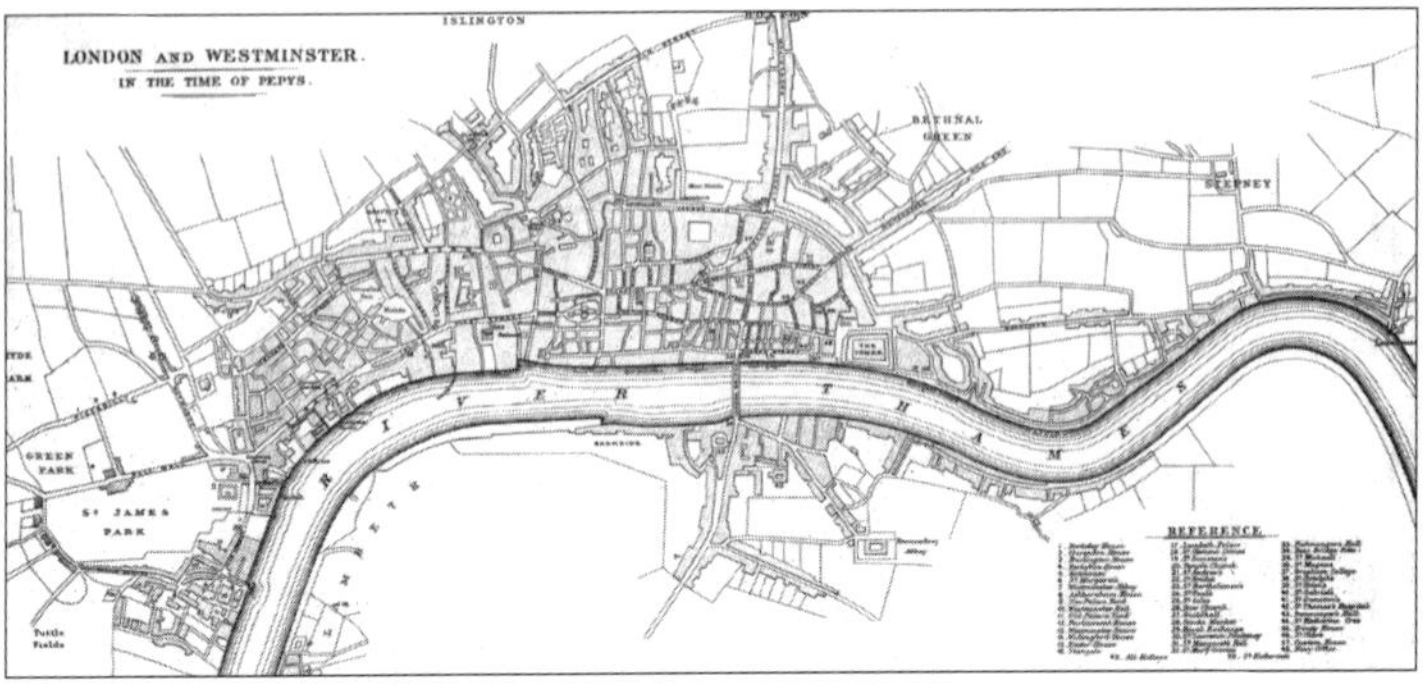

大火前のロンドン

天地でヨーロッパ的伝統を徹底的に否定した。そう考えると、彼がおそらくイギリス人からグリッドのアイデアを受け取ったのは、ますます皮肉に思えてくる。

一六六六年九月二日の夜、イギリスの官僚サミュエル・ピープスは使用人のジェーンに寝ているところを起こされた。大火事が迫ってきているという。ピープスはロンドン塔まで歩いていって、上方から町を見下ろした。「ロンドン橋の片側にある家々が燃えていた。橋のこちら側からあちら側まで、炎が燃え盛っていたのだ」ピープスはそのときの様子を日記にしたためている。「ハトが窓辺やバルコニーのあたりをばたばた飛んでいたが、やがて羽が燃えて落下していった」[48]プディング・レーンにあるパン屋から出火した火事はロンドン中に広がり、やがて町の六分の五を崩壊させた。

海軍の行政官だったピープスは、ウィリアム・ペンの父親(以降、ペン提督)の同僚で、隣人でもあった(大火二日目の夜、ピープスとペン提督は一緒に庭で穴を掘り、火事から守るために、ふたりの大事なワインとピープスの「パルメザンチーズ」を埋めた）。しかし、ピープスはどちらかと言えば、あまりペン提督を好いていなかったようだ。一六六六年四月五日の日記には次のように書いてある。「役所に行った。サー・ウィリアム・ペンの欺瞞と横柄さには本当に腹が立つ」（ピープスは息子のほうのペンのことも知っていて、何度か日記に登場させている。たとえば一六六七年一二月、ペンがアイルランドから戻ってきたときのことも手短に記している。「彼はクエーカーだかなんだか知らないが、物悲しい宗教に改宗したようだ」）。

大火はピープスとペンの家まではおよばなかったが、鎮火する頃には八七の教会、一万三〇〇〇戸の家、四〇〇本の通り、セント・ポール大聖堂やニューゲート監獄といったロンドンの象徴的な建物も消失させた。[49] 避難した五〇〇〇〇人もの人々は公園で野宿した。

チャールズ二世は復興に向けてさらに美しいロンドンを望んだ。建築家や設計者はこぞって自分のプランを提案した。ほぼすべてのプランがグリッド法に近い案を取り入れていた。ロバート・フックは望遠鏡を作り、光の波動説の発見に一役買い、進化論を唱え、重力が「逆二乗の法則に従う」という見解を述べた博識者だが、その肩書にロンドンの主要設計者としての新しい経歴を加えた。彼はニューヨークのそれと変わらない簡単なグリッド法を提案した。地図製作者のリチャード・ニューコートも、格子状に区分けされ、その四角い一区画分の中心にそれぞれ教会を置くグリッド設計を提案した。クリストファー・レンの設計が採用されていれば、ロンドンは長いアヴェニューや立派な広場のあるヨーロッパ風の姿になっていただろう。彼のその設計でさえ、部分的にグリッド

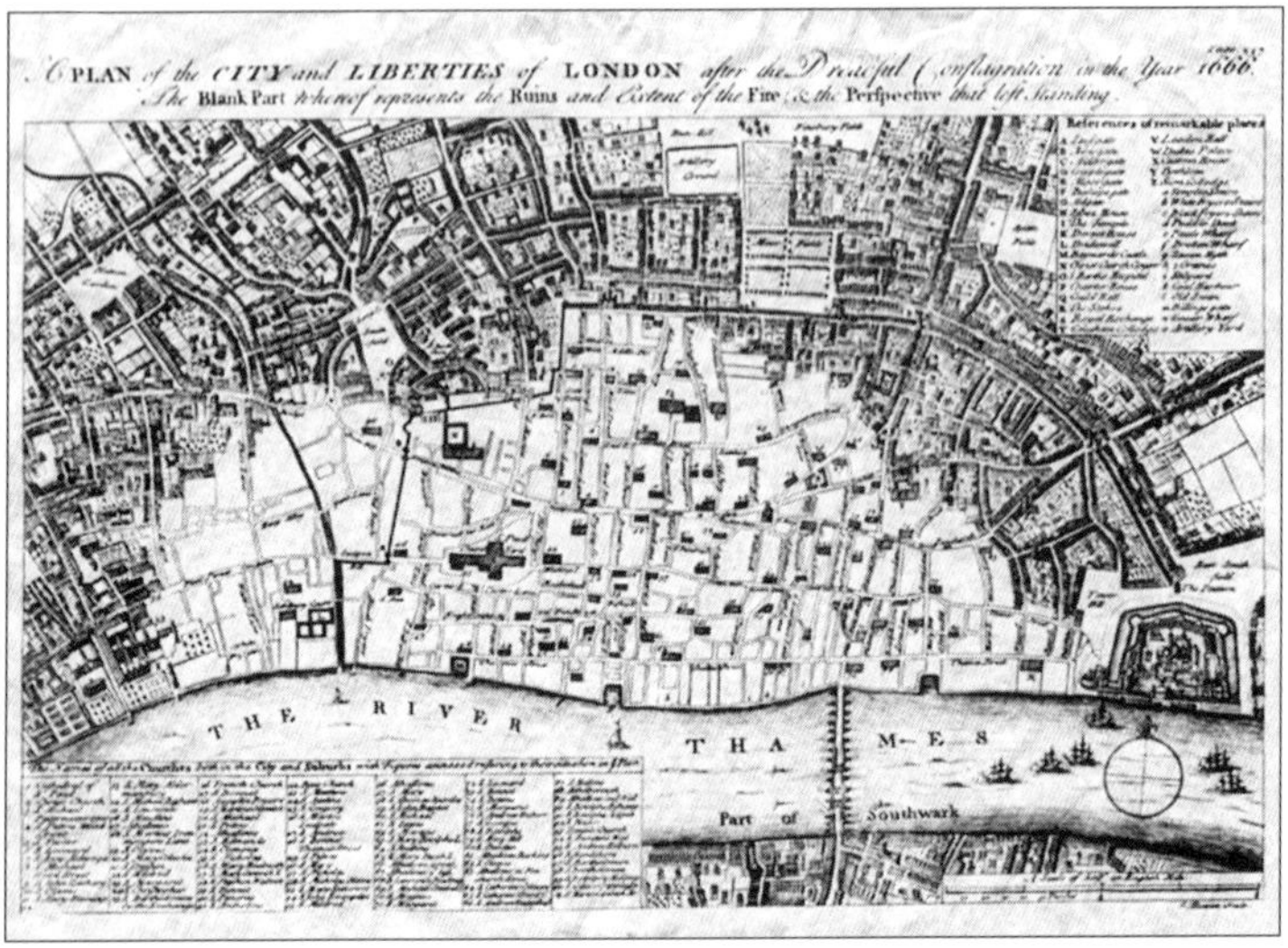

大火後のロンドン

法を用いていた（レンはのちに、大火で崩壊したセント・ポール大聖堂をはじめとする、五二の教会を再建する）。

建築家のヴァレンタイン・ナイトも極めて単純明快なグリッド設計を提案した（彼は陸軍大尉で、ちょっとした悪党でもあったようで、宿屋を焼き払おうとしたことがある。未亡人の女将が消火しようとすると、彼はあろうことか彼女に向けてピストルを撃ったという[50]）。しかし彼は、自分の設計プランにある運河を市民が使用する際は、使用料を徴収し、それを国王におさめてはどうかと提案した。賢いアイデアではあるが、大火の災難から国王が利益を得るなどという提案は、ロンドン市民の逆鱗に触れた。そのためにナイトは投獄された。

結局、ロンドンという町は飼いならすには

老いすぎていた。市民は復興だけを望んでいた。それも迅速に、自分たちの記憶にある形で。仮設建造物が過去の都市計画に沿って既に建てられつつあった。土地所有者への補償金もなかった——彼らの多くは、新しい道に自分の土地を譲渡せざるを得なかった。いくつかの通りは幅が広げられたりまっすぐに整備されたりし、新たな建造物はレンガか石造りにすることを指定された。しかし、ロンドンの景観は大火前とさほど変わらなかった。

ロンドン大火後の都市計画をテーマにした展覧会の監修者のひとり、チャールズ・ハインドは、レンの単純明快で実用的なデザインはすばらしかった、と『ガーディアン』紙に語った。「だが個人的には、彼のプランが採用されなくてよかったと思います。あの規模で彼のプランを実現させるのは、根本的にイギリスらしくなかったでしょうね。わたしとしては、何世紀もかけて発展してきたロンドンの雑多な姿のほうが好ましい気がします」[51] 一方、少なくともヨーロッパからの入植者にとっては、アメリカは白紙状態の地だった。

ウィリアム・ペンもロンドン復興プランについては耳にしていただろう。そしてピープスと同じように、自分の目で大火による荒廃を見て、その原因のひとつは雑然と密集した通りであることを知っていたはずだ。フィラデルフィアにロンドンの二の舞を演じさせたくない。グリッド法を採用しよう。ペンはそう考えたのではないだろうか。

批評家の多くはグリッドプランなど平凡で見苦しいと評した。グリッドプランには、パリの並木道の美しさや、ロンドンの曲がりくねった小道の魅力がない。しかし、その設計は美しさを目指したものではなかった。自著でマンハッタンのグリッド法を記録している著述家ジェラルド・ケッペルは、一九〇〇年の『ニューヨーク・ヘラルド』紙のある記事について触れている。「どうすればニューヨークを今より美しくできるか」というテーマの記事で、それに対する五人の返答を紹介している。木を植えたり、噴水を作ったりしてはどうかと提案する者もあったが、デンマーク生まれのニューヨーカー、ニールス・グローンの返答はこうだ。「この国に来る前も、ここに来てからも、ニューヨークを美しい場所として考えたことはなかった[52]」彼はニューヨークを活気にあふれた壮大な町だと想像していたが、美しいだろうとは期待もしていなかったのだ。

ニューヨークの民主的風潮を考えると、そこに美しさを求める発想自体がグローンには浮かばなかった。「パリを魅力的な町に見せるような美は、私権や個人の自由を踏みつける（あるいは踏みつけてきた）町にのみ存在できる。たとえば、民衆の支配によって富裕層の財産が踏みにじられる場所、あるいは国王の支配によって貧困層の権利がないがしろにされる場所でのみ、パリのような美が実現されるのだ」マンハッタンはダイナミックで壮大で、ケヴィン・リンチの言葉を借りれば「イメージしやすい」町でもある――しかし、伝統的な美しさがあるかというと、そうではない。そうした類の美には、アメリカが必死で抵抗してきた「権力集中」が必要だからだ。

その考えにはペンも同意するのではないだろうか――彼が究極の合理性を掲げて建設した新しい都市は、当時ではヨーロッパの外でしか実現しなかった。そして、彼がイングランドやオランダ、ドイツで宣伝した「聖なる新企画」は、何千もの人々を新たにアメリカへ呼び込むことに成功した。

著述家リチャード・ダンによると、ペンの宣伝が功を奏し、一六八二年から一六八三年の一年間だけで、移民で満員の船が五〇隻もデラウェア川に到着したという。[53] さらにフィラデルフィアはクエーカー教だけではなく、あらゆる宗教を受け入れた。一七五〇年、ドイツ人の移民ゴットリーブ・ミッテルベルガーは、ペンシルヴェニアに見られた多様性をリストに残している。「ルター派、改革派、カトリック、メノナイト、モラヴィア教会、敬虔主義、セブンスデー・バプティスト、ダンカー派、長老派、フリーメーソン、英国国教会分離派、自由思想派、ユダヤ教、モハメダン、多神教、黒人、インディアン」[54] これらに加え、洗礼を望んでさえいない未洗礼の者も数多くいた。

ペンが建設した初期のペンシルヴェニアは、アメリカ流の寛大な民主主義を打ち出し、「いかなる行政でも、その管轄下にある人民に公開される。法による統治は行われるが、人民がその当事者である」[55] ことを可能にした（その「人民」のなかに奴隷や女性が含まれなかったのは残念なことである。ペン自身も奴隷所有者であった。当初、クエーカー教は奴隷制度を否定していなかったが、一七七〇年代になると、熱心に廃止運動を先導するようになった）。ペンは先住民のレナペ族となかなか公正に交渉したようで、平和的なクエーカー教徒流のやり方で土地を得たため、攻撃に備えてフィラデルフィアを要塞化することはなかった。彼は先住民の「酋長たち」に手紙を書き、「自分は世界各地から集まった人々があなた方に行ってきた非道や不正行為にとても心を痛めているが、自分は彼らとは違う。そのことは母国の人々も承知している」と伝えた。「あなた方の友より」手紙はそう締めくくられていた。

ペンはアメリカで幸福に暮らしたようだが、やがてイングランドに帰らざるを得なくなった。息子の借金問題を処理し、植民地に対するフランスの脅威を調査し、彼の財産をだまし取った財務顧問を探し出すためだった。多くの夢想家と同じく、ペンも財を失い、体を悪くし、この世を去った。[56] 借金を返済するためにペンシルヴェニアを売却しようとして失敗し、(無理もないが)不機嫌な最期の日々を送ったようだ。

しかし、ペンのアイデアがトーマス・ジェファーソンに影響を与えたことはたしかである。彼はペンのことを次のように評した。「ペンは世界が生み出した最高の立法者だ。平和と理性と公正という純粋な原則のもとに政府の基礎を築いた最初の人物である」[57] 一七七六年、ジェファーソンはフィラデルフィアに部屋を借りていた。まさしくその小さな書斎で、独立宣言の草案を書き上げたのである。その建物は壊されてしまったが、一九七五年にフィラデルフィア中心地の同じ場所で再建された。建物は「宣言の家(*Declaration House*)」と新たに名前がつけられた。「セブンス・ストリート」に行けば、その正面玄関を見ることができる。

第七章　日本と韓国

通りに名称は必要か

「この都市の通りは名を持たない」[1]と書いたのはフランスの文芸批評家ロラン・バルトで、「この都市」とは東京のことだ。一九六六年の春、彼はフランス文化使節の一員として東京に招聘された。[2]『物語の構造分析』を著わした当時の彼は五〇代で、フランスでは既に高名だった。文芸批評家が有名になれるのは世界でもフランスくらいだろう。日本を訪れたバルトが、「フランス人であることとの重責から束の間解放された」[3]と解説されることもある。

バルトは東京とパリのあまりの違いに衝撃を受けた。「ことばのわからない国で生活すること、観光地以外の場所で広く生活することは、あらゆる冒険のなかでもっとも危険なものです」[4]「新しいロビンソン〔・クルーソー〕を想像しなければならないとしたら、わたしは彼を無人島には置かず、彼が音声言語も文字言語も理解できない、人口一千二百万の都市に置くでしょう。これこそロビンソンの神話の現代版であろうと思います」[5]と述べている。

自分がロビンソン・クルーソーだったらと考えると、いや、異国の町で迷子になったらと考えるだけでも、気力が萎えそうだ。しかし、バルトはすべてのことに意味を見いだそうとする記号学者だ(もし誰かから「物事を深読みしすぎる」と非難されたことがあるなら、あなたも記号学者かもしれない)。すべてが異質に思える日本で、バルトは「理解しよう」という思いから解放された。著述家のアダム・シャッツは、雑誌『ニューヨーク・レビュー・オブ・ブックス』でバルトについて述べている。「自分が理解していない言語をぺらぺら話す声ほど彼の耳に心地よいものはなかった。ついに言語がその意味から解放された。彼の言う〝粘着性〟、すなわち指示的な特性から言語が自由になり、純粋な音に変化したのだ」[6]フランスに戻ったバルトは日本を恋しく思った。何年か経って、彼は自著『表徴の帝国』(ちくま学芸文庫)で、東京の通りを歩いたときの経験についても語っている。

バルトが初めて日本を訪れて五〇年以上経った現代、欧米の旅行者が東京に対してもっとも憤慨するのは、通りに名前がないことかもしれない(少数の大通りにだけ名称がある)。東京では通りに名前をつけるのではなく、区画に番号をつけている。通りは区画と区画のあいだにある空間でしかないのだ。[7]しかも東京の建物は大部分において、地理的な規則性ではなく建物の建築年に従って番号がついている。

通りに名前がないと道案内が困難だ。それは日本人にとってもである。道に迷った人のために、東京にはあちこちに交番があり、警官が詳しい地図や案内図を使って道案内してくれる。世界ではFAX機はずいぶん前に廃れたが、日本では地図を送るのに便利だという理由でまだ使われている。バルトも、タクシーに乗って目的地を告げる際、まず公衆電話を探してもらって、宿泊先の主人に目的地までの道順を説明してもらったという。スマートフォンの地図で東京を自由に歩けるようになったのは革命的な出来事だ。

しかし、日本を訪れた当時のバルトの楽しみのひとつは、地図を手書きで描いてもらうことだった。「誰かが何かを書いているのを見るのは楽しいが、誰かが何かを描いているのを見るのはなおさら楽しい。今でもよく覚えているのは、相手が道を教えてくれるとき、描きすぎた道などを鉛筆の後ろについた消しゴムでなぞって消している様子だ」[8]

ハーバード大学で日本史を教えるデイヴィッド・ハウウェル教授は、日本では昔から通りに名前をつけなかった、とメールで教えてくれた。一七世紀頃の都市近辺は長方形の街区（丁）に分けられ、その街区内の土地を所有する地主が管理を任されたという。各街区は都市行政と地理上の基本単位となり、いくつかの街区に対してひとつの名称がつけられた。ほぼすべてのエリアに商店があり、その土地に不慣れな者はそこで道を尋ねることができた。侍は大きめの区画内の塀をめぐらせた屋敷に住んでいたので、人に訊いたり地図を調べたりすれば、簡単に見つけることができた。

ハウウェルによると、「当時の人たちは区画や建物に恒久的な符号をつける必要性を感じなかったようだ。各街区が小さかったので、符号などなくても迷いにくかったのだろう」とのことだ。のちに区画番号がつけられ、各区画はさらに分割された。日本人にはそれを変更する理由がなかったのだと思われる。

　歴史的な説明を聞くと、日本のシステムの成り立ちは理解できたが、そもそも日本人はなぜ地域を整理するのに街区が便利だと思ったのだろう、とわたしは不思議だった。それを理解する手がかりを、バリー・シェルトンは変わった情報源に見いだした。彼は日本在住の都市計画研究家だが、幼少期は戦後のイングランドの小さな町で過ごした。ノッティンガムでの学校時代、アルファベットの練習用に罫線を引いた用紙が配られた。学習目的は線に沿って文字を丁寧に書くことだが、「小文字用に補足線が引いてあった」[9]という。わたしもアメリカでそのように習ったし、五歳になるわが子も同様だ。

　ところが、シェルトンは妻のエミコが習った字の書き方を聞いて驚いた。日本人のエミコが使った書き方の練習用紙は、彼やわたしが使ったものとまったく違っていたのだ。日本人は三種類の文字を使うが、書き言葉の多くは中国から伝わった漢字である。漢字は表意文字だ——すなわち一字ずつが意味や意図を持つ。漢字の形を見れば、その意味を推測できることもあるけれど、基本的に漢字は記憶しなければならない——「音を聞いて」書けるようなものではないのだ。

　そして、漢字は罫線上に書くものではない。シェルトンがエミコから聞いたところによると、日本の用紙には罫線ではなくマス目があった（それは原稿用紙と呼ばれていて、日本ではこんにちでも使われている）。それぞれの漢字には個々の意味がある。いくつかの文字をまとめ、左から右に読まなければ意味が通じない英語の文字列とはわけが違うのだ（しかも、英語は適切にスペースを空けなければ意味が変わってくる。「redone」は「やり直した、改装した、作り直した」といった意味だが、スペースを空けた「red one」は「赤いもの」という意味になる）。英語だと、すべて大文字で書かれた文章は読むのさえ疲れるし、縦書きの文字は数単語でも読むのが苦痛だ。バルトも指摘しているが、羽根ペンだと「紙の上で一方向に書くことはできる」ものの、日本人が使う筆はどの方向でも自由自在だ。

都市デザインの専門家であるシェルトンは、西洋人と日本人の「書き方の違い」と「都市を見る視点の違い」を結びつけて考えはじめた。英語で書き方を習った者は、線で対象を見るようになったのではないか。だから西洋人は線である通りにこだわり、それぞれに名称をつけたがったのだ。シェルトンはそう理屈づけた。一方の日本はというと、ある批評家は次のように述べている。「通り自体は、日本の都市計画においてわざわざ丁寧に名称をつけるほどの重要性を持っていないように思われる」[10]シェルトンの考えによると、日本人は地区、すなわち街区に着眼したのだ。

「わたしはある経験を覚えている。当時はとても驚いたが、そこから忘れられない洞察を得た」[11]シェルトンはのちに自著『日本の都市から学ぶ（*Learning from the Japanese City*）』で回想している。「ある年配の日本人男性に地図を描いてもらったときのことだ。彼は、入り組んだ地域にある大小さまざまな建物を描き始め（まずは彼にとっての起点らしい家から始めた）、その次に各建物を道路や歩道でつないでいった」その男性の頭のなかでは、建物はそれが立っている通りとは関係ないものだったのだ。「わたしの経験では、似たような地図を描くときに歩道や道路、つまり線以外のものから描きはじめる西洋人には会ったことがない」[12]

そうした相違点を考えると、なぜ西洋人が東京の都市景観の美しさを理解できないことがあるのか説明がつくかもしれない。シェルトンは初めて東京を訪れたとき、「面食らい、いらだち、脅威さえ覚えた」という。西洋とは都市設計がまったく異なる東京は、混乱を引き起こす。このことに気づいたのはシェルトンだけではない。訪問者は東京のことを、公園も広場もない無計画な都市だと長らく嘆いてきた。東京に住んでいたジャーナリストのピーター・ポパムは、東京がコンクリート・ジャングルならぬ「コンクリート製の寄せ集め《コンクリート・ジャンブル》の無法地帯」[13]に思えることがあると言った。

しかし、そうした観点でのみ東京を見ていると、その全体像を見失うことになる、とポパムは続けた。ニューヨークやパリのような都市に住む人々は、統一された都市計画のようなものに慣れてしまっているが、そうした都市計画は日本のコンセプトとは異なる。そうした統一化は「日本人が求めていない種類の美」だ。その代わりに、日本人は「都市にある特定の建物やスペースに愛着を持ち、それぞれを特有の落ち着きやスタイル、魅力あるものとして個別に考えている」[14]のである。それを知ると、町を歩くのがまったく別の経験となってくる。バルトは当時のことを懐かしく回想した。「東京では、地図や住所を使って自分の所在地を確かめるのではなく、歩いて、見て、経験して」[15]その場所を知っていかなければならない。自分のたどった道を記憶して初めて、同じ道のりを行くことができるのだ。「初めての場所を訪れるということは、その場所を描きはじめるということだ――そこに記入済みの住所はなく、自分自身で描いていかなければならない」

　シェルトンは書き文字がわたしたちに影響を与えると考えたが、それは単なる推測ではない――たとえば、英語を読むときと日本語を読むときでは、脳の異なる部位が活性化することを神経学者は示している。[16] 研究者たちにとっては周知のことで、失読症のあるバイリンガルの学生は、日本語や中国語のように文字をベースにした言語を読むのに長けているが、英語だともっとも基本的な文章でさえ読むのに一苦労する。[17] さらに興味深いことに、人は異なる言語を読むとき、脳の異なる部位が活性化されるだけではなく、考え方まで影響を受けるらしい。

　認知科学者のレラ・ボロディツキーはこれを実験してみることにした。オーストラリア北部のポーンプラアーというコミュニティに住むアボリジニには、「右」と「左」という語彙がない。その代わりに、彼らのクークターヨレ語では東西南北を使って場所を説明するのだ。[18]「あなたの南東側の足に蟻が這っているよ」「茶碗をもう少し北北西に置いてくれる？」といった具合だ。ボロディツキーによると、「彼らはそうして注意力を訓練した結果、通常レベルを超えるナビゲーション能力を身につけた」という。彼女がコミュニティに住む五歳児に「北はどちらかわかる？」と訊いてみると、その子はすぐに正しい方向を指した。一方、アイビーリーグの学者たちに同じ質問をしてみると、そのなかの誰ひとりとして北がどちらかわからなかった。[19] ほとんどが答えようとすらしなかった。

　また別の実験で、ボロディツキーとその同僚のアリス・ギャビーは、一連の写真を順番通りに見せて、その物語《ストーリー》を説明した[20]——たとえば、男性が年老いていく様子、食べているバナナが減っていく過程など、簡単な流れのものだ。そして写真をシャッフルし、実験の被験者に流れどおりに写真を並べるよう指示した。英語を話す被験者は、写真を左から右に並べた——言語を読み書きするときの並べ方だ。ヘブライ語を話す被験者は正反対で、年表のように右から左に写真を並べた——それも彼らが読み書きするときの並べ方だ。ところが、クークターヨレ語を話す被験者は、東から西に向かう順番で写真を並べた。つまり、自分が向いている方向によって並べ方が変わってくるのだ。たとえば南に向いているときは、写真を左から右に並べる。しかし北を向いているときは、右から左に並べ方が変わる。この実験から、言語と場所（空間）に対する視点には関係があるとするシェルトンの持論は、つじつまが合っていることがわかる。

住所の基本単位として街区を活用するのは日本だけではない。[21]韓国は二〇一一年まで日本と同じようなシステムを使っていた。通り、特に大通りには名称がついているものもあったが、住所システムは街区を中心に整備されていたのだ。そのシステムは日本人によって導入されたのだろう。日本人は一九一〇年から第二次世界大戦で敗戦する一九四五年まで、韓国を「保護する」目的で統治していた。

韓国文化は数十年におよぶ日本統治下で損害をこうむった。統治下にある韓国に住んでいたジャーナリストのF・A・マッケンジーは、影響力のある日本人役人に出会ったときのことを書いている。「韓国人は日本人に合併されるでしょう」[22]とその役人は予測した。「韓国人はわたしたちの言語を話すようになり、わたしたちのような生活を送るようになり、わたしたちに合併されるでしょう。わたしたちは彼らに日本語を教え、日本の制度を設立し、彼らを日本人として扱います」

日本人がとりわけ抑止したのはハングルの使用だ。ハングルは一五世紀の国王世宗《セジョン》によって考案されたという。[23] ハングルが考案されるまで、韓国語を書くときは中国の漢字を使っていた（彼らはそれを韓文漢字《ハンチャ》と呼んでいた）。しかし、世宗はそれが不自然であることに気づいた。「本国の話し言葉は、中国のそれと音が違うのに、書くときに中国の言語を使うのはふさわしくない[24]」世宗は一四四三年にそう書いている。「それゆえに、民衆のなかには、言いたいことがあってもそれを書いて表現できない無知な者も多い。余はそれを哀れに思い、二八の文字を新たに制定した。人民が簡単に学べ、日常に活用できることを願っている」彼は書斎にこもり、この偉業を達成した。途中で視力を失いかけるほどだった。

言語学者によると、ハングルは世界一の文字体系らしく、北朝鮮にも韓国にも「ハングルの日」という国民の祝日がある。ハングルはとてつもなく読みやすい。世宗はハングル文字のことをこう評した。「頭がよければ午前中に習得できるだろう。頭が悪くても一〇日あれば習得できる」その文字体系は音声どおりになっていて、文字はそれぞれひとつの音に対応する。世宗によると、どんな音でも書けるようになったので、「風の音、鶴の鳴き声、犬の吠え声[25]」でも文字にできるという。しかも、文字の形はそれに対応する音に似ている。たとえば「ㄷ」という文字は英語の「d」にあたり、その形は発音するときの舌の位置を模倣している。日本の統治下では、ハングルは大部分で禁止されていたが、現代の韓国における書き言葉はほぼハングルのみである。

ここで疑問が生じるのは、韓国人は日本人のように区画で見るのか、英語圏のように線で見るのかということである。ハングルは英語のような文字体系だが、音節を形成するにはいくつかの「文字」がブロックにまとめられる。そのまとめられた音節ブロックが合わさって単語になる。たとえば「猫」を書くときの文字は「ㄱㅗㅇㅑㅇㅇㅣ」を使うが、それをブロックにまとめると「고양이」になる。子どもたちが文字を習うときは、マス目を使う。

このようなわけで、韓国人は英語圏のような文字体系を持つが、書くときは日本語のようにブロックでまとめる。これは彼らの住所システムを説明するヒントになるだろうか？　韓国では六六年間、日本の区画式住所システムを使っていた。統治時代の由来を考えると、二〇一一年に韓国政府が住所システムを変更すると発表したことは驚くに値しない。政府は欧米式の通りの名称と家屋番号を採用すると決定し、この新しい住所システムを精力的に奨励した。たとえば、オンラインで住所を新システムに変更した人にはブルートゥース・ヘッドフォンを配布した。テレビの通販会社も、新システムに切り替えた人に一〇ドル相当のギフト券を与えた。韓国中部の行政区、忠清北道では、子どものいる家庭に新システム式の住所を彫ったブレスレットを贈った。

しかし、わたしが話した韓国人は皆、新しい住所システムは使っていないとあっさり認めた。タクシーの運転手は新システム式の住所を昔のものに戻しているし、郵便配達人もそうだ。もちろん、彼らが新住所を率先して使おうとしないのは一時的なこと、すなわち、旧システム式の住所を知らない世代に交代するまでのことかもしれない。もしくは、韓国人が依然として区画を着眼点にして都市を見ている証明になるかもしれない。

シェルトンの持論は日本の漢字には当てはまったが、韓国のハングルにはそれほど当てはまらなかった。そこでわたしは、韓国人がまだ新住所を受け入れていない理由を別の観点から探ってみることにした。そのときに知ったのが、「世界化（segyehwa）」である。

韓国人社会学者シン・ギウクが書いた記事を紹介する。「数カ月前、スタンフォード大学の新入生に、韓国に関するプロジェクトを手伝ってほしいと頼まれた」[26]その学生は韓国語も英語も完璧だったので、シンは彼のことを韓国系アメリカ人だと思った。ところが驚いたことに、彼は韓国で生まれ育ったという。しかも、国内では未発展の地域にある学校に通っていたそうだ。シンは不思議に思い、自分の目でその学校を確かめに行った。その民族史観高等学校（ＫＭＬＡ）は、イギリスの名門イートン校の韓国版を目指しているらしく、ほぼすべての教科を英語で指導し、学生は授業以外でも英語を話していた（週末だけは英語から解放される）。

意欲的な韓国の学校が英語を推奨するのは頷ける話だ。韓国では、英語が成功の言語と見なされているが、それは不思議ではない。しかし、その学校は同じくらい意欲的に韓国という国のアイデンティティも強調していた。学校のカリキュラムは伝統音楽やスポーツ、孔子の教えを必修にしている。シンによると、学生は全員、朝の六時に「韓国の伝統的な建造物の前に集合して、教師たちに深いお辞儀をする。[27] その儀式は、子女が『儒教の道徳の孝』を示すために毎朝毎夜、両親にお辞儀をするのと同じこと」らしい。伝統楽器を学ぶのも必修で、女生徒は伽耶琴を、男生徒はテグムを習う。学校長によると、世界的なリーダーになるためには、「まず己を知り、自分が受け継いだものを学び、自分の品位と自尊心がどこから生まれたかを理解すべき」だという。

シンはそれを「こんにちの韓国に見られる大きな傾向――すなわち、国家主義とグローバリゼーションという一見、相反するふたつの力の風変わりな組み合わせ」の一例だと考える。韓国は経済的にも文化的にも長らく内側を見つめてきた。しかし、三〇年ぶりの文民指導者となった金泳三大統領は、一九九四年に「segyehwa」を韓国に導入した――世界化のコンセプトだ。

こんにちの韓国は世界的なパワーハウス［意欲的な人々が集まる組織］となり、西洋との関わりを精力的に深めようとしている。しかし、グローバリゼーションを推し進める一方で、韓国文化はおしなべて国家主義に深く根付いたままだ。韓国は外側に目を向けると同時に、儒教や韓国映画・芸術を称賛している。韓国政府も、キムチや朝鮮人参、武術を称える祝祭を呼びかけている（アメリカから輸入したヒップホップやファストフードでさえ、韓国文化と融合している。韓国のマクドナルドにはプルコギポークバーガーまである）。

「グローバリゼーションは、コリアナイゼーション（韓国主義）あってのことだ[28]」金大統領はそう述べたことがある。「自国文化と伝統を理解せずに地球市民になることはできない。グローバリゼーションを適切に翻訳すると、自国特有の文化と伝統的価値観の強みを持って、世界に進出するという意味である」このような理解のもとに、グローバリゼーションは韓国の国民性を（損なうのではなく）強化してきたのだ。

そう考えると、ＫＭＬＡの方針も理解しやすい。同校の生徒は毎月曜の朝、以下を韓国語で復唱するという。「英語は、先進的文化を韓国特有のやり方で紹介するための手段、韓国を世界有数の先進国にするための手段にすぎない。それゆえに、英語は決して学習目的ではない[29]」それにもかかわらず、彼らは毎朝、次の言葉を貼った寮の階段を通る。「英語を上達させるのに三カ月では足りない。韓国語を話して時間を無駄にするのは、もっとも愚かなことである[30]」

この学校は通りの新名称を理解するヒントになるだろうか？　韓国の通りにつけられた新名称は、韓国文化を映し出そうとさえしていないように思われる。韓国在住のイギリス人、マイケル・ブリーンはこう書いている。「もしわれわれがこの大規模な命名プロジェクトに参加していたら、この国にインスピレーションを与えられただろう」ソウルだけでも一万四〇〇〇本を超える通りに名称が必要だった。「地域社会の人々は、各通りに地元の有名人の名前や近隣の寺院の名前をつけようとしただろうか？　いや、しなかった。そんなことをすれば、役人は延々と怒ったに違いない[31]」

それどころか、役人は通りに命名するためのシンプルで合理的で退屈な方法を考案した。五〇〇本の主要道路に名称をつけ、残りに番号をつけたのだ[32]。ある新聞は、キム・ヒジョンがインチョンに住む友人を探して道に迷ったことを報じた。すべての通りに「ルビー」などの英語の宝石名がついていたからだ。「通りの名称を見て、ここは宝石に関係した地域なんだと思いました。でも、実際はなんの変哲もないエリアだったのです。まったく意味がわかりません」[33]ヒジョンはそう語った。市の役人によると、宝石名を選んだのは「国際的な」イメージがあるからだという。

　通りの新名称の多くが国際的に聞こえるのは、それらが地元民のためにつけられた名称ではないからだろう。韓国人の多くが旧システムの住所を使い続けていることは先述したが、現在のところ、通りの新名称は国民と訪問者にとってふたつの異なる景観を生み出している。訪問者から見た韓国は西洋的に映る。しかし、韓国人は昔ながらの伝統を重んじているのだろう。少なくとも今のところ、彼らはその町を線ではなく区画単位で見ている。

　わたしは、日本人の書き方に関するシェルトンの持論が頭から離れなかった。それまで漢字の書き方を見たことがなかったわたしは、セントラルロンドンにある〈あいと日本語学校〉で習字のクラスを受講することにした。クラスにはほかにふたりの受講生がいた。ひとりはロンドン在住者で、二〇代のときに東京を旅行して以来、そこに魅せられたらしく、現在は教師と簡単な日本語で冗談を言い合えるほどになっていた。もうひとりは墨絵アーティストで、まったくの初心者はわたしだけだった。

　日本語の新聞紙の上に筆と墨汁を用意し、わたしたちはその日の課題を練習した――「花」という字だ。筆の動きはシンプルなようで複雑だった。腕と手首の両方を使うらしい。字を書き終えてみると、長さが足りない線があったので、わたしは筆をまた取りあげて、足りない部分を書きたした。どうやら、そんなふうに書きたすのは間違いらしい。トモ先生は、わたしのおかしな試みをのぞき込みながら「コメディ！　コメディ！」と言って笑った。彼女はたしか、字は紙の中央に来なければならないとも言った。わたしはできるだけ「花」を中央に書こうとした。

　トモ先生は、わたしの名前「Deirdre（ディアドラ）」をうまく発音できなかった。無理もない。わたしの名前は昔風のアイルランド名で、英語のルールに従っていない。彼女に名前の意味を訊かれた。わたしは特に意味などないと答えた。神話に出てくる単なる女性名だ。わたしは彼女の名前の意味を訊き返した。「美しい友、っていう意味よ」彼女は微笑んで言った。わたしは家で練習できるように、「デ」という字を彼女に清書してもらった。

　クラスが終わり、筆を洗って、残った墨汁を新聞紙で吸い取りながら、わたしは日本の住所に関するシェルトンの持論をトモ先生に話した。彼女の英語は完璧ではなかったが、わたしの説明は理解してもらえたと思う。そこでわたしは、ロンドンと東京ならどちらのほうが目的地を見つけやすいか訊いてみた。

「ロンドンよ」トモ先生は勢いよく答えた。もちろん、ロンドンに違いない。

政治

第八章　イラン

通りの名称はなぜ革命家を信奉するのか

ペドラム・モレミアンの母親は、本当は娘を持つことを望んでいたのではないだろうか。[1] ペドラムの兄は腕白なティーンエージャーに成長しつつあり、母親は彼のような男の子をもうひとり育てる自信がなかったからだ。しかし、彼女の予想に反して、ペドラムは内気で物静かな子だった。彼は何時間でも姿を消して、父親に買ってもらった赤い自転車に乗り、テヘランの通りを静かに行ったり来たりして遊んだ。一家は裕福だったが（父親はイランでおそらく最大手の子ども服製造会社を経営していた）、ペドラムはテヘランの住民たちの暮らしぶりを見るのが好きだった。

一九八一年、アイルランド共和軍（ＩＲＡ）の活動家ボビー・サンズが北アイルランドでハンガーストライキの末、亡くなった。ペドラムがそのことを知ったのも、通りで遊んでいたときのことだろう。いつも彼はそこで賑やかな世間話に耳を傾け、さまざまなことを学んだ。彼が幼少期を送ったのは、イラン革命後、すなわち皇帝シャーがエジプトに亡命したあとの頃だ。皆、家でも外でも政治の話ばかりしていた。映画も音楽もない、政治一色の毎日。「わたしたちは世界各地の革命家について知っていました」ペドラムは当時のことを回想した。ほかの国々の子どもがサッカーチームを応援するように、ペドラムや彼の友だちは共産主義者（社会主義者）を応援したのだ。兄はよく弟のペドラムに世界各国の首相名のクイズを出した。

ペドラムがまだ八歳のとき、教師に政治集会に連れていかれた。ペドラムは夢中になった。その後、彼は高級住宅街にある友人宅の車庫で、仲間（全員、一三、一四歳くらいだった）とつるんでサッカーをしたり政治の話をしたりするようになった。地元の通りに落書きをしたり、チラシを配ったりすることもあった。暴行を受けたこともある。ほとんどの時間はしゃべって過ごした。しかし、ボビー・サンズの死亡を受けて、彼らはもっと行動を起こしたいと思うようになり、サンズを投獄したイギリス人に復讐しようと決めた――都合のいいことに、イギリス大使館がちょうど近くにあった。

まず、少年たちは大使館の屋根にのぼってユニオンジャックをアイルランドの国旗に変えてやろうと考えた。しかし、テヘランの町ではアイルランド国旗は見つからなかった。彼らは緑と白とオレンジのストライプを描いてアイルランド国旗を作ろうと考えたが、イラン国旗に似ているのでやめた――メッセージを誤解されたくない。白い旗に「ＩＲＡ」と書くのはどうかとも思ったけれど、風のない日には、物悲しく薄汚れた布切れにしか見えないだろう。それに、大使館のフェンスの向こう側では犬たちが吠えまくっている。やつらに吠えかかられると気分が悪い。

新しい案が浮かんだ。少年たちはホームセンターに行って、強力な粉末接着剤と白い厚紙を買った。ペドラムは昔からグラフィック文字が得意だったらしい。彼らはマーカーで慎重に新しい通りの名称を書いた。上段はペルシャ語で、下段は英語だ。ペドラムは練習を重ねて、道路標識の文字を完璧に真似て書けるようになった。一同は「ウィンストン・チャーチル通り」と書かれた古い標識の上に、自分たちが作った新しい標識を接着剤で貼りつけた。数日後、様子を見に行くと、ほかの人たちも「ウィンストン・チャーチル」の古い標識を塗りつぶしていた。なかには角がめくれているものもあり、誰かがそれを剝がそうとしたのだとわかった。

数カ月後、ペドラムは自分たちが勝利をおさめたことを知った。タクシーに乗り込もうとした女性がこう言うのを聞いたのだ。「ボビー・サンズ通りまでお願い」と。町ではすぐにそれが公式名になった。イギリス人は大使館の住所を告げる際に敵対する革命家の名を口にしたくなくて、反対側の通りに新しい入り口を作った。

それにしても、なぜボビー・サンズなのか。北アイルランドの六州から出たこともないような彼が、イラン人のヒーローになるのは不思議な気がする。サンズはＩＲＡのメンバーとして、イギリス政府に対抗する武装闘争に従事していた。北アイルランドでいがみ合っている勢力は「プロテスタント」と「カトリック」だとよく言われるが、実際の論争はキリスト教神学の細かい点とはあまり関係がなく、国民性と民族性をめぐる争いである。アイルランド独立戦争が終わった一九二一年、休戦協定によって、アイルランドの北の六州はグレートブリテンおよび北アイルランド連合王国としてとどまることになった。北アイルランド在住のプロテスタントの大半は、連合王国側にとどまることを望む。しかし、ボビー・サンズのようなカトリックの大半はそれを望まず、しばしば屈辱的な差別に直面してきた。ＩＲＡの目的は北アイルランドの六州を連合王国からアイルランド共和国に戻し、力ずくでアイルランドを再統一することだ。

一九七〇年代初期、イギリス支配に対抗する暴力行為が激発すると、イギリス人はＩＲＡのメンバーをロング・ケッシュ刑務所（現メイズ刑務所）に収容した。彼らは自分の服を着ることを許され、実質的には戦争捕虜として扱われた。ところが、一九七六年にその「特別カテゴリー」が撤回され、彼らは通常の犯罪者として扱われることになった。ロング・ケッシュの囚人はその返報として、裸の上に薄い毛布だけをまとった。リーダーのキーラン・ニュージェントは言った。「われわれに囚人服を着せようとするなら、それをわたしの背中に釘付けにするしかない」[2]刑務所長は罰として彼らの部屋から家具を取り払い、ミルクなしの紅茶、水っぽいスープ、バターなしのパンしか与えなかった。

ＩＲＡメンバーは、囚人服を着なければ運動や家族の面会を禁止すると言われ、一日の大半を独房に閉じこもって過ごした。室内シャワーの設置も認められなかったため、彼らは「ダーティ・プロテスト」を始め、壁に排泄物を塗りたくった。そして窓を割り、蛆だらけのマットレスの上で寝た。冬になると床が氷のように冷たくなるため、聖書の上に立った。また、彼らは刑務所職員を暗

握らせた。一九五三年には、イギリスはアメリカの中央情報局（ＣＩＡ）と協力してクーデターを画策し、民主的選挙による首相モハンマド・モサッデクを失脚させた。モサッデクはアングロ・イラニアン石油会社（現ＢＰ：ブリティッシュ・ペトロリアム）の国有化を打ち出した人物だった。

　イラン人は決してイギリス人を許さなかった。イランの出版史上もっとも人気の小説、イラジ・パジャッシュクザッド著『おじのナポレオン（*My Uncle Napoleon*）』の主人公は、イギリス人が自分を破滅させようとしていると信じている。また、ヒトラーはイギリス人の「密告者」だった、ロンドンの大規模空襲「ザ・ブリッツ」はイギリスの諜報活動だったと信じているイラン人もいる。彼らはイスラム教の聖職者がイランで力を持ちはじめたことさえ、イギリス人のせいにした。「イスラムの学者ムッラの髭を持ち上げたら、〝メイド・イン・イングランド〟と書かれているはずだ」これは革命後のイランで流行ったジョークだ。ペドラムも言っていたが、何か問題が起こると（電車が遅れた、車が故障した、などなど）、「イギリス人のせいだ」という決まり文句が返ってくるそうだ。

　詩人であり、殉教者であり、イギリス人の宿敵だったボビー・サンズは、イラン人の談話にぴったりの人物だ。イラン大使がサンズの家族とプレゼントを贈り合ったという話もある。ある新聞記事によると、アイルランドからのイラン訪問者は、テヘラン空港の入国審査で珍しくも笑顔で歓迎され、「ボビー・サンズはノーフードで闘った。イランへようこそ」と拳をあげて挨拶されるらしい。こんにちのテヘランには、〈ボビー・サンズ・バーガー・バー〉という飲食店まであり、店内には少年らしいえくぼを浮かべたサンズの写真が飾られている。

ペドラムは現在トロントに住んでいる。わたしが話したときは、吹雪を迎える準備をしていた。彼はイランで過ごした少年時代の色あせた写真をメールで送ってくれた。写真のペドラムは真面目な顔をして、母親が髪で隠そうとしたが隠しきれなかった耳が突き出ていた。皇帝シャーの失脚後、誰もがはばかることなく討論していたあの激動の時代は、一九八一年にいきなり終わった。[6] イランの改革を指揮するために、一五年間の亡命を経て帰国していたアーヤトッラー・ホメイニが対抗する左派勢力を弾圧しようと動きだしたのだ。革命裁判所は毎週、何百人も死刑判決を下した。エヴィーン刑務所では、死刑囚たちが巨大な吊るし台で絞首刑になり、墓標もない墓に埋められた。ペドラムの学友たちも何十人と殺された。彼自身も逮捕されたが、両親が彼をひとりでカナダに逃亡させた。一六歳のときだった。それ以来、ペドラムはボビー・サンズ通りには戻っていない。

ペドラムの物語は通りの命名に関する次章の扉を開けてくれた。初期の名称は「チャーチ・ストリート」「マーケット・ロード」「セメタリー・レーン」のように、その通りの特徴を描写するものが多かった。しかし「ボビー・サンズ通り」は単なる名称にとどまらず、記念碑のような役割も果たしていた。現代の通りの名称は、その通りを描写するだけではなく、追悼もするのだ。その理由を確かめるために、わたしはまったく別の革命を考察することになった。それは一八世紀のフランスで起きた革命である。

一七九四年、アンリ・グレゴワールという若い聖職者がコロンビエ通り一六番の部屋で通りの名称に関するレポートを書いた。[7] グレゴワールは変わった司祭だった。叙任されて間もない頃、彼は刑務所に呼ばれ、八四歳の男性の葬儀を執り行うよう言われた。男性が投獄されたのは、薄いながらもスープを作ろうと、わずかな塩を乾燥させたからだった。重すぎる塩税を免れようとしたのだ。グレゴワールは貧しい者たちに対するそうした君主制の不当な行為が忘れられず、熱烈な革命家となった――信心深い司祭でありながら革命家としての活動を遂行するのは、カトリック教会に対してあからさまに敵意が向けられる革命時代においては困難なことだった。しかし、彼の伝記作家アリサ・セピンウォルによると、彼は革命の自由・平等・友愛原則が福音書と完璧に一致すると考えていた。

グレゴワールは宗教的寛容、ユダヤ人の権利、男子普通選挙を支持した。〈黒人の友の会〉に入会し、のちに反奴隷制度を熱烈に訴える本を執筆して、アフリカ人を劣等とする説に異論を唱えた。同書では、アフリカ系の著名人の特性などを掘り下げた研究も紹介している。[8] トーマス・ジェファーソンはパリを訪れたとき、同会に入会するのを断った（のちにジェファーソンは「グレゴワールが称賛するアフリカ系アメリカ人が何かを成し遂げたというのなら、それは彼らの祖先が白人とのあいだに子どもを産み、彼らがハーフやクォーターであるおかげだ」[9] と述べている）。

しかし、一七九四年にグレゴワールが目を向けていたのは、フランスを救うことだった。君主制の打倒は彼の狙いの一側面でしかなかった。革命家たちが目指していたのは、啓蒙思想に則ってフランス全体を再形成することで、彼らはカレンダーから重量測定法、服装まで変えていこうと考えた。初期アメリカの年代記で有名な著述家アレクシ・ド・トクヴィルは、革命前に作成された民衆の要望リストを研究した。

「彼らの要望をひとつひとつ集めてみると、それらはフランス国内のあらゆる法律や一般的慣習を大規模かつ体系的に廃止することだった。そう気づいて、わたしはぎょっとした。それは世界でも前例を見ないほどの広範で危険な革命だったのだ」[10]

　革命家たちの考えは新しかったが、当時のパリはとても旧体制だった。宮殿も教会も通りも君主制の匂いがするほどに。社会学者のプリシラ・ファーガソンはその名著『革命時のパリ（*Paris as Revolution*）』にて、次のように述べている。革命家のなかにはパリを壊滅させ、再出発することを提案する者もいた。だが彼らはパリを解体するのではなく、改名していくことに決めた。パリにも新しい装いをさせるのだ。「エネルギーは対象そのものに注がれたのではなく、それらの着想や活用法に注がれた[11]」ファーガソンによると、彼らは壮大な宮殿を解体するよりも、それらを公共の建物に変えることにしたのだ。

　対象そのものを変えられなくても、その名称を変更することはできる。名称変更の対象は彼ら自身も含んでいた。革命前のフランス人の名前は、大部分においてカトリックの制約を受けていた[12]――聖書の人物や聖人の名前にちなんで決められていたのだ（ただし貴族階級はその限りではなかった）。しかし一七九二年九月、国民公会で君主制の廃止が満場一致で決定したちょうど翌日、フランス人は新しい権利を与えられた[13]——子どもの名前を自由に決める権利だ。彼らの多くは革命に熱狂するあまり「フルール・ドランジュ・レピュブリケーヌ（Fleur d'Orange Republicaine 共和国のオレンジの花）」「ルキウス・プレブ・エガル（Lucius Pleb-Egal ルキウス、平民階級、平等）」「シモン・ラ・リベルテ・ウ・ラ・モール（Simon la Liberte ou la Mort シモン、自由か死か）」など、自由や平等を謳った名前をつけた。「ラ・ロワ（La Loi 法律）」「レゾン（Raison 理性）」といった名前をつけられる子どももいた。民衆があまりにも自由に名前をつけるため、ナポレオンは一八〇三年に、子どもにつけてもいい名前リストを考え出した（このリストは一九九三年に廃止されたが、

「ジョワイヨ（Joyeaux 喜び）」「ヌテラ（Nutella ヌテラ [チョコレート風味のスプレッド]）」「ストロベリー（Strawberry 苺）」[14]、マイケル・ジャクソンにちなんだ「MJ」といった名前は、裁判所によって却下された）。

当然のことながら、革命家たちの情熱は通りの名称にも向けられた。何かに名前をつけることは、それに対する力を誇示することになる——だからこそ、神はアダムにエデンの動物たちの名前をつけさせたのだ（それはやがて問題を生むのだが）。革命が終わるやいなや、何本かの通りの名称が改称された。たとえば、ヴォルテールが亡くなった通りには彼にちなんだ名称がつけられ、「プリンセス通り」は「正義通り」に変更された。

しかし、もっと徹底的かつ論理的なアプローチを望んでいた見識ある革命家たちは、その程度の変更では満足できなかった。知識人J・B・プジュールも指摘したように、当時のパリの通りの名称は、まるで「サルマガンディ」（肉や海鮮、野菜、フルーツ、ナッツなどにオイルと酢とスパイ

スを混ぜ合わせたフランス風サラダ）だった。もう少し、たとえば「コンソメ」くらいシンプルにできないものだろうか？

ファーガソンによると、プジュールは各通りに地理的な学習要素を加えたがった[15]――その町の規模と通りの規模が対応するような名称だ。下水道に王政派の著述家の名前をつけてはどうか、と独創的な提案をする共和主義者もいた。国中の通りに徳のある名前をつけたいという声もあった――「寛大通り」「気配り通り」といった具合だ。「徳のある言葉を口にしているうちに、心にも徳が芽生えてくるだろう」[16]

グレゴワールは通りの新名称を計画する任務を与えられ、ペンシルヴェニアから中国にいたるまで、世界中の通りの名称を研究した（彼は、クエーカー教徒が「通りにまで自分たちの気品を植えつけた」ことに感心した）[17]。公教育委員会に提出した彼の一七ページにおよぶレポートは、新名称に関するふたつの基準を提示していた[18]。ひとつめは、短くて響きの美しい名称であること。ふたつめは、彼が通りの名称に求める考えを示していて、「市民に美徳や務めを思い起こさせる心情的な趣を添えるべき」[19]だとし、さらにこう続けた。「〝革命の場〟といった名称から、〝憲法通り〟や〝幸福通り〟といった名称に変化していくのが自然ではないだろうか？」

グレゴワールの提案は、さまざまな視点による革新的信条を適切に網羅していた。革命は平等と合理性を支持するものであったが、再生・維新を追求するものでもあった。すなわち、国家は腐敗した支配から解放され、清浄に生まれ変わりうるという思想だ。作家ヴィクトリア・トンプソンの言葉を借りると、町の景観によって「革命的な教理問答」[20]が学べることを目標にしたのである。

しかし、革命家たちは再構築を実現できなかった。あまりにも多様性あふれるパリに理想郷を押しつけるのは不可能だったのだ。パリの通りの名称は改称されず、「サルマガンディ」のまま残った。通りの名称は「政治の風向きを知らせる」風見鶏のような役割を担い、政情とともに変化した。ファーガソンはこう述べている。「革命家たちが思い描いた新しい都市パリは叶わなかった」[21]

とはいえ、フランス革命は、通りを再生させて新たなイデオロギーを披露するという流行を引き起こした。世界中の革命政府が、通りの名称を変更することによって、それぞれの政権を発動させたのである。メキシコシティは、同国の農民反乱の指導者エミリアーノ・サパタの名にちなんだ名称を五〇〇本以上の通りにつけた。[22]クロアチアでは、ヴコヴァルの大通りを二〇世紀のあいだに六度、名称変更している。[23]最近では、ポーランドとウクライナで、町の景観の「非共産化」を命じる法が通過した。ロシアにはレーニンにちなんだ名称の大通りが四〇〇〇本以上ある。[24]それらを全部つなぐと全長八六三〇キロメートルになるらしい。モスクワからミネアポリスまでの距離より長い。

スペインのある法令は、ファシストにちなんだ通りの名称をすべて変更するよう要請した――それに応じて、各都市は該当する通りをローザ・パークスやフリーダ・カーロなどの女性にちなんだ名称に変更した。もっと最近では、スーダンで民主化を求めるデモが起こり、独裁者オマル・アル＝バシールを倒した反乱で犠牲となった人々の名にちなんで通りの名称を変更した。「われわれは通りの新名称とともに新しいスーダンを築き、新しい考え方を構築している」[25]デモの指導者のひとりモハメド・ハネンは言った。

中国では、共産党が広範なプロパガンダ活動の一環として通りの名称を巧みに利用した。[26] 文化大革命の時期、名称は「紅衛兵ロード」「東方紅ロード」などに変更された[27]（そうした通りの多くは、後年にもとの名称に戻された）。地名管理条例の第四条は、通りの名称が「人民団結」を重んじるものであることを定め、名称が「主権や国威を損なう[28]」場合は、その名称変更を義務づけている。面白いことに、条例では人名にちなんだ通りの名称も禁じている。おそらく共産党による平等主義の理念に基づいているのだろう（よって、中国には「毛沢東通り」など存在しない）。上海の地方条例は通りの名称が「健全な意味合いを持ち、社会道徳に従う[29]」ことを指示していて、まるでグレゴワールを参考にしたかのようだ。

政治学者ジョナサン・ハシッドによると、中国は、少数民族が住む地域を牽制するツールとして通りの名称を活用してきた。独自の言語や文化を持つ地域の通りの名称は多様性があると思うかもしれないが、実際はその反対であるとハシッドは気づいた――少数民族の人口率が高い地域は、ほかの地域に比べて、北京の通りと似た名称の通りが多い。通りの名称は人民を支配下にとどめておくツールのひとつなのだ。

アメリカの独立革命も名称とイデオロギーを結びつけた。ジョージ・ワシントン（その名がのちに首都名の由来となるが、彼自身は首都を連邦都市と呼んでいた）は、ピエール・ランファンに都市計画を命じた。[30] ランファンはパリに生まれ、フランスで芸術と建築を学んだものの、アメリカ革命軍に志願して貢献した。彼による新しい首都計画は、アメリカとヨーロッパの各都市の理想を融合したものだった――アメリカ流のグリッド法を採用すると同時に、ヨーロッパ風のアヴェニューや広場を導入したのだ。町の景観は象徴的シンボルにあふれる予定だった。たとえば、国会議事堂はホワイトハウスではなく丘の上に建造された。イギリスとは異なり、大統領は国王にはならなかった。

さらに、通りの名称の問題もあった。ワシントンDCの通りの名称は強迫的なまでに合理性を貫いている。[31] 東西に走る通りには番号がつけられ、南北に走る通りにはアルファベットがつけられた（アルファベットが「W」まで来ると、次は新しいパターンが始まり、たとえば「アダムス（Adams）」や「ブライアント（Bryant）」のように二音節の単語がつく。その次は「アリソン（Allison）」や「ブキャナン（Buchanan）」など三音節の単語がつく）。グリッドを横切る斜めのアヴェニューには州の名前がつけられ（当時は一五州）、もっとも長い三本のアヴェニューには、当時もっとも大きかった州「マサチューセッツ」「ペンシルヴェニア」「ヴァージニア」の名前がつけられた。現在ワシントンDCの通りの名称は、すべての州名を網羅している。

アメリカの革命家たちは乾燥した川岸に新しい首都を建設した。少なくとも革命家たちにとっては、未開の静寂な土地だった。そうして彼らはフランスが心から願いながらも叶えられなかった「政治と土地の結合」を果たしたのだ。フランス生まれの建築家ピエール・ランファンが「ピーター」と呼ばれるのを好んだのも頷ける。[32]

***

わたしはダニー・モリソンに会いに、西ベルファストの彼の自宅を訪ねた。モリソンはボビー・サンズの親しい友人で、一九八〇年代初期にはIRAのシン・フェイン党の広報課長を務めていた。イギリス人の考えでは、IRAの武装闘争に終止符を打てる人間がいるとしたら、モリソンもその数少ない人間になりうる人物だった。学生時代のモリソンは肉屋とバーで仕事をかけもちしていたが、すぐに共和党政治に関わるようになり、自作の送信機を使って〈ラジオ・フリー・ベルファスト〉の開設を手伝った。それから間もない頃、彼は両親の家を武器貯蔵庫として使っていた。息子と同じダニーという名の彼の父親は、その名前のせいで逮捕されたことがある。[33]

モリソンは短編を書くために初めてのタイプライターを買う費用を姉から借りたものの、間もなくシン・フェイン党の『リパブリカン・ニュース』紙の編集者に任命された。その後、誘拐の罪で八年間の刑期を受け、ロング・ケッシュ刑務所に収容されたこともあるが、その有罪判決はのちに覆された。こんにちのモリソンはIRAを暴力闘争のみを行う組織から、イギリス人弱体化のために政治も活用する組織へと誘導したことで広く知られている。一九八一年のシン・フェイン年次総会で、モリソンはとっさに立ちあがり、仲間たちにこう問いかけた。「この場でいったい誰が、投票で闘いに勝てると本当に信じているのだろう？　片手に投票箱を、もう片方にアーマライト銃を手にして、アイルランドで権力を握ることに反対する者はいるだろうか？」

モリソンの考えに対して、その場で起こった反応は敵意だった。IRAの指導者マーティン・マクギネスは「いったいどこからそんな発想を？」[34]と応えたと言われている。しかし、ＩＲＡはやがてモリソンが述べた政治戦略を推進し、最終的にはマクギネスを北アイルランド副首相として官庁へ押し出した。

ＩＲＡから抜けたモリソンは現在フルタイムでライターの仕事をしている。ベルファストは彼が育った頃とはもう別の町だ。北アイルランド紛争《ザ・トラブルズ》時、ベルファストでは軍の検問所や自動車爆撃対策バリアがいたるところに見られた。市内にある〈ヨーロッパ・ホテル〉はヨーロッパでもっとも爆撃にあったホテルだ。しかし、ＩＲＡは一九九七年に武装解除し、聖金曜日の和平合意を支援した。現在の〈ヨーロッパ・ホテル〉には賑やかなピアノバーとラウンジ、カボチャサラダやローストしたヘイク［メルルーサとも呼ばれる魚］を出すレストラン、大西洋側では最強の水圧を誇るシャワーまである。ホテル正面ドアからはトラブルズ・ツアー用の黒いタクシーが出ているので、カトリック・エリアの通りにまだ残っているボビー・サンズの壁画を見物できる。

モリソンは六〇代になっていて、少しゆがんだ、優しそうな笑顔でわたしを迎えてくれた。赤レンガの家で、正面階段には植木鉢がところせましと並んでいた。格子柄のソファには刺繍入りのクッション、テーブルには家族写真が飾られ、暖炉横の本棚にはハードカバーの本がびっしり入っていた。元ＩＲＡメンバーの家がこんなに居心地がいいとは思ってもいなかった。彼はキッチンで紅茶とチョコレートクッキーを出してくれた。話を聞くために居間に移動すると、アティカスとエリーという猫たちもついてきた。

モリソンは誰よりもボビー・サンズのことを理解していただろう。サンズを出馬させる運動を主導したのもモリソンだ。彼がサンズに最後に会ったのは、一九八〇年一二月のことらしい。サンズは「ダーティ・プロテスト」によって、脂ぎった長髪に絡まった顎ひげという風貌だった。それを最後に、モリソンは刑務所への出入りを禁止され、次に会ったとき、サンズは棺のなかだった。

わたしたちはモリソンのハッチバックに乗って街路樹の並ぶ通りを走り、カトリック学校やパブ、商店の横を抜けてミルタウン墓地に向かった。コークから来た旅行者が、トレードマークの黒いフェドラ帽をかぶったモリソンに気づき、熱心に握手を求めた。墓地に着くと、「志願兵」とだけ記された、ハンガーストライキで亡くなった人たちの横にサンズの名前もあった。モリソンはまた別のIRAメンバーの葬儀のときに自分が立っていた場所を指さした。そこで、親英派の民兵組織メンバー、マイケル・ストーンが手榴弾と銃で会葬者を襲撃したという。三人が殺され、何十人もが銃弾や墓石の破片で負傷した。

二〇〇八年にモリソンは、ジャック・ストローがイギリスの外務・英連邦大臣だった時代に「ボビー・サンズ通り」の名称を変更するようイラン政府に働きかけていたことを耳にした[35]（本章冒頭で述べたペドラムのことをわたしが知ったのも、モリソンの書籍を通じてだった）。モリソンがそれに反対する署名運動を始めると、またたくまに何千もの署名が集まった。イラン政府に向けられたメッセージの多くは次のようなものだった。ショーン・クリントンはこう書いた。「あなたたちはイギリス人の指示に従って自国の通りの名称を変更するのですか？　もしそうするなら、もうイラン国旗など取り払って、イギリスの国旗を掲げるがいい。ボビー・サンズはヒーローだ！」ジョン・クラークのように、文化的により適切な論調を心がける者もいた。「アラーの神のために、ボビー・サンズの標識をそのままにしておいてください」[36]

　次のようなメッセージもあった。「パリのサン＝ドニで〝ボビー・サンズ通り〟の標識を見かけました。外国でそのような光景に出会うとうれしいものです」わたしはパリまでその標識を確かめに行った。すると本当に、フランスにはサンズを称える通りが五本もあった。フランス以外の国にも、いくつか同名の通りがある。しかし、テヘランの「ボビー・サンズ通り」変更にアイルランド人請願者は激しく憤ったが、当のアイルランドでは南北を問わず、サンズを称える通りはひとつもない。

　わたしにはその理由がわかる気がする。わたしの夫ポールは北アイルランド中部のクックスタウン出身だ。その町は、ボビー・サンズが議員に当選した区の外れから一〇キロメートルも離れていない（ポールの母はダニー・モリソンと同じ労働者階級のカトリック・エリアで育った。彼女もサンズと同じくミルトン墓地で眠っている）。ポールが通った学校の校長はデニス・フォールという名の神父で、ＩＲＡからは「脅威のデニス」と呼ばれていた。なぜなら、彼は抗議運動が人生の無駄遣いであることを、のちのハンガーストライカーの家族に納得させることができたからだ。クックスタウンの人口は一万人ほどで、町には街路樹の並ぶ長い大通りや活気ある土曜市場、肉屋が五軒ある。そのうちの一軒はポールの祖父が経営していたが、店の窓は二〇回以上、ＩＲＡの爆破によって粉々にされた。

こんにちの北アイルランドは、完全に安定しているとは思えないが、おおむね平和だ。しかし、プロテスタントとカトリックのほとんどはまだ離れて暮らしている。およそ五キロメートルにおよぶ「平和の壁」[37]は、ベルファストのプロテスタント・エリアとカトリック・エリアをまだ分断している。そうした壁は一九九八年の聖金曜日の和平合意のときよりも多い。北アイルランドの子どもたちの九〇パーセントは、宗教によって分けられた学校にまだ通っている。

通りの名称に関する記事ばかり書いていると、編集者はU2の曲『*Where the Streets Have No Name*（通りに名称がない場所）』（邦題『約束の地』）になぞらえて記事タイトルをつけたがる。その曲は北アイルランドからもインスピレーションを受けたという。歌詞を書いたアイルランド人のボノは雑誌のインタビューでこう話していた。「以前、興味深い話を聞いたことがあるんだ。ベルファストでは、住んでいる通りによって、宗教だけではなく収入までわかるらしい――通りのどちら側に住んでいるかでね。丘にあがっていくほど、家も高額になるそうだ」[38]これは夫の故郷の町にもほぼ当てはまる。ある住宅街では、通りに「プリンセス・アヴェニュー」「ウインザー・ストリート」といったイギリス風の名称をつけて皇室に敬意を払い、通りの多くが端から端まで赤と白と青の旗で埋め尽くされている。一方、カトリックの住宅街では、「ラシーン」「ラスベグ」といったアイルランド名を通りにつける傾向があり、電柱にはアイルランド国旗が揺れている。

それにもかかわらず、クックスタウンには、いや、アイルランド南北のどの町にも、ボビー・サンズ通りは存在しない。サンズが主張したアイルランドの統一は、北アイルランドに住むカトリック教徒のほとんどが賛成するものだ。しかし、そのカトリック教徒の大半は、サンズやＩＲＡが用いた暴力的な手段を決して受け入れなかった。北アイルランド紛争によって、両サイドに三〇〇〇人を超える死者が出たのだ。それよりもっと多くの人々が負傷した。ハンガーストライキがピークを迎えたとき、二九歳のジョアン・マザーズという国税調査員が玄関口で撃ち殺された。ＩＲＡメンバーが、国勢調査は自分たちを監視するための口実だと思ったのだ。ボビー・サンズはその愛らしい名前とえくぼが相まって、好感の持てる男の子といった描写をされてきたが、彼自身も家具店のスタッフを地下に追いやって店ごと爆破しようとした罪で投獄されている。

とはいえ、彼が偶像視される理由はわからなくもない。一見普通に見える人間が、自分の考える自由のために餓死をいとわなかったことには驚かされる（そして彼の死後、九人のＩＲＡメンバーがあとに続いたことにも唖然とする）。だから、部外者から見れば、それもイギリス人からしばしば搾取されてきた他国の人間から見れば、イギリス人を相手にしたボビー・サンズの闘いを称賛するのは簡単なのだと思う。だが、サンズの母国では、彼の英雄的資質がかすむこともあるのだ。

議員に立候補までしたボビー・サンズが生きていたら、闘争の和平合意に満足しただろうか？ダニー・モリソンは、ハンガーストライキから生き延びた者たちが、のちに和平合意を受け入れたと話した。しかし、サンズは昔こう書いていた。「わたしは母国の解放を達成するまで休むつもりはない。アイルランドが社会主義共和国として独立するまでは[39]」ボビーの妹バーナデットは、彼が妥協案では納得しなかっただろうと言った（サンズ家の友人も新聞社にこう話した。「ボビーにはいろいろな面がありましたが、穏健派という側面はありませんでした[40]」）。

　ボビー・サンズは休まずに闘ったものの、彼の革命は一番の目標を達成できなかった。この原稿を書いている時点で、アイルランドの北の六州はグレートブリテンおよび北アイルランド連合王国に属したままである。アイルランドに「ボビー・サンズ通り」が存在しないのは、こんにちのアイルランドが彼の願ったアイルランドの姿ではないからだ。

第九章　ベルリン

ナチス時代の通りの名称は「過去の克服」について何を語るのか

スーザン・ヒラーが気づいた最初の「ユダヤ人通り」はベルリンにあった。二〇〇二年、彼女がアーティスト奨励制度でドイツに住んでいたときのことだ。[1]地図と標識を交互に見ながらミッテ区をあてもなく歩いていると、その「Judenstrase（ユダヤ人通り）」に気づいた。英語だと「Jews Street」――一般的な形容詞「Jewish」すら使っていないその表記はあまりにも露骨だった。彼女はどう受け止めるべきかわからなかった。アパートメントに戻ると、彼女は夫と一緒にドイツの町、村、都市の地図をしらみつぶしに調べ、国中に「ユダヤ人ロード」「ユダヤ人の小道」「ユダヤ人マーケット」が散らばっていることを知った。「ユダヤ」と名のつく通りをリストに書き出すと、三〇三本あった。彼女はそれらをひとつずつ訪れることにした。

当時ヒラーは六〇代で、背筋をぴんと伸ばしたエレガントな着こなしに、好奇心いっぱいのアーチ型にあがった眉が印象的だった。イギリス人の知識人階級にまざって長らく暮らしてきたアメリカ人女性特有のアクセントで話した――キャサリン・ヘプバーンをもっとハスキーな声にしたイメージだ。ヒラーは人類学者として研鑽し、ベリーズやメキシコやグアテマラでの現地調査を行っていたが、授業でアフリカ彫刻のスライドを見ているとき、芸術は本質的に不条理で神秘的であることを急に意識した。その瞬間、彼女は「幻想のために現実を放棄する」[2]ことを決意した。

二〇〇二年にベルリンで「ユダヤ人通り」を見つけた頃には、ヒラーは二〇代のときに移り住んだロンドンで、コンセプチュアル・アーティストとして既に成功していた。そんな彼女の次なる芸術活動が「Ｊストリート・プロジェクト」となった。ヒラー夫妻は何年もかけてドイツにある「ユダヤ」と名のつく通りすべてを訪れた。旅は一週間、二週間と続くこともあり、ふたりは旅行者が通常は出向かない場所にも足を踏み入れた。ヒラーは「ユダヤ人通り」のいくつかは戦後に新しく名づけられたものなのか専門家に訊いた。「それは断じてありません」という返事だった。たとえば「アンネ・フランク通り」のように、ユダヤ人を称える目的で新名称がついたのなら、まだ慰めとなる。しかし、「ユダヤ人通り」は古くからある描写的な名称だった――「チャーチ・ストリート」が教会のある通りを描写しているように、「ユダヤ人通り」はユダヤ人が居住する通りを描写していたのだ。それらの「ユダヤ人通り」はナチス時代に改称されたが、戦後、彼らへの敬意の証として名称がもとに戻された。

ヒラーは「ユダヤ人通り」の多くが田舎にあることを知って驚いた。賑やかな都市に住むユダヤ人のほうがなんとなくイメージしやすかったため、ドイツの平凡な田舎の景色を目にし、かえって意外に感じたのだ。道路標識はドイツ内でのユダヤ人の暮らしぶりや動きを教えてくれた。町の真ん中にある「ユダヤ人通り」は、そこでユダヤ人が商売していたことを物語っていた。町の外れや鉄道の最終駅など、辺鄙なところにも「ユダヤ人通り」はあった。彼らが中心街に住むのを許されていなかった頃のものだ。ある地元の歴史家は、今は駐車場になっている場所に、昔はユダヤ教の礼拝堂シナゴーグがあったと教えてくれた。また別の場所で、ある住民は遠まわしにこう言った。「昔ここには裕福な人たちが住んでいたんです[3]」ある町で年配女性から聞いた話によると、その町の「ユダヤ人通り」にはユダヤ人学校があったが、その名称はのちに川の橋にちなんで改称されたという。ヒラーは「のちに」の言葉の裏に省略された事柄について考えをめぐらせた。

ヴィリー・ブラント（のちの西ドイツ首相）は、故郷リューベックでナチスが権力を握った日のことを回想録で振り返っている。「一九三三年三月二〇日、リューベックで大勢の人々がいわゆる〝保護拘置下〟に置かれた。その後すぐに通りの名称変更が始まった[4]」

同じ年の一二月一七日、ある女性が地元の新聞社フランクファータ・フォルクスブラットに質問状を送った。「貴社の影響力をもって、わたしの町フランクフルトの通りの名称を変更できるかお確かめいただけますでしょうか。ユダヤ人ジェイコブ・シフの通りです[5]」その女性は近所の人たちと一緒にナチ党に入っていた。「旗を掲げるとき、どの家でも〝鉤十字〟が揺れています。でも

〝ジェイコブ・シフ〟の通りを見ると胸が締めつけられるのです」

市の委員会は同情したが、フランクフルト出身のシフは途方もなく裕福なアメリカの銀行家で、過去、故郷に多額の寄付をしていた。通りの名称を変更するなら、子孫に寄付の返還を要求されるかもしれない。だが結局、シフがユダヤ人であることのほうが、彼の寄付よりも重要だということになり、「シフ通り」はフランクフルトの過去の市長の名にちなんで「マム通り」に変更された。

一九三三年になる頃には、ドイツのあらゆる町に「ヒトラー」の名がつく通りがあった（二〇〇四年、ベルリンの高級地区シャルロッテンブルクに昔からある広場「テオドール＝ホイス＝プラッツ」を、グーグル社が第二次世界大戦時の名称「アドルフ・ヒトラー・プラッツ」に手違いで戻してしまったことがある）。[6] ユダヤ人通りの名称変更とともに、ユダヤ人が自由に移動できる場所も変更されてしまった。一九三三年九月、『ジューイッシュ・デイリー公報』紙は次のように報じた。「ローテンブルクの自治体は、メイン広場を〝ヒトラー広場〟に名称変更したところだが、今度はその尊名がつけられた広場にユダヤ人が足を踏み入れることを禁じると決定した」[7] 一九三八年になる頃には、ドイツ帝国はユダヤ人の市民権を剝奪し、彼らの財産をすべて登録させ、彼らと「アーリア人」（非ユダヤの北欧民族）の恋愛を法的に禁止した。おまけに、ユダヤ人のミドルネームを男性は「イスラエル」に、女性は「サラ」に変更させた。彼らは海岸や映画、コンサートに行くことも禁じられた。商店はユダヤ人に食べものを売ることを拒否し、強制収容所よりもずっと前にユダヤ人たちを飢えに追いやった。

その同じ年、「ユダヤ」と名のつく通りは違法であると公式に決まった。作曲家グスタフ・マーラーにちなんだ通りの名称はバッハに変更された。フランクフルトの新聞紙の最初のユダヤ人発行者レオポルド・ソネマンも、その名を地図から消された。ユダヤ人初の外務大臣で、一九二二年に暗殺されたヴァルター・ラーテナウにちなんだ通りの名称も、テオドール・フリッチュの名に変えられた。フリッチュは「反ユダヤ主義の問答書」として知られる『ユダヤ人の疑問についての手引き（*Handbook of the Jewish Question*）』の著者である。

ハンブルクでは、マルクス主義色あるいはユダヤ色が濃すぎる一六一三本の通りの名称がリスト化された。市の委員会は次のように告知した。「〝ハーラー通り〟と〝ハーラー〟名の地下鉄駅を改称する場合、〝ヘルマン・ゲーリング通り〟を要望に応じて変更候補名とする」[8] ニコラウス・ハーラーは初のユダヤ人家庭出身のハンブルク上院議員で、のちにキリスト教の洗礼を受けたが、それでも改称からは逃れられなかった。新聞は作業服を着て「ハーラー通り」の標識を撤去している老人の写真を載せた。[9]

ハンブルクのナチ党市長は、電磁波を発見した物理学者である「半分ユダヤ人」のハインリヒ・ヘルツにちなんだ名称を守ろうとしたが、特例は認められなかった。市長の要望に対して、大臣からそっけない指令が返ってきた。「ユダヤ人にまつわるすべての通りの名称をただちに変更し、一九三八年一一月一日までに正式な変更名を報告すること」[10] ヘルツに敬意を表したエネルギー単位「ヘルツ」は残ったものの、道路標識は「ライプツィガー通り」に変更された。そうしてユダヤ人がドイツから姿を消すに伴って、その名がつく道路標識も消えていったのである。

ある意味、通りの名称はプロパガンダにうってつけのツールだ。人は何も考えずに通りの名称を口にする。それに道案内をするときや手紙を書くとき、何かを申し込むときなど、必ず通りの名称を書かざるを得ない。国が国民にそれを文字どおり言わせることができるのだ。ナチスは特にその効果を理解していた。ヒトラーの『わが闘争』では、「人々は忘れやすいと同時に騙されやすい」と教示している。ヒトラーの部下ヨーゼフ・ゲッベルスは、ナチスのメッセージを浸透させる任務を与えられ、次のように述べている。「有能な宣伝戦略家《プロパガンディスト》の仕事は、大勢が頭に描いたことを、あらゆる人々に届く形で表現することである」[11] 自然な文脈で繰り返されるシンプルなメッセージは、人間の頭に入り込み、そこに永遠にとどまることができるのだ。通りの名称ほどシンプルなメッセージがほかにあるだろうか？

わたしは西ロンドンのテムズ川沿いにあるイギリス国立公文書館に行き、戦後ドイツのイギリス占領区域に在留していたイギリス軍による数冊の分厚いファイルを調べた。表紙には赤字で「非ナチ化」と書かれていた。ファイルを開くと、オーストリア中の軍司令部による通りの名称の状況報告書がつまっていた。そこには、イギリス軍がナチス関連の通りの名称をもとの名称に戻していく作業を説明するメモもあった。「アドルフ・ヒトラー通り」はさておき、イギリス軍が変更したほかのナチス関連の名称は、ドイツ語の教科書によく出てくる普通の名前に見えた。しかし、わたしはそれらの新しい通りの名称が存在するある町の名前にはっと目を奪われた――「ユーデンブルク」だ。

こんにちのユーデンブルクは、人口一万人にも満たない昔ながらの町である。ユーデンブルクの公文書館に問い合わせメールを送ると、記録官のミヒャエル・シエストルから返信があり、その町の名がやはりユダヤ人にちなんだものだとわかった。ユーデンブルクは「ユダヤ人の城」を意味し、その名称は町がマーケットタウンだった一一世紀の頃に由来するそうだ。一五世紀にユダヤ人が追放される前までは、市の紋章にユダヤ人が描かれていたらしい。しかし、オーストリアが併合されると、町の名称変更を求める手紙が殺到した。たとえば、市の行政官は「わが総統」に町の解放を求める手紙をヒトラーに送っている――差出人名は「ナチス思想の忠実なる監視人」とあった。

シエストルは、ほかにも当時の手紙の記録をいくつか送ってくれた。

一九三八年三月二五日　ブルノにて

拝啓[12]

ご承知のとおり、総督アドルフ・ヒトラーはユダヤ人およびユダヤ的なものすべてを、正当な理由をもって憎んでおられます。ところが、貴殿の町にはあの忌まわしき名称「ユーデンブルク」がついているとのこと。どうか可及的速やかに市議会を招集し、先述した名称を「アドルフブルク」に変更する提案書を関係各位に提出されることをお願い申し上げます。

敬具
パウル・アンドレアス・ミュラー
クロイツガッセ二三番　ブルノ

別の手紙もある。

一九三八年四月四日　エッセンにて
ユーデンブルク市長殿
大ゲルマン帝国の創生に対する喜びを胸に、地図で貴殿の地域を確認していたところ、「ユーデンブルク」という名称に行きあたり、少なからず不快な思いをいだきました……ユダヤ人および迫害者を想起させるものすべてを消滅させることは、多大なる貢献になるかと存じます。ここに提案させていただく新名称「Jubelburg（歓喜の城）」は、一九三八年三月一二日から一三日にオーストリアで歓迎・祝賀を受けられたヒトラーへの歓喜の思いを永遠に刻んでくれるのではないでしょうか。
ヒトラー万歳！
ヒューゴ・モッツ

結果的には、町の住人がその名称の長い歴史を挙げて変更を拒んだが、戦後に改称を再考することになった。しかし彼らは、町の象徴であるとんがり帽をかぶったユダヤ人の絵を紋章から外した。

ナチスはユーデンブルクの名称までは変えなかったものの、その通りの名称を変更した。シエストルによると、わたしが見つけた新しい通りの名称は、オーストリア併合前に、オーストリア議会に対するクーデターを画策したナチスを称えるものだった。ドイツ人は「美しき死」を国民神話として美化していた。ゲッベルスは生粋のナチ党員なら何よりも理想を貫くべきだと説き、「決断をするときに人間が差し出しうる最大の価値あるもの、すなわち生命という犠牲を秤にかけるべきである」[13]と述べた。それを実践した人間として一番に挙がるのがホルスト・ヴェッセルだ。[14]彼はヒトラーの突撃隊員で、一九三〇年に共産党員に殺害された。ヴェッセルの名はドイツでたちまち人気となり、数々の出生証明書や道路標識を飾るようになった。ヴェッセルはベルリンのユダヤ人通りで育った。[15]

しかし、ヒトラーが地下壕で自殺してから一カ月もしないうちに、戦勝四カ国（アメリカ、イギリス、フランス、ソビエト連邦）による新たな連合国政府がドイツを統治しはじめた。なすべきことは山積みだった。およそ五万の建物が瓦礫となった。ベルリンだけでも五万三〇〇〇人の子どもたちが行方不明もしくは孤児となり、[16]そうでない子どもたちも結核やくる病、ナイアシン欠乏症、膿痂疹などで亡くなった。[17]一九四五年七月に赤痢が流行すると、一〇〇〇人に六六人の割合で新生児が亡くなった。[18]主にソビエト軍の兵士たちがベルリンの女性や少女の三分の一を強姦し（ドイツだけで、強姦による子どもが一五万から二〇万人誕生したと推定される。スターリンはこの事実を知りながら止めなかった）、発疹チフス、梅毒、淋病が伝染した。[19] 戦後のドイツ人口は減っていたが、戦後の日々の死者数は戦時中の四倍におよんだ。[20]

そのような状況にもかかわらず、一九四五年五月二四日にベルリンの新しい各区長が最初の会議で最初の議題にしたのは、通りの名称に関することだった。[21] ドイツ共産党はすべての通りの名称を綿密に調査し、ベルリンに一万あると推定される通りの名称のうち一七九五の名称変更を提案した。[22] 全員、新名称が必要であるということで表向きは同意した。しかし、通りの名称決定の価値観における意見の相違は、その後ベルリンを分けることになった壁を暗示していた。

一九四九年一二月、ヨシフ・スターリンが七〇歳の誕生日を迎えるにあたり、東ベルリン政府は特別なプレゼントを考えた。文化地理学者マオズ・アザリアウの記録によると、二一日の早朝、フランクファータ・アレーの道路標識が撤去され、何千もの人々がお祭り気分でその通りに押し寄せた。[23] バイクに乗った男たちが合図とともに新しい通りの名称を除幕し、松明を掲げた人々がベルリン警察のオーケストラ演奏によるドイツ民謡とロシア民謡に合わせて行進した。[24] 花火があがり、スターリンの巨大な肖像画を照らした。[25] 東ドイツの著述家カート・バーテルはその日のことを詩にしている。「スターリンに感謝を示すにはどうすればいい？／この通りに彼の名前をつければいい」[26]

その頃になると、東西のドイツは完全に分断していた。西ドイツでは、明らかなナチス関連の名称は撤廃され、幾人かの反ナチス派の活動家の名前が記念として通りにつけられた。しかし大体において、西ドイツは「非ナチ化」にただ疲れ切っていた。ナチス関連の通りの名称はもとの名称に戻された。西ベルリンの戦後の通りの名称は、まるで戦争などなかったかのような響きがあった。

一方、東ドイツのソビエト軍は、非ナチ化どころではなく改革を求めた。通りの名称は東ドイツが考える新しい世界を映し出す手段だった。ソビエト占領地域では、ハンスとゾフィー・ショル兄妹のような反ナチス派の活動家を記念した通りの名称をつけた（ショル兄妹は反ナチスのチラシを配った罪でゲシュタポにより首を切り落とされた）。しかし、この改称プロジェクトは過激性を増し、芸術家や左派の哲学者、革命家、共産主義の殉教者などの名前が東ドイツの景観に加わった。その後も、ベルリンの壁（一九六一年に建設）で殺害されたシュタージ（秘密警察）のメンバー（役人や衛兵など）の名前も通りの名称になっている。[27]

しかし、ドイツ再統一後、それらの通りの名称はどうなったのだろうか。[28] 一九八九年にベルリンの壁が崩壊するやいなや、ドイツ社会主義者のケーテ・ニーダーキルヒナーをめぐる論争が始まった。[29] 彼女は仕立て屋の修行をしたが、ナチスの台頭前から共産主義活動に関わるようになり、小冊子の配布や演説を行っていた。結果、逮捕されるとドイツから追放され、モスクワに逃亡、同地でナチスの悪評をドイツ語で広めた。一九四一年、彼女はポーランド上空をパラシュートで移動、ベルリンに向かっているところでナチスに捕らえられた。ドイツの偽造パスポートを持っていたものの、それには惜しくも当時発表されたばかりのナチススタンプが押されていなかった。再び逮捕された彼女は拷問、尋問を受け、ラーフェンスブリュック強制収容所に送られたのち、ナチス親衛隊に射殺された。

統一市政の新議会は、東ベルリンの「ニーダーキルヒナー通り」にある前プロイセン議会の建物に設置された。西ドイツの与党ドイツキリスト教民主同盟は、通りの名称を変更すべきだと譲らなかった。もしニーダーキルヒナーがナチスの手から逃れていたら、今頃は共産党員になっていただろう、というのが上院議長の意見だった。共産党員ということはつまり、彼らが今まさしく確立しようとしている民主主義に対抗したはずである。最終的に「ニーダーキルヒナー通り」は変更されなかったが、ドイツキリスト教民主同盟党員は彼らの便箋のレターヘッドに「プロイセン議会通り」と記すことにした。

ドイツ中の人々が、東ドイツの通りの名称を戦前のものに戻すべきだと市政に訴えた。東ドイツ人の多くは長年にわたって名称変更を支持した。「自分の住所を〝レーニン通り〟と書くと、たとえベルリンの外でも、東ベルリン出身だと気づかれてしまう――そんなことを誰が望むでしょう？」[30] そう訴える住民もいた。ときには何千人もの住民が通りに結集し、「政府役人は東ドイツのアイデンティティを拭い去ろうとしている」と抗議することもあった。ベルリン上院は一九九一年までに、共産主義者やスペイン内戦の参戦者、詩人、小説家などを称える数十の名称の変更を提案した。[31]

しかし、それは何が目的なのだろう？　歴史家ハンナ・ベーレントは、ナチスから逃れたのち、東ドイツに戻ったユダヤ人だ。彼女が一九九六年に書いた友人宛の手紙を紹介しよう。「わたしたちには新しい住所がありません。ベルリン上院は、スペインでファシストに殺された若い反ファシスト、アルトゥール・ベッカーの名前を消して、ドイツ騎士団の騎士であり、東に向かってスラブの土地を征服した中世の強盗団員ヴィンリッヒ・フォン・クニップローデの名前に戻すのが適切だと考えたのです[32]」共産党員の名前を消して新たにつけられた通りの名称には、意図的に挑発している印象のものが多い。たとえば、ドレスデンの「カール・マルクス広場」は「宮殿広場」に、「フリードリヒ・エンゲルス通り」は「国王通り」に改称された。[33]ある人類学者の主張によると、東西ドイツは合併したのではなく「企業買収[34]」されたのである。

法学教授のクリスティアーネ・ウィルクは、ベルリンの壁が崩壊したときには子どもだった。彼女は特別研究でベルリンに長期滞在し、かつて母が遊んでいた東ベルリンの通りを歩いてみた。しかし、訪れた場所や地下鉄駅、通りのことを母に話すと、母が知っていた通りの名称と自分が歩いた現在の通りの名称が一致しなかった。ダンツィガー通り？　トール通り？

クリスティアーネはまた、自分のヘアスタイリストが同郷であることを知ったが、そのヘアスタイリストが通った学校の新しい名称に心あたりがなかった。ヘアスタイリストも、東ドイツのときの古い学校名を知らなかった。ふたりは故郷にある学校や通りの名称がお互いに通じないことに絶句した。「わたしたちは故郷が同じなのに、東ドイツの町や学校や通りの話をしていても、新しい名称、古い名称、さらに古い名称があるので、それぞれを整合させなければ会話が通じなかったのです」[35]どんな住所録を調べても、ふたりの認識のずれは埋められない。

一九五一年、旧東ドイツのドレスデンにあった広場がユリウス・フチークにちなんで命名された。ジャーナリストだったフチークは反ナチス運動の共産党主義指導者で、ナチスに絞首刑にされる。そして強制収容所から、同情的な看守がこっそり持ち出した一六七枚の紙切れに獄中記を綴った。[36]「この時代を生き抜いたあなたには忘れないでほしい／ナチスと闘った者たちは名もなきヒーローではないことを」彼らにも名前があり、顔があり、熱い思いがあり、信念があったのだ。「彼らのなかでもっとも声小さき者の苦しみも／その名が記録に残された者の苦しみと同じである」「注記[37]」として、歴史家のパトリシア・ブロツキーは「ドレスデンの〝フチーク広場〟は一九九一年に〝シュトラスブルク（街道の城）広場〟に改称された」と特筆している。

コンセプチュアル・アーティストは、ベルリンの道路標識を気にする傾向があるようだ。一九九三年、レナータ・シュティとフライダー・シュノックは、ベルリンの元ユダヤ人地区の街灯柱に、次のようなナチス法を記した八〇の表示を取りつけた。[38]「ユダヤ人とポーランド人はお菓子を買ってはならない」「ユダヤ人はラジオやレコード・プレイヤーを所有してはならない」「ユダヤ人は電話や地下鉄を使用してはならない」「ユダヤ人は今後ペットを飼ってはならない」「ユダヤ人は学位を取得してはならない」シュティとシュノックは、それぞれの表示にわざと「ユダヤ人」という言葉を使い、その言葉を口にすることさえ恐れている人々の反応を見ることにした。作業員たちは表示を取りつけながら「こんなプロジェクトは無意味だ」とぼやいたが、あるとき誰かに窓からこう叫ばれて口をつぐんだ。「Haut ab, Judenschweine!（失せろ、ユダヤのブタ野郎が！）」[39]

シュティとシュノックは、戦前にユダヤ人のゲオルク・ハーバーラントにちなんで名づけられた通りがその近くにあったことを知った。ふたりはまさかという思いで、「ハーバーラント通り」と書いた実物大の標識を作り、本人が住んだ家の前の通りに設置した。

そうして、ハーバーラントの通りの名称をめぐる五年間におよぶ政治的論争が始まった。シュティによると、緑の党は投資家だったハーバーラントのことが気に入らず、通りの名称にして称える価値はないと話したらしい。シュティとシュノックは、雑誌『ニューヨーク・レビュー・オブ・ブックス』にこう語った。

シュティ：彼らはハーバーラントのことを知りもしないのに、彼のことを悪人だと決めつけ、「投資家の名前を通りにつけるわけにはいかない」[40]と言いました。それから五年経ってようやく、通りの半分を「ハーバーラント通り」と改称し、もう半分を「トロイヒトリンゲン通り」のまま残すことに同意しました。

シュノック：いかにもドイツ的な解決法ですよね。

一九三八年、ナチスはベルリンのシュパンダウ区にある「ユダヤ人通り」を、一九世紀の革命家キンケルにちなんで「キンケル通り」に改称した。その後、ある式典で、「キンケル通り」はもとの「ユダヤ人通り」に戻されたが、右派のデモ参加者は「ユダヤ人は出ていけ」「何もかもユダヤ人のせいだ」と野次を飛ばしたと報じられた。[41] それは二〇〇二年、スーザン・ヒラーがベルリンに着いた年のことである。

ヒラーは二〇一九年に膵臓癌で亡くなったが、その約一年前、彼女が撮影した六七分におよぶ映像を送ってくれた。ユダヤ人通りをテーマにしたその映像には、会話などの音声はほとんどなく、時を刻む時計、杖をついた年配男性、道路標識を通過して走り去るトラックといったもの以外、取り立てて大きな動きもなかったが、わたしは不思議と魅せられた。ヒラーの映像のなかでは、現代の日常がユダヤ人通りで普通に流れていた。用事をすませる人たち、静かに走り去る車、風に飛ばされる帽子、ぶらぶらとうろつく子どもたち。もっとも胸が痛んだのは「ユダヤ人の道」の映像だった。『ヘンゼルとグレーテル』に出てくるような木々に囲まれた道だったが、それはユダヤ人が町なかを歩くのを許されず遠回りを強いられていた頃に踏み固められたものだ。わたしは、「Judengasse」の標識が映し出されるたびに息をのんだ――ドイツ語の「gasse」は「小道」を意味するだけだと知っていたけれど、ヒラーも指摘したように、その標識には何か心を不安にさせるものがあった。とはいえ、その標識を撤去すると考えると、もっと不安になるだろう。

ヒラーの作品のほとんどに亡霊が潜んでいる。ロンドンの美術館テート・ブリテンでのヒラーの展示物は、臨死体験をした人の不気味な話を扱っていた（「そういった話を面白いと思わない人は、退屈な人だ」[42]と彼女は言っていた）。彼女の「Jストリート・プロジェクト」も亡霊の物語である。ユダヤ人は長いあいだ普通の生活《ライフ》を奪われ、やがてその生命《ライフ》まで奪われたが、ユダヤ人通りでは今も普通の生活が続いている。ヒラーは次のように述べた。「プロジェクトを終えたとき、あの何百もの道路標識が永遠に失われたものの名前を何度も何度も大声で訴えているような気がした」[43]

ベルリンは世界中のどんな都市にも引けを取らないほど動乱の歴史を抱えている。一〇〇年にも満たないあいだに、プロイセン王国からワイマール共和政に、そしてナチスから冷戦へと変遷してきた。政治学者のダーク・ヴァーヘイエンは言った。「通りの名称はベルリンのアイデンティティをめぐる葛藤の実体でもありメタファーでもある」[44]ごく最近の出来事を挙げると、ベルリンの「アフリカ人地区」にある通りの名称変更を求める運動がわき起こった。同地区では、第一次世界大戦が起こる何年も前に、動物と人間を見世物にする動物園が計画されていた（実現はしていない）。そこの通りの名称はドイツの植民地でアフリカ人を奴隷化、強姦、拷問した者たちを称えていた。二〇一八年、ドイツ政府はそれらの通りの名称を、ドイツ人と戦ったアフリカの解放活動家たちの名前に変更することを決定した。

ドイツの通りの名称について読めば読むほど、ある言葉が目についた。学校でドイツ語を避けていたころを思い起こさせる言葉だ。「Vergangenheitsbewältigung」――「過去」と「折り合いをつける、あるいは対処すること」[45]というふたつの意味からなる。とてもドイツ語らしい言葉で、大抵、ナチスの歴史や冷戦中のドイツ分断に対する国の清算という文脈で使われる。しかし、その意味は世界共通だ。わたしたちは皆、過去に向き合い、過去を記念し、過去と闘い、過去とともに何かをしなければならない。その「何か」には、しばしば通りの名称も関係してくる。

「Vergangenheitsbewältigung」に関してもっとも驚くのは、その言葉が存在すること自体ではなく、その言葉に「過去を克服する」過程が組み込まれていることである。過去はいつの日か克服されるのだろうか？——その言葉は、そう問うているように思う。「Vergangenheitsbewältigung」に終わりの日は訪れるのだろうか？

人種

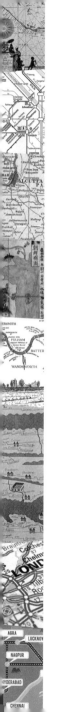

第一〇章　フロリダ州ハリウッド

南部連合の通りの名称は歴史の真実を語るのか

ベンジャミン・イスラエルはアフリカ系アメリカ人の正統派ユダヤ教徒だ。彼は二年半にわたってフロリダ州ハリウッドの市議会に毎回出席し、通りの名称について意見を述べてきた（そして彼は、肺癌治療のせいで気分が優れないとき以外は、毎回わたしの間違いを訂正した）。ベンジャミンはニューヨークで薬物汚染が広まっていた悲惨な時期に、ハーレムのアムステルダム・アヴェニューで幼少期を過ごした。ユダヤ人の父はエチオピアでの宗教迫害から逃れ、商船に乗ってニューヨークにたどり着き、ベンジャミンの母と出会ったそうだ。

ベンジャミンの母は家計を支えるためにメイドとして働いた。ベンジャミンは学校が終わると、建物の玄関をトイレ代わりに使用していく薬物中毒者の汚物を始末をするのが仕事だった。それでも、彼はマンハッタンが好きだった。しかし、気管支炎が悪化し、彼はおじに連れられて一週間の休暇を取るつもりでフロリダを訪れた。そこでは呼吸が楽になった。彼はもうマンハッタンに戻らず、フォートローダーデールとマイアミのあいだにある中規模都市ハリウッドに落ち着くことにした。そこで大工として修行し、シナゴーグが近くにある家を見つけた。安息日には、礼拝に歩いていける距離だ。

今やハリウッドがベンジャミンの故郷となった。キッパー（ユダヤ教徒の男性がかぶる帽子のようなもの）からのぞく髪が白くなりつつある彼は、市の委員会に毎回顔を出し、同じ主張を繰り返した。この町の南部連合の通りの名称は変更すべきだ、と。以下の三つの名称は特に許しがたかった。ロバート・E・リーにちなんだ「リー・ストリート」、ネイサン・ベッドフォード・フォレストにちなんだ「フォレスト・ストリート」、ジョン・ベル・フッドにちなんだ「フッド・ストリート」。これら三本の通りは、ハリウッドの歴史ある黒人区域リベリアを通り抜ける。市の委員会は毎回ベンジャミンに三分間スピーチをする時間を与えた。彼の持ち時間は、車の渋滞やエアビーアンドビー［宿泊施設や民泊を貸し出す人のためのウェブサイト］の規制に対する住民の苦情にしばしば挟まれた。

フロリダ州のハリウッドは、建設されたというよりも、呼び起こされたような町だ。この町を計画したジョセフ・ヤングは、もともとは父と一緒にユーコンで金鉱を採掘していた。[1] しかし、何も見つからなかったため、カリフォルニアで不動産業に転職し、住宅開発業者となった。彼の伝記作家ジョアン・ミケルソンによると、一九二〇年一月、ヤングは三八歳でマイアミ北部のみすぼらしい土地にやってきた。そこで運を開くつもりだった。ふたつのファームタウンに挟まれたその土地は、ヤシやマツの木々と沼地ばかりで、一見したところ開運の希望は持てそうになかった。[2]
しかし、そんなことは問題ではなかった。ヤングは新しい都市の入念な計画を立て、ジョルジュ・オスマンによるパリの再設計を屈託なく参考にした——広い通りや並木道、ヨットが走れるくらい深い湖といったものを（ちなみに、ヤングはカリフォルニア州のハリウッドを真似して自分の町を命名したのではなく、単にその名前が気に入っていたのだと主張した）。町にはたった五年で鉄道の駅ができ、カントリークラブやデパートなども建設された。
それは一九二〇年代のことで、当時のアメリカは世界一リッチな国だった。アメリカ人は年金や有給休暇や新車を手に入れ、満ち足りていた。一九二〇年の冬、暖かなフロリダをよそに、国内のほかの地域は身を切るような寒さだった。七二時間におよぶ猛吹雪がニューヨークを襲い、五〇センチ近くも雪が積もった。[3]軍の化学部隊は火災放射器を使って雪を溶かした。ボストンでは同じ年に一八〇センチを超える積雪量があった。
アメリカ人は楽園を求め、その頃には広く普及していた新車を運転してフロリダに押し寄せた。投資家は転売目的でフロリダの空き地を買った。当時の『マイアミ・ヘラルド』紙は土地広告が満載だったため、国内一の重量だった。[4]フロリダの不動産の三分の二は、そこを訪れたことさえない人たちに郵便で売却された。[5]それでも、ジョセフ・ヤングはボストンやニューヨークからハリウッドまでの無料バスを二一台チャーターした。[6]
ヤングは南部出身ではなく、誰に聞いても人種差別主義者ではなかった。しかし、一九一五年からの数年でクー・クラックス・クラン（ＫＫＫ）が復活し、もっとも精力的かつ暴力的な支部がフロリダに置かれた。一九二〇年、大統領選挙の日（ヤングがハリウッドの土地を購入した数カ月後）、フロリダ州の都市オコイーのＫＫＫが六〇人近くのアフリカ系アメリカ人を殺害した。生き残った黒人たちは沼地に隠れたが、ユリウス・ジュライ・ペリーという男が電柱に吊るされて殺された。その横には「投票しようとするニガーはこんな目に遭うぞ」と書かれていた。フロリダ州人は一八九〇年から一九二〇年のあいだに少なくとも一六一人の黒人を絞首刑にした[7]――その数字はアラバマ州の三倍、ミシシッピ州とジョージア州とルイジアナ州の二倍である。フロリダ州の憲法は黒人の選挙権を剥奪し、白人教師が黒人を教育するのを禁止した。

　ジム・クロウ法は、黒人が白人の隣に住むことも禁止した。そのため、ヤングは一九二三年に黒人居住者用に別の町を建設し、リベリアと命名した。黒人が自分たちで管理できる町だ。計画書の段階では、リベリアは四〇の四角いブロックからなる、並木道や大きな円形公園、ホテルを備えた町になる予定だった。ヤングは学校や教会のための土地を寄付した。通りには、アトランタ、ローリー、シャーロットなど、著名な黒人が住んでいた都市にちなんだ名称をつけた[8]。公園は、アフリカ系アメリカ人の詩人ポール・ローレンス・ダンバーにちなんで「ダンバー公園」と名づけた。

　しかし、ヤングが思い描いたリベリアは実現しなかった。一九二六年にハリケーンがハリウッドを襲い、資金が尽きてしまったのだ[9]。黒人居住者は混み合ったテントを主とする仮設住宅に住むことになった。その後すぐに、ヤングがつけた町中の通りの名称が不可解にも変更された。リベリアの三本の通りには、堅固な黒人コミュニティのある町を称える名称がついていた――「ルイヴィル」「メーコン」「サバンナ」だ。それらの名称が、黒人奴隷を維持するために戦った南部将軍にちなんだ名称に変更されたのだ。

ベンジャミン・イスラエルは、ネイサン・ベッドフォード・フォレストにちなんだ通りの名称が一番、我慢ならないと言った。委員会でもそのように明言した。委員会は彼の考えを支持することもあったが、ベンジャミンは彼らに見下されていると感じることもあった。「Forrest（フォレスト）」の綴りからひとつ「r」を取り、「Forest（森）Street」にするのはどうかと妥協案を示す者もあった。「背中を刺されて、ナイフを少しだけ抜いてもらうようなもんだ」と彼は応じた。

ネイサン・ベッドフォード・フォレストは奴隷商人で、ダウンタウン・メンフィスの「黒人販売所」で何千人もの黒人奴隷を売った。[10] 自分の商品は「コンゴからの直輸入」だとたびたび宣伝した。新聞は、四人の男に引っ張らせた奴隷を鞭打つフォレストを描いた。[11] 彼は「塩水に漬けた革紐」[12] で裸の女性を鞭打ったこともあった。南北戦争が始まると、フォレストは一兵卒として入隊したが、戦争が終わる頃には将軍になっていた。歴史家チャールズ・ロイスターはこう述べている。「フォレストは大きな戦闘では目立たぬ存在だったが、小さな戦闘では派手に振る舞った[13]」

フォレストのもっとも悪名高き勝利のひとつは、ピロー砦の戦いでおさめた勝利だ。フォレストは北軍駐屯地だったピロー砦を物資確保のために襲撃することを決定した。砦の北軍には、多数のアフリカ系アメリカ人兵士もいた。なかにはフォレストのかつての奴隷もいた。フォレスト率いる三〇〇〇人の兵士たちは、黒人部隊を選んでとりわけ残虐な襲撃を行い、彼らの降伏をはねつけた。「凄まじい虐殺だった」南軍のある軍曹はそう述べている。「戦闘の様子は言葉では言い尽くせない。気の毒にも欺かれた黒人たちは、わが軍の前にひざまずき、降参の印に両手をあげて慈悲を乞うたが、彼らは立つように命じられ、撃ち殺された[14]」ある黒人兵士は、自分を追いかけ回す南軍兵士に命乞いをした。「お前は自分の主人に歯向かったのだ」南軍兵士はそう言って、相手を射殺した。南部連合の新聞はこう報じた。「白人は寛大な処置を受けた一方、黒人に情けはかけられなかった[15]」フォレスト自身も、川が数百メートル先まで血で染まった、と書き残している。「この戦闘によって、黒人兵士が南部の人間に立ち向かう力がないことを、北軍の人間が思い知ることを願っている。われわれはまだ砦を守っている[16]」最終的に、北軍の白人部隊の六九パーセントは生き残ったものの、黒人兵士で生き残ったのはたったの三五パーセントだった。生き残った黒人兵士たちは捕らえられ、奴隷にされた[17]。

意外なことではないが、戦争に負けても、黒人に対するフォレストの考えは変わらなかった。彼はすぐにＫＫＫの最初の最高幹部となり、一八七一年には連邦議会でＫＫＫを擁護して次のように発言した。黒人は「無作法[18]」であり、婦人たちが「強姦される」、ＫＫＫは「弱者を守る[19]」ために結成されたのだ、と。著述家マイケル・ニュートンによると、公聴会から出てきたフォレストは、記者にウインクしてこう言ったという。「紳士らしく嘘をついてきたよ[20]」南北戦争後の黒人たちの希望は、新しい学校や自己改善グループ、市民組織に力強く現れていたが、それらは速攻で潰された。[21]

ここに述べた歴史は公然たる事実である。その事実のどれひとつとして、もはや異論を唱えられることさえない。だからこそ、「フォレスト・ストリート」は特に我慢ならないのだとベンジャミンは言った。わたしも同意せざるを得ない。わたしには、現代アメリカ人が彼を称えたいと思う理由が理解できなかった。

そこで思い出したのが、著述家シェルビー・フットのことだ。

わたしが初めてネイサン・ベッドフォード・フォレストを知ったのは、ケン・バーンズ監督による一九九〇年のドキュメンタリー『南北戦争』を観たときのことだった。その九部構成のドキュメンタリーを毎晩観ることが、五年生のときの宿題だったのだ。古い写真や役者が読み上げる手紙、歴史家による解説を通して南北戦争を描いた作品だ。バイオリンの旋律が耳に残る『アショカン・フェアウェル』という曲が、もっとも心を打つシーンで流れた（曲自体は、ブロンクス出身のユダヤ人ジェイ・アンガーがサマーキャンプのお別れソングとして作曲したものだ[22]）。『南北戦争』は大ヒットし、四〇〇〇万人以上が視聴したという――ＰＢＳ（公共放送サービス）史上、最大の視聴者数だった。

番組の語り手となる専門家たちがインタビューを受けていたが、ひときわ異彩を放っていたのがシェルビー・フットだった。歴史家になる前、もともと小説家だった彼は、二〇年を費やして三部作『南北戦争』を手書きで仕上げた。彼は、わたしの祖母が言うところの「変わり者」だった。ウイスキーを飲み、「最近は吸い取り紙が売られていない」とこぼしながら、つけペンで執筆するタイプの男だったのだ。[23] ドキュメンタリーでは、彼はしばしば視線を遠くにさまよわせ、頭のなかで光景を描いているかのように沈黙したのち、戦場シーンを描いた。その語り口を、二〇〇五年に亡くなった彼の死亡記事はこう表現した。「ウイスキーの後味のようなまろやかで甘いミシシッピのアクセント」(彼のアクセントは、よく飲食物と比較される。「ひき割りトウモロコシにかけた糖蜜のように甘い」と描写するコメンテーターもいれば、「テュペロ・ハニーのように濃厚」と評するコメンテーターもいた)。そのドキュメンタリーで、フットは八九回も登場した。

フットは自室の壁にフォレストの肖像画を飾っていた。ドキュメンタリーで、彼は熱心に語った。「フォレストは歴史に登場した人物のなかでも、もっとも魅力的な男のひとりだ。彼は戦闘中に三〇頭もの馬から振り落とされたが、接近戦で三一人の敵を殺した」[24] フットの口ぶりを聞いていると、フォレストが好感の持てる人物に思えてくるほどだ。フットによると、フォレストは父を亡くし、一六歳で六人の兄弟姉妹を養わなければならなかったという。「彼は奴隷商人になった。それが家族全員を養うための金を稼ぐ手段であり、経済力をつける手段だったからだ」[25] カメラはしばしばフォレストの写真を静かに映し続けた。豊かな髪に冷たい目をしたハンサムな男だった。

フォレストをもてはやした人間はフットが初めてではない。戦後、人々はKKKの幹部となったフォレストを南部の偉大なヒーローだと考えはじめ、なんら恥じることなく尊敬した。六メートルを超えるフォレスト像がメンフィスに設置され、彼の名がついたフォレスト公園にその遺骸が移葬された。全国で、南部軍人の記念碑が「失われた大義」の一環として何千も建てられた。失われた大義は「南北戦争は奴隷制以外のすべてをかけた戦いだった」という思想である（南部連合憲法は奴隷制を守り、南部連合の副大統領は「近年の決裂と現在の変革の直接的原因は奴隷制だ[26]」と発言したが、そうした事実は気にしなくていいらしい）。歴史家ジェイムズ・ローエンによると、フォレストの記念碑はテネシー州で誰のものよりも多いという——テネシー選出のアンドリュー・ジャクソン大統領の記念碑の数も上回っている。

通りの名称もある意味では記念碑だ。南部では、南部連合のリーダーたちの名にちなんだ通りが一〇〇〇本以上ある。しかし、それは南部に限ったことではない[27]。ブルックリンにある陸軍基地の通りは、ストーンウォール・ジャクソン将軍やロバート・リー将軍の名がつけられている。北軍側のオハイオ州にも、南部連合側の将軍の名がついた通りが三本ある。同じく北軍側のペンシルヴェニア州には二本ある。アラスカ原住民が九五パーセントを占めるベーリング海沿いのある区域は、つい最近まで、南部でも有数の奴隷所有者だったウェイド・ハンプトンの名がつけられていた[28]。ハンプトンは南部騎兵隊を指揮し、のちにサウスカロライナ州知事を務めた人物である。そう考えてみると、これは単に敗戦者たちが自分たちの英雄を称えているという話ではない。南部連合はアメリカという国を滅ぼすために戦ったというのに、アメリカ自体がその南部連合を称えたがっているように思われる。どういうことだろうか？

一九一三年七月、南部の降伏からおよそ五〇年後、五万人以上の退役軍人が四八州からペンシルヴェニア州ゲティスバーグに集まり、再会を果たした。北軍が勝利をおさめたゲティスバーグの戦いは、南北戦争のターニングポイントとなった。その戦闘で、四万人以上が戦死した。数日にわたる懇親会に集まった元軍人たちを収容するために、広大な施設が建てられ、二一七〇人の料理人が六八万八〇〇〇食分の食事を提供した。[29] 消費した小麦粉は数万キロにのぼった。五〇〇〇個の電灯が約八〇キロメートルにおよぶ元戦場に並べられた。

歴史家デイヴィッド・ブライトがゲティスバーグでの懇親会について言葉巧みに述べている。血だらけの惨劇を起こした南北両サイドの元軍人たちは、和解の空気に浸っていた。彼らは、戦場で自分たちを撃った敵兵を探した。ある北軍元兵士と南軍元兵士は、金具店に行って手斧を購入した。文字どおり、それ（過去）を戦場に葬ったのだ。懇親会は争いとはほど遠い雰囲気で、「アメリカ合衆国を強化した南北戦争」を演出していた。

繰り返すが、これはディープサウス［南部の保守的な地域］側の視点だけで語られた話ではない。[30] ブライトによると、当時の『ワシントン・ポスト』紙は次のように論じた。奴隷制度を「道徳的原則」の観点で考えると、「その責任はそれを導入した北部が負うべきである」また、『サンフランシスコ・エグザミナー』紙もこう主張した。「南北戦争が起こるべくして起こった戦争であること、あの戦いは必要で、意義があって、あらゆる人種を統一したという面において立派な犠牲であったことを、われわれは承知している」さらに『ニューヨーク・タイムズ』紙は、南部連合の軍人の夫を亡くしたヘレン・ロングストリートを雇い、懇親会で元敵対者同士が交わした甘美な会話を報告させた。

この大いなる和解の物語は、南北戦争で危険な戦いを強いられたであろう兵士たちを無視している――元奴隷たちのことをだ。そのずっと前に、黒人たちは再会のためにゲティスバーグに集まったことがある。しかし、彼らは歓迎されず、新聞はその集まりを厳しく批判した（新聞は黒人旅行者を非難し、彼らの祝典を「単なる道楽でしかない」と酷評、「ゲティスバーグが恒例の乱痴気騒ぎの現場に」と見出しをつけた）[31]。一九一三年の懇親会に黒人の元兵士がひとりでも参加したという記録はない。ブライトも指摘しているが、ウィルソン大統領はゲティスバーグ懇親会で演説したわずか一週間後に、財務省に勤務する人たちのトイレを黒人用と白人用に分けるよう命じた。

南部と北部はそれまでずっと南北戦争の思い出について同調してきたわけではない。南北戦争後の再建期《リコンストラクション》、北部の人たちの多くは、予想どおりの敵意を見せてくるかつての反逆者たちを軽蔑し、アフリカ系アメリカ人の将来に関してはわりと楽観的だった。しかし、歴史家ニーナ・シルバーは次のように述べている。「北部の白人が再統合による人種的圧力に降参すると、彼らの楽観的な態度も激変した」[32]北部の人たちは「アメリカの奴隷制の歴史に目をつぶりはじめ、南部の黒人を奇妙で異質な人種として見なすようになり」、その一方で、南部人の男らしさという考えに態度を和らげはじめた。そのような態度の変化に伴い、北部の人々は次第にジム・クロウ法を自分たちの法としても受け入れはじめたのである。

「われわれはかつての奴隷たちを苦しめながら、そして人種間の平等を犠牲にしながら、国を和解させ、南北戦争に続く数十年を調和に導いた[33]」ブライトは自著に関するインタビューを受けて雄弁に語った。南部で生まれたジム・クロウ法は、結果的に北部を共犯として巻き込み、「南北戦争に続いて、アメリカ人が自分たちを再統一するための一手段」として使われたのである。

南北両サイドの人たちは、南北戦争の物語から黒人の苦しみを省いたのではなく、その苦しみを土台にしたというわけだ。

ベンジャミンがハリウッドの市議会で訴えたフォレストや通りの名称に関する意見は決して変わらなかったが、彼は戦法を変えた。南北戦争について言及し、ゲティスバーグの演説を読み上げた。そして、リーやフォレストやフッドが政府を破滅させようとしたこと、すなわち委員会が忠誠を誓ったまさしくその政府を彼らが潰そうとしたことを論じたのだ。ベンジャミンは、黒人地域の通りを南部連合の軍人名に改称しようという「残酷なジョーク」に激怒したこともあった。

そんな彼の怒りをよそに、多くの人は、なぜ今頃になって通りの名称変更を言い出すのだろうと困惑しているようだった。「リー・ストリート・アパートメント」を所有するある住人は、その建物の標識の前に立ち、記者にこう応じた。「二〇〇〇年も昔のことですよね？　何が問題なのですか？[34]」

一九二〇年代、フランスの哲学者で社会学者でもあったモーリス・アルブヴァクスは、歴史は死んだと論じはじめた。「長く連なる個々の出来事を説明する正確な名前や日時、ときおり挿入される逸話や引用句は、そのへんの墓碑銘と同じくらい短くありきたりで、意味を持たない。歴史は混み合う墓地のようだ。新しい墓石のために、常に場所を空けるしかない墓地に似ている」[35]

しかし、記憶は生きている。それだけではない、記憶は社会的なものだ。記憶というものは「自分だけがアクセスできる頭の片隅」に存在しているわけではない。アルブヴァクスはこう論じた。「わたしの国の社会は、数多くの出来事がくり広げられる劇場だった——それらの出来事をわたしは〝覚えている〟と言えるが、それらは新聞を通してしか知らない、当事者による証言を通してしか知らない出来事の数々だ。それらの出来事は国家の記憶という場所に陣取っているが、わたし自身が自分の目で目撃した出来事ではない」こうした考えから、彼は「集合的記憶」という持論を生み出した。それは集団のアイデンティティを形成する記憶を共有して蓄える貯蔵庫のようなものだ。

ピエール・ノラは集合的記憶について論じた歴史学者で、一九世紀以前は過去を思い出すために物理的なものは必要なかったと主張している。[36] 記憶はその土地の文化や習慣に染み込んでいたからだ。しかし、二〇世紀の大きな変化は歴史の流れを速めたように思われる。記憶がどんどん日常から切り離されていくようになり、人はそれを頭のなかだけではなく特定のものや場所に残したいという衝動に駆られはじめた——つまり、記念碑や通りの名称などとして遺したいと感じるようになったのだ。人は、人生が予測どおりに進んでほしいと願うものだ。そして、人生が予測可能である

ために は「すべてがあるべき姿である」と安心させてくれるような、過去と現在の「物語的なリンク[37]」が必要である。人は記憶を保存し、銅像にして公園に置いたり、道路標識に刻んだりして、未来の社会を過去と変わらぬものにしようと強引に試みるのだ。

要するに過去を記憶することは、現在について願う一種の方法にすぎない。問題は人々が必ずしも同じ記憶を持っていないことだ。それに、すべての人が平等にその集団的記憶を身の回りの景色に刻む機会を持たないことも問題である。小説家のミラン・クンデラはこう述べた。「人が未来を征服したがる唯一の理由は、過去を変えたいからである。彼らは研究所へのアクセスを求めて争っている――そこでは写真が修正され、伝記や歴史が改竄されているからだ[38]」

南北戦争の記念碑の増加は二度ピークを迎えた[39]。一度目は二〇世紀初期で、ジム・クロウ法が制定されたときだ。二度目は一九五〇年代から一九六〇年代で、同法が疑問視されたときである。歴史家のジェイムズ・グロスマンはこう述べた。「これらの銅像は、白人優越主義を正式な形として示すためのものだ。一九四八年のバルチモアに、いったいなぜロバート・E・リーやストーンウォール・ジャクソンの銅像を建てる必要があるのか？[40]」ハリウッドの通りの名称も、KKKによる支配がピークを迎えたときに変更されたようである。

しかし、記憶は変わることがある。既にひび割れていた「大いなる和解神話」が崩れはじめたのだ。二〇一五年、ディラン・ルーフという男がチャールストンの教会でアフリカ系アメリカ人の教区民九人を殺害した。人種間戦争を勃発させるのが狙いだった（その教会は、南部連合支持者にと

って の偉大な英雄ジョン・カルフーンにちなんだ「カルフーン・ストリート」にあった。カルフーンは奴隷制度を「よいもの」だと信じていた）[41]。さらに、警察によるアフリカ系アメリカ人連続殺害もきっかけとなり、「Black Lives Matter（黒人の命は大切だ）」運動に拍車がかかった。ドナルド・トランプの選出もその運動を活気づけた。

南部連合軍の英雄を称える記念碑が「失われた大義」の愚かさを示す物質的な証となり、根深く浸透している人種差別をますます意識させることになった。ニューオーリンズ市長を務めたミッチ・ランドリューは、同市にある南部連合の記念物を一掃し、それらが「実際に象徴していた死や奴隷や恐怖を無視し、架空の、改竄された南部連合国を意図的に記念していた」と説明した。ほかに数十の都市が自分たちも南部連合の記念物を撤収すると発表した[42]。自身の故郷メンフィスに建てられたフォレストの銅像も二〇一七年に撤去された。それ以来、彼の名がついた公園は、その管理組織の名称から「ヘルス・サイエンシズ・パーク」と呼ばれるようになった。

ハリウッドでも、市議会がベンジャミンの訴えに耳を貸しはじめた。通りの名称に関するある研修会で、名称変更にかかる費用は誰が負担するのかという疑問があがった。名目上の変更費用はそれぞれ二〇〇〇ドルになる。すると、ハリウッド育ちで小さなホテルを経営するローリー・シェクターが名乗りをあげ、変更費用を負担すると申し出た（活動家リンダ・アンダーソンとともに名称変更を求めたシェクターは、結局、新しい標識の設置費など、名称変更に伴う費用二万ドル以上を市に支払うことになった）。

市議会が名称変更について議論していたとき、外には何百人もの支持者が集まった。その一方で、名称変更に抗議するデモ参加者たちも、群衆に向かって南部連合の旗を振りながら、「トランプ！トランプ！」と大声で連呼した。フロリダ州の下院議員シェブリン・ジョーンズは差別用語で罵られ、「生まれ故郷に帰れ」と言われた。[43] また、ある白人至上主義者が旗ざおで群衆を攻撃して逮捕された。「お前らは地球に巣くう癌だ！」[44] その男は叫んだ。「ユダヤ人はみんなそうだ！」

しかし、南部連合にまつわる通りの名称の擁護者は、あからさまな人種差別的発言はあまりしない。南北戦争の記憶の遺産はもっと複雑なのだ。通りの名称に関する公聴会が何度も行われ、名称変更の賛成派と反対派の発言が何時間にもおよんだ。それらの名称は人種差別的だと訴える者が多かったが、歴史的教訓を目に見える形で記した中立的な事実でしかないと考える者もいた（『フォレスト・ガンプ』の母親は明らかに後者のタイプだった。フォレスト・ガンプは「人は誰でも理屈に合わないことをしてしまうものだ」という教訓を忘れないように、ネイサン・ベッドフォード・フォレストにちなんだ名をつけられた）。名称変更は、その通りの住民投票の結果に委ねるべきだと考える者もいた。名称変更に伴って請求書や身分証明書の住所を変更するのが面倒だと不満を述べる者もいた——公聴会で意見を述べるために列に並んで待つ時間のほうが、住所変更手続きに要する時間よりも長いことは関係ないらしい。

擁護者は、彼らがロマンティックだと信じている歴史的遺産に執着する手段として、南北戦争の歴史を標識に残そうとする——その歴史的遺産は彼らの集合的記憶の一部であり、彼らは奴隷制の醜悪さを否定しながら、その遺産を賛美できると感じているのだ。彼らの論争を聞いていると、わたしはシェルビー・フットのインタビューを思い出した。それはメンフィスにある彼の心地よさそうな書斎で行われたもので、インタビュワーはフットの「すてきな話し方」に関する視聴者の質問を読み上げてインタビューを締めくくった。

「人はよく南部訛りを話題にしますよね[45]」フットはくすくす笑いながらインタビュワーに応えた。「わたしたちには幼少期、いわゆる有色人種の乳母が身近にいました。この話し方は黒人たちから受け継いだんですよ。そう、すべて彼らから受け継いだ……成人する頃には気づいていましたね、自分が口にしてきたご馳走、身にまとった服、受けてきた教育、すべては黒人による労働から得たものだと」フットの乳母ネリー・ロイドは、彼にとって母よりも、親戚全員を合わせたよりも重要な存在だった。「どんな経験も黒人が関わってくる……それがデルタ(フットが育った地)なのです。わたしは黒人社会のなかで育てられました。彼らがその社会を管理していたわけではありませんが、彼らはその中心にいたのです」

わたしはフットのその発言が、ネイサン・ベッドフォード・フォレストを崇拝する男の本音だと思った。彼はどうやら、自分の必要を満たすために骨身を削って働いた黒人たちを称えながら、彼らの先祖を奴隷化して殺すために戦った男を称えることになんら矛盾はないと考えていたのだ。彼がこのふたつの思いを頭のなかで調和させられると考えたのは、南北戦争の記憶に関する論争を象徴しているように思う。ハリウッドの通りの名称を擁護した住民たちの発言を象徴しているのだ。

ある女性はハリウッドの公聴会でこう発言した。「わたしたちは子どもたちに歴史を語り継がなければいけません。許すこと、愛すること、思いやりを持つこと、同情を示すことを、子どもたちに教えるべきです。リー将軍たちの通りの名称を撤廃したところで、物事は変わりません。その人物がいなくなるわけではないのです[46]」

彼女の言うとおりだ。名称を変更したところで、その人物がいなかったことになるわけではない。しかし、名称変更は記憶を修正するための兆しになるかもしれない。二〇一八年、新しい標識が設置された。「リバティ（解放）ストリート」「フリーダム（自由）ストリート」「ホープ（希望）ストリート」だ。

南部連合にまつわる通りの名称を調べていたとき、わたしは故郷ノースカロライナにあるイースト・チャペルヒル高校の一七歳の女子学生に関する記事を見つけた[47]。彼女は友人と南部連合の戦旗を振っている自分の写真をインスタグラムに投稿した。写真には「南部は再び立ちあがる」という短いコメントがついていた。彼女たちは歴史コースの校外学習で南北戦争の戦場だった場所を訪れ、「ピケットの突撃」のシーンを再現したのだ。「ピケットの突撃」は北軍に対する南軍の失敗に終わった襲撃で、南北戦争が終わるきっかけとなった。その写真が投稿されると、「初めての奴隷を既に買った」というコメントがついた。彼女と同じ年頃の学生やその両親から批判が集まり、それを受けた彼女は「失われた大義」の演説を思わせる謝罪の言葉を投稿した。「わたしは故郷の一員であることを誇りに思っているし、わたしの写真が不快な思いをさせたことを申し訳なく思いますが、自分の家や家族を守るために戦った英雄を称えるという意味では、写真に問題はなかったと考えます」

わたしも南北戦争を学ぶ校外学習のことを覚えている。わたし自身も、チャペルヒルの高校に通っていたときに、そのかつての戦場を訪れたのだ。もう二〇年以上前のことだが、わたしもゲティスバーグのピケットの突撃を再現した。校外学習は三日におよび、わたしたちは深い穴の開いた道や道路を歩いて回った。同級生が南部連合の旗を振っていたのを覚えている。戦場に向かってガタガタ揺れるバスのなかで、その学生は旗を窓に貼りつけたりもしていた。教師は気づいていなかったと思うけれど、わたしは何も言わなかった。覚えている限り、わたしは参加者のなかで唯一のアフリカ系アメリカ人だった。

その校外学習のことを思い出したのは、ハリウッドの委員会の役員席に座るケヴィン・ビーダーマンと話したときのことだ。通りの名称変更に関する投票が行われる少し前で、彼は名称変更への支持を喚起するために、「リー・ストリート」「フッド・ストリート」「フォレスト・ストリート」を行進するつもりだと話した。そこへ白人家族が彼に話しかけてきて、名称変更には賛成しない、自分たちの近所に住む黒人男性も変更を望んでいないと言った。その家族に呼ばれた黒人男性は、自分が仕事をふたつかけもちしていて、通りの名称変更に伴う身分証明書などの住所変更手続きをする時間がないとビーダーマンに話した。

しかし、一同が話を終えてその場で解散すると、その黒人男性がビーダーマンを追いかけてきて、熱心に握手を求めながら言った。「あなたの運動に感謝しています」彼はただ、近所の人たちとトラブルを起こしたくなかったのだ。

わたしも、あの校外学習で同級生たちとトラブルを起こしたくなかったのだと思う。周囲とトラブルを起こさないこと――あの頃は、それが一番大切なことに思えたからだ。

第一一章　セントルイス

マーティン・ルーサー・キング・ジュニア通りがアメリカの人種問題について語ること

一九五七年四月、マーティン・ルーサー・キング・ジュニア（以下、キング牧師）は演説のためにセントルイスを訪れた。その年の彼は多忙だった。アラバマ州モンゴメリーでのバス・ボイコットは大成功をおさめた。連邦最高裁判所が、バス車内での人種隔離政策は違憲であると宣言したのだ。三月、キング牧師は妻を伴ってはるばるガーナを訪れ、同国がついに獲得したイギリスからの独立を祝った。当時まだ二八歳だったキング牧師は、不本意ながら公民権運動の顔となった。

セントルイス大学のキール・センターには、八〇〇〇人がキング牧師の演説を聞きに集まった。「セントルイスを訪れることができてうれしく思います」キング牧師は同市の人種問題における進歩を祝して演説を始めた。軽食堂での人種隔離が撤廃されたのだ。「ディープサウスの各都市も、セントルイスから学ぶことが多くあります」人種隔離の撤廃は「大きなトラブル」もなく、「平和的かつ円滑に」行われたという。

聴衆はキング牧師の一言一言に「イエス！」「いいぞ！」「同感だ！」と呼応した。

しかし、彼の演説は祝辞だけにはとどまらなかった。彼はこう訴えたのだ。このコミュニティには「自由と正義を約束された地の荒野の真っ只中に立つ人々」を主導する人間が必要だ、と。

「そうだ、そうだ！」聴衆は応えた。

「それが目下の挑戦である」キング牧師は言った。[1]

メルヴィン・ホワイトは幼少期、セントルイスのマーティン・ルーサー・キング（ＭＬＫ）・ドライブ沿いに住んでいた。一九四〇年代当時、フランクリン・アヴェニューとイーストン・アヴェニューに囲まれたその地域（ふたつの通りは一九七二年に統合され、ＭＬＫドライブとなった）では、労働者階級のドイツ人とイタリア人が大部分を占め、通り沿いには花や野菜の売店、肉や魚やディルを詰めた木箱が並んでいた。[2]しかし、メルヴィンが少年になる頃には、ＭＬＫはアフリカ系アメリカ人コミュニティの中心地となり、新しくできた百貨店チェーンのＪＣペニーに群がる黒人の買い物客や、広い並木道を走る路面電車にしがみつく通勤者たちで賑わうようになっていた。

だが、それも昔の話だ。ＪＣペニーはずいぶん前に閉店し、現在は倉庫として使われている。酒屋や小さな商店、ソウルフードレストランなど、一定の売上のある商売も多少は残っているが、数は少ない。かつてはトラックが荷物を積みおろす場所として活気のあった町角も、今では薬物や売春が幅をきかせている。こんにちでは、泥棒たちが崩れかけた建物を白昼堂々と破壊し、赤レンガを盗んでいく。

メルヴィンの人生が変わったのは、車でデルマー・ブルヴァードを走っていたときのことだ。デルマー・ブルヴァードはＭＬＫドライブから二キロあまり離れたところにある。メルヴィンが子どもだった頃のデルマー・ブルヴァードは、ＭＬＫドライブと大差なかった――白人が逃げていった、寂れた通りだったのだ。ところがその日、メルヴィンは初めて現在のデルマーの光景に気づいた。ギャングや売人や割れた窓は姿を消していた。デルマー・ブルヴァードは、混雑するレストランや活気ある音楽、アートシアター系の映画館で賑わっていたのだ。スニーカー専門店やメキシコ料理と韓国料理を融合させたブリトーレストランなど、デルマーのビジネスは、裕福な旅行者や流行の先端を行く人々の好みに合わせて栄えていた。アメリカ都市計画協会は、国内トップ一〇の通りにデルマーを挙げたこともある。

メルヴィンは細いフレームの眼鏡に金色の前歯が印象的な、細身のハンサムなアフリカ系アメリカ人だ。彼はデルマー・ブルヴァードを運転しながら、ＭＬＫドライブのことを考えた。デルマー・ブルヴァードが豊かになった一方で、ＭＬＫドライブがすたれたことに気づいたのだ。メルヴィンは夜勤の郵便局員で、同僚たちはＭＬＫドライブで郵便配達するのを怖がっていた。彼は昔クリス・ロックが飛ばしたジョークをよく覚えている。「マーティン・ルーサー・キングの名がつく通りに出たら、走って逃げろ！」しかし、メルヴィンはそれまで、そのジョークがＭＬＫの名前を受け継いだ通りにとって何を意味しているのか、あまり深く考えたことはなかった。あの偉大な人物の名にちなんだ通りは、デルマーのように栄えるべきだ、あんなジョークのネタになるべきではない。そんな思いがメルヴィンのなかでわき起こった。

郵便局の仕事は安定した生活を与えてくれた——メルヴィンが住む界隈では、政府の仕事は立派な社会的地位の基準となる。しかし、メルヴィンは早朝に郵便を仕分けしながら、仕事に殺されそうだと不安に駆られた。彼といとこのバリーは輝かしい未来をいつも語り合っていた。何かすばらしいことが待っている未来。それについて考えていると、眠れないこともあった。

そんな彼の目の前に、突然その光景が広がっていたのだ。「その光景に衝撃を受けました」わたしはメルヴィンのホンダ車に同乗してデルマーを走りながら、彼の話を聞いた。自社製のルートビールを出すレストランや、ヨガパンツをはいてベビーカーを押す女性たちの横を通過した。焼けつくような夏でも、デルマー界隈のほうがＭＬＫよりも気温は数度低いらしい。緑豊かな街路樹が通りに並んでいるからだ。

「なぜＭＬＫはデルマーのようになれないのだろう？」メルヴィンは自問した。自分がＭＬＫに変化を起こす人間になってはどうだろうか？

通りの名称に南部連合にまつわるものがもっとも多い場所と、キング牧師を称えるものがもっとも多い場所が、両方南部にあるのは偶然ではない。国内の黒人の大半が住む南部に、両方の名称が集まっているのだ。キング牧師が亡くなった一九六八年、黒人コミュニティは彼らの通りをキング牧師の名前に変更しようと騒ぎ立てた（オランダの都市ハールレムでは、たった一週間で通りに彼の名がつけられた。西ドイツの都市マインツでも、三週間で彼の名が通りに採用された。しかし、キング牧師の生誕地であるアトランタでは、MLK通りができるまでに八年かかった）。[3]米国内では、九〇〇本近くの通りにキング牧師の名がついている。国外ではセネガルやイスラエル、ザンビア、南アフリカ共和国、フランス、オーストラリアにもMLK通りがある。

アメリカでは、キング牧師の名が通りの名称として提案されると人種間戦争に火がつくこともある。一九九三年、ジョージア州アメリカスの白人の消防職員が、通りの半分にジェイムズ・アール・レイ（キング牧師の暗殺者）の名前をつけるのなら、残り半分の通りにキング牧師の名前をつけてもいいだろうと発言した。またフロリダ州マイアミ・デイド郡では、MLK通りの標識が「ロバート・リー将軍」[4]に塗り替えられた。二〇〇二年、ミネソタ州マンケートーでは、設置されたばかりのMLK通りの標識を車で引き倒しながら人種差別用語を叫ぶ者がいた。[5]二〇〇五年、インディアナ州マンシーでは、郡の職員がMLK通りの名称の提案者は「ニガーのように振る舞っている」[6]と発言したという。司法省は調停者を派遣するしかなく、地元市民との調停に三カ月もかかった。

今では進歩的だと見なされる都市でも争いは起こる。オースティンにMLK通りが誕生したのは一九七五年だが、それは歴史的に黒人の多いヒューストン＝ティロットソン大学の名誉会長J・J・シーブルックが亡くなってからのことだ。[7]彼は、通りの名称変更を熱心に訴えていたときに心臓発作で亡くなった。白人の市議会議員エマ・ルー・リンが救命を試み、壇上で心肺蘇生処置を行った。[8]そのときの写真が広く公開されると、彼女への殺害脅迫が続いた。MLK通りが命名されたのはその後のことである。また、一九九〇年、オレゴン州ポートランドでは、キング牧師にちなんだ改称案に反対する嘆願書に五〇〇〇人以上が署名した。[9]改称式典の会場の外では数十人が集まり、野次を飛ばした。判事は通りの名称に関する予定されていた投票が違法であると宣言した。

人種隔離はアフリカ系アメリカ人が独自の地域に住むことを意味したため、MLK通りはすぐに黒人コミュニティと結びつけて考えられるようになった。ジャーナリストのジョナサン・ティローヴは、国内に九〇〇本あるとされるMLK通りの多くを撮影し、『マーティン・ルーサー・キングをたどって：ブラックアメリカの目抜き通り（*Along Martin Luther King: Black America's Main Street*）』[10]というタイトルで発行した。ノースカロライナ州ローリーの繁華街にあるMLKブルヴァードで床屋を営むラモント・グリフィスは、記者にこう話した。「初めて訪れる場所でアフリカ系アメリカ人のコミュニティを見つけたいなら、〝MLK通りはどこですか？〟と訊くだけでいい」[11]

メルヴィンは非営利組織「Beloved Streets of America（アメリカの愛すべきストリート）」を立ちあげた。本部が所在するMLKドライブは、ダウンタウン・セントルイスのミシシッピ川から町の西端まで一〇キロメートル以上におよぶ。わたしが訪ねると、メルヴィンのいとこバリーと広報担当者で幼馴染のアンドレが迎えてくれた。頑丈な鉄格子を抜けてなかに入ると、黒人歴史月間中の学校の教室のようなオフィスがあり、さまざまな姿のキング牧師の白黒写真があちこちに貼られていた――思索にふけるキング牧師。行進するキング牧師。演説するキング牧師。彼の引用句も部屋にぐるりと貼られていた。「人生でもっとも不変かつ切実な問題は〝ほかの人たちのために何をしているか？〟である」

壁にはバナーが貼られていた。メルヴィンが思い描くＭＬＫドライブの理想の姿《ヴィジョン》を叶えるための基本計画だ。「ＭＬＫはそれぞれ〝物質（Materials）〟〝労働（Labor）〟〝知識（Knowledge）〟を表しています」彼はそう言って、その基本計画の映像を指さした――新しい建物、スポーツ施設、歩道橋、公共芸術。デルマー・ブルヴァードでＭＬＫドライブのヴィジョンが浮かんだあと（メルヴィンは「夢」ではなく「ヴィジョン」だと言った。実際にそれをはっきり見ることができたのだ）、彼はすぐにＭＬＫ基本計画のたたき台を作った。名刺を交換し合う人脈作りのイベントにも初めて顔を出した。ＭＬＫドライブの賃貸物件を市から安く借りる方法も考え出した。

メルヴィンとバリーは国中のＭＬＫ通りを訪れた――デトロイトでは友人の家に泊まり、インディアナ州ゲーリーを横断してシカゴにも向かった。休暇や結婚式でどこかに出かけるときも、必ずその土地にあるＭＬＫ通りを小型カメラで撮影し、シンプルなウェブサイトにピンボケ写真を投稿した。

やがてメルヴィンはメディアに取りあげられるようになり、コミュニティのテレビ番組で地道にメッセージを伝えた。セントルイスの公共ラジオにも独力で出演するようになった。彼は間もなく、援助を求められるのを待っている人たちがいることを知った。彼が町で配った携帯番号に、教授や聖職者、銀行家、大学生たちが連絡してくれたのだ。非営利組織を合法化するための書類が山積みになり、手続きに困ったときは、セントルイスで一番の高層ビルに入っている法律事務所に連絡し、無料で書類処理を引き受けてもらった。組織の名前は最初「ユナイテッド・ヴィジョン」に決まったが、眼鏡（ヴィジョンには「視力」という意味もある）の問い合わせが続いたため、変更することにした。キングが描いたヴィジョン「beloved community（愛すべきコミュニティ）」にちなんで、「Beloved Streets of America」に決定した。キング牧師が描いたそのコミュニティでは、神の創造物が皆、愛と平和のもとに共存できるのだ。

メルヴィンは、オフィスの向かい側にある寂れた土地に「レガシー公園」の建設を計画した。協力者を求めて売り込みの電話をかけ続け、八〇歳になる建築士がようやく手を貸してくれることになった。しかし、その建築士が亡くなり、メルヴィンはまた売り込みの電話をかけた。今回、最初に話を聞いてくれた相手がデレク・ラウアーだった。ラウアーは数百万ドルの契約になるような複雑な企画を手がけてきた人物だが、メルヴィンのために無料で仕事を引き受けてくれた。

メルヴィンの組織は「レガシー公園」の予定地で八カ月間コミュニティ・デイを開催し、衣服やパンケーキの朝食を配ったり、クリスマスには玩具をプレゼントしたりした。ジープのウィンドウからはソウルミュージックが大音量で流れた。ワシントン大学の食堂は食材を寄付し、ボランティアの人たちは通りを走る車に手書きのサインを振った。メルヴィンはオフィスの裏地に関して壮大な計画を立てている。オフィスは壁紙のペンキがぼろぼろ剝がれているような、屋根裏を思わせる大きな建物で、わたしが訪ねた日のちょうど一週間前、麻薬中毒の男がなかで倒れていたそうだ。メルヴィンは仲間たちとセメントの床を箒で掃除し、数年分の瓦礫を撤去し、溜まっていたゴミや注射針やコンドームを一掃した。

その場所で、メルヴィンは巨大な室内水耕有機栽培の菜園を計画している。「レタスやベビーコーン、カボチャ、ニンジン、トマトを栽培する予定です」バリーは言った。「なんでも必要な野菜をね……バナナも栽培できるのかな？」

その計画を「想像もつかない」と形容するのは簡単だが、メルヴィンは説得力のある男だ。ラウアーは半日でプロジェクトの補助金を申請する書類を作成し、農耕具設置の必要経費二万五〇〇〇ドルを獲得した。ワシントン大学は、そこで収穫できるレタスをすべて買うと申し出た。その売上金は法外な光熱費の支払いに回せるだろう。

メルヴィンは二階も案内してくれた。二階の各部屋は改装してスタッフの住居になる予定だ。不動産業者風に言うと、建物の「骨組みは頑丈」で、くぼみに収納できるドアやアーチ型の出入り口もあり、天井は高い。無断居住者たちも出ていったところらしい。窓は全部とっくの昔に割られていたので、室内には太陽の光がさんさんと降り注いでいた。部屋には、おかしな具合にたるんだマットレス、カールのかかったロングのヘアエクステンション、子ども用の紫色のバックパックといったガラクタが散らばっていた。

ＭＬＫドライブは荒廃しているが、黒人コミュニティにとっては重要な通りだ——ずいぶん昔に郊外へ越していった人々にとってもである。わたしがセントルイスを発った数日後、ミズーリ州ファーガソンでマイケル・ブラウンという男性が白人の警察官に撃ち殺された。メルヴィンが育った場所からそれほど離れていない場所だ。その事件をきっかけに国中で抗議運動が起こり、人々の怒りが「Black Lives Matter（黒人の命も大切）」運動に拍車をかけた。マイケル・ブラウンの葬儀はＭＬＫドライブにある黒人信徒の多い巨大教会で行われ、葬列がメルヴィンのオフィスの前を通った。

セントルイスがたどった道は、メルヴィンがたどった道でもある。彼の母は大移動時代にテネシーからセントルイスにやってきた。何百万ものアフリカ系アメリカ人が南部から移動した時代だ。彼女もまた郵便局で仕事に就いた。ほかの多くの黒人移住者と同じく、彼女も市内に居を構えた。間もなく、一家はセントルイス都心近郊に引っ越した。一九七〇年代のことで、周囲の住人のほとんどは白人だった。しかし、白人たちがどんどん都心から離れていき、黒人たちも資金が許す限りあとに続いた。たった数年で、郊外地域は都心と同じように人種隔離されていた。白人が次々に引っ越していく様子を語りながら、メルヴィンは首を振った。「最初の頃はニガーと呼ばれていたけれど、気づけば周りは黒人ばかりになっていました」

メルヴィン一家の物語は、セントルイスのより壮大な物語の一端でもある。それは『衰退の地図を作る（*Mapping Decline*）』の著者コリン・ゴードンが言うところの「悲惨なことで有名な」[12]物語だ。一九四五年、五人の子持ちのＪ・Ｄ・シェリーという黒人男性がミシシッピからセントルイスに越してきて、現在のＭＬＫドライブにあたる通りの小さなレンガ造りのテラスハウスを買った。すると、町内会が訴訟を起こした。テラスハウスの契約条項では「完全な白人人種ではない者、黒人やモンゴル人種」[13]に家を売ることが禁じられていたのだ。最高裁判所は一九四八年にその条項を違憲としたが、どちらにせよ白人は逃げていき、通りはますます隔離されていくばかりだった。

セントルイスは現在でもアメリカ有数のもっとも隔離政策がなされた都市だが、ゴードンいわく、それは人種規制の産物であり、同市の黒人コミュニティを隔離除外しようとして失敗した市の方針の結果だった。新聞はアフリカ系アメリカ人用の不動産情報を別の枠内に記載した――「有色人種用」[14]の枠だ。その「有色人種」用の枠は縮小され、複数世代の大家族を単一家族用の家に押し込めた。一九四八年の不動産マニュアルには、地域を荒廃させそうな住宅購入者に注意すべしとあり、酒類密輸者、売春婦、そして「子どもに大学教育を受けさせ、白人のあいだで暮らす権利があると考える裕福な黒人」を一括りにして注意喚起した。

病院は地域の経済的原動力だったが、それも閉鎖された。政府の方針により、アフリカ系アメリカ人は低金利ローンの対象から除外され、住宅ハシゴ（安価な住宅から高級な住宅へと上昇していくこと）からも外されている。黒人居住区は「都市再生」政策の一環として解体された。市議会議員のサム・ムーアはＭＬＫドライブの大部分の行政を担当している。彼は幼少期の一九六〇年代に、一七人の兄弟姉妹と三部屋のアパートメントに引っ越してきた。それまで住んでいたミルクリーク・タウンの広々とした家が地域荒廃の原因と見なされたからだ。

セントルイス郊外のラドゥーの住民は八七パーセントが白人で、平均世帯収入は二〇万三二五〇ドルだ。[15] そこから約一一キロメートル離れたMLKドライブ界隈の住民は九四パーセントが黒人で、平均世帯収入は二万七六〇八ドルだ。MLK通りに詳しい地理学者のデレク・オルダマン教授は言った。「皮肉な話です。わたしたちの時代のもっとも有名な公民権運動指導者のひとりであるキング牧師の名前を通りにつけたというのに、それらの通りは、公民権運動を続ける必要性を物語っているのですからね」

わたしはメルヴィンの活動を何年も追い、たまに電話で近況を聞いている。計画はなかなか進展せず、公園の建設も暗礁に乗り上げていた。オフィスのトイレが故障するなど、いらぬ用事に手間取ることもある。彼は貯金の数千ドルを組織に投資したが、今も資金繰りに奔走している。郵便の仕分けで手を酷使した結果、身体障害者保険を受けることになった。ある年のクリスマス週間には、オフィスの建物に泥棒が入ったそうだ。

しかし、メルヴィンは長期的な視野を持ち、活動を開始して一〇年経った今もなおあきらめていない。誠実な彼には仲間が集まってくる。彼のことが話題にのぼると、人はよくこう言う。「メルヴィンはいいやつだ」それに彼は上層階級からも声がかかる。ハーバード大学デザイン大学院のダニエル・ドカ率いるクラスが、セントルイスを訪れてストリート・プロジェクトを考案してくれた。メルヴィンはハーバードの客員講師として、学生たちの中期試験と期末試験を評価した。その後、彼はハーバード・スクエアで学生たちとパーティに参加した。それまで、ハーバードがボストン近郊にあることさえ知らなかったメルヴィンがだ。

二〇一八年、感謝祭から間もない頃、メルヴィンはハーバード・ロースクールのレジナルド・ルイス・ビルの演壇前に立っていた。彼は今やその任務範囲を広げ、複数の都市を加えてプロジェクトを全国規模で行おうとしている。新しいパートナーのブランドン・コスビーは、インディアナポリスにあるNPO法人フラナー・ハウスを運営している。フラナー・ハウスはコミュニティセンターで、同市のMLK通り沿いにある主にアフリカ系アメリカ人からなるコミュニティの支援を行っている。

メルヴィンの演説に続いて、コスビーはフラナー・ハウスの都市農園プロジェクトについて聴衆に語った。同プロジェクトは「学校から締め出されたり脱落したりした」子どもたちを引き受けている。子どもたちは業者と契約交渉をする。彼らが契約を成立させると、ある青年がコスビーに耳打ちをしてきたこともあった。「バジルをとんでもない価格で売る契約をしたみたいですけど、気づいてます?」

「ああ、それでいいんだ」コスビーは囁き返した。

メルヴィンを知ってずいぶん経つが、そのあいだに彼の理念も大きくなっていった。MLK通りの問題が通りを清掃するだけで片づくようなものではないことを、彼はとうの昔に気づいている。ハーバードでの演説は大成功だったが、彼がなぜ邁進できるのか疑問だ。批評家たちが指摘したように、セントルイスのMLK通りの状況はそれほど改善されていないからだ。どれだけ清掃を行い、玩具をプレゼントし、ハーバードからの協力を得ても、それほど前進していないのだ。しかし、目に見える進歩のスピードだけが、彼の成功を測るものさしではないのかもしれない。単に「気にかけている」ということが彼にとっての成功なのかもしれない。

キング牧師が生きていたら、自分のできることをして世界をよりよい場所にしようと努力する一般市民のメルヴィンを気に入っただろう。キング牧師自身も一般市民であり、自分の意志とは無関係に指導者となった。若くしてそうした使命を与えられたことに動揺しながらも、人々が独力でコミュニティを築けるよう鼓舞することが自分の仕事だと理解していた。キング牧師の苦闘はひとりで耐え忍んだものではない――彼は変化を求めて闘い、苦しみ、悩んだ人たちのひとりだった。

しかし、キング牧師は自分の名がついた通りが下層階級のエリアにあることなど気にしないだろう。貧しい者たちを擁護した彼は、自分の生命を捧げたその人たちと自分の名が結びつけて考えられることを恥じたりしないだろう。わたしがデルマーで見かけた人たちはビーカーでコーヒーを飲んだり、マカロニ&チーズを一二種類ものバリエーションの中から選んで注文したりするような生活をしていたが、キング牧師がそうした生活を望んだとは思えない。彼を行動に駆り立てたのは、下層階級の貧困であり、絶望であり、空き地で騒ぐ子どもたちだったからだ。
　セントルイスのＭＬＫドライブの荒廃は現実のことである。全国のＭＬＫ通りがある種の都会の黒人の衰退を連想させるようになった理由のひとつとして、セントルイスのＭＬＫドライブの衰退も挙げられよう。だからこそ、多くの事業者は「(キング牧師の)通りの名称は事業にとってマイナスになる」と真顔で言うのだ。だからこそ、クリス・ロックのジョークが受けるのだ。しかし、なぜＭＬＫ通りがそれほどネガティブな評判に甘んじなければいけないのか。ＭＬＫ通り界隈の住人とそれ以外の地域の住人の貧富の差がたしかに存在することはわかっている。しかし、ＭＬＫ通りが国内のほかの目抜き通りよりも経済的に低迷しているわけではないと示す統計もある。ＭＬＫ通りには保釈金建替業者よりもギフトショップのほうが多いし、酒店よりも保険会社のほうが多いのだ。[16]
　とはいえ、ＭＬＫ通りがふさわしい評判を得ているかどうかなど、大した問題ではないのかもしれない。たとえＭＬＫ通りが今後どれだけすてきな通りに変身しても、そこにはいやなイメージがついて回るかもしれない。ＭＬＫ通りの多くが商業地区や大学街、高級な白人エリアを走り、政治の中心地を囲んでいるという事実があるにしても、多くの人々にとって、キング牧師の名がついた通りは「黒人通り」にしかなりえないのだ。そして彼らにとって、黒人通りは悪い通り《バッド・ストリート》であり続けるのだろう。それを反証する公園やブティックがどれだけ存在しても、彼らの感じ方は変わらないのだ。

第一二章　南アフリカ共和国

南アフリカの道路標識は誰のものか

「まあ、かなり複雑な状況でしたね」[1] 二〇一〇年、フラニー・ラブキンは口述歴史家にそう語りはじめた。「わたしは刑務所で生まれたのです。両親は南アフリカ共産党とアフリカ民族会議(ANC)の地下活動をしていましたが、母がわたしを妊娠しているときに、ふたりとも逮捕されました」それは一九七六年の秋だった。ANCはもう六〇年以上、南アフリカ共和国の人種隔離政策「アパルトヘイト」と闘っていた。アパルトヘイトはアフリカ黒人と「有色人種」を指定地や黒人居住区に追いやり、旧式の学校に閉じ込め、彼らの土地をぬけぬけと盗み、彼らが単調な職にしか就けないよう大きな制限を課した。フラニーの両親が逮捕されるわずか数カ月前、ヨハネスブルグ近郊の黒人居住区ソウェトで抗議活動を行っていた数百人の学生を、南アフリカ共和国軍が殺害または負傷させた。ラブキン夫妻はアパルトヘイトの法廷で刑を告げられると、拳をあげて傍聴人にブラック

・パワー［黒人が人種の誇りと社会的平等を求めて起こした文化的・政治的運動］式の敬礼をした。

フラニーの母スーザン・ラブキンはケープタウン郊外のポルスモア刑務所に収容され、そこでフラニーを出産して一〇日後に本国イギリスへ送還された（フラニーは白人で、スーザンはイングランド出身だ）。数年後、母は亡命中にANCでの仕事に就くために娘を連れてモザンビークに向かった。フラニーの父は七年間服役し（検察は死刑を求刑した）、アンゴラのANC訓練所で三七歳の若さで亡くなった。

一九九〇年、ANCの指導者ネルソン・マンデラが刑務所から釈放されると（彼はフラニーが生まれたポルスモア刑務所に収監されていた）、一三歳になっていたフラニーは赤い星のついたチェ・ゲバラの帽子をかぶって故郷南アフリカ共和国に飛んだ。やがて彼女は法律の資格を取り、二〇〇一年、アパルトヘイト撤廃後に生まれ変わった南アフリカ憲法裁判所で司法書士の職に就いた。憲法裁判所はアパルトヘイトに苦しんだ黒人の裁判官たちと、アパルトヘイトによって（たとえそれを支持していなくても）恩恵を受けたであろう白人の裁判官たちで構成されている。しかし、フラニーには意外に思えたのだが、両者の採択方法に決まったパターンはなかった。アメリカの最高裁判所は政党の路線によって意見が対立することもあるが、憲法裁判所はそうではなかったのだ。裁判官たちは自分たちの過去を乗り越える方法をどうにかして見つけ、裁判所はこの長い年月に死刑廃止を満場一致で決定し、同性婚の権利を支持した。

しかし、裁判所の調和精神に対してフラニーがいだいていた信頼は、ある訴訟によって揺らいだ。

「悪い法令だとは思いませんでしたが、最高裁の裁判官たちがあれほど激しいやり取りをするのは初めて見ました」[2] のちにジャーナリストとなった彼女はそう述べた。

その訴訟は通りの名称に関するものだった。二〇〇七年、南アフリカ共和国の行政首都プレトリアで、町の中心にある二七本の通りの名称変更が提案された[3]（プレトリアという都市名そのものに関する議論は現在も進行中である。より広い都市圏を指すツワネと呼ぶか、プレトニアと呼ぶかは議論の余地がある）。アパルトヘイト時代、通りの名称の多くはアフリカーンス語で表記され、アフリカーナを称えていた。アフリカーナによる政府はアパルトヘイトの大半を策定実行した当局である。彼らの政府は非白人が住むエリアの通りの名称には関心すら払わなかった。こんにちでさえ、国内の何千という通りは名称を持たない。あるアフリカ黒人の選挙管理人は、少年の頃、住所を持つ従兄弟のことを「とてもかっこいい」と思っていたそうだ。

プレトリアで提案された通りの名称の多くは、ＡＮＣの英雄を追悼、記念するものだった。しかし、非政府組織〈アフリフォラム〉が名称変更に反対した。アフリフォラムはアフリカーナのための「公民権」グループを自称している。〈アフリフォラム・ユース〉のメンバーの幾人かが、新名称の標識を英語・アフリカーンス語・セソト語で旧名称に書き換えた。ツワネの広報担当者ブレッシン・マナルは報道カメラの前でこう語った。「月曜の朝に起きると、標識が旧名称に戻されていました。まったくの〝懐古趣味〟……〝人種差別主義者の懐古趣味〟だとしか思えません」[4]

アフリフォラムは市が旧名称を変更するのを阻止しようと訴訟を起こした。彼らの主張を要約すると、市が住民に対して変更に関する適切な通知をしなかった、彼らに意見を述べる機会を与えなかったということである。それに、この論争がそもそも憲法裁判所の管轄にあたるのかという実際的な問題もあったが、この訴訟はそうした実際的な問題より大きな意味合いをはらんでいた。つまり、この訴訟によって、アフリカーナが間違いなく南アフリカ人なのかという疑問が表面化したのである。

しかし、この訴訟問題について話を進める前に、もうひとりの若い南アフリカ人のことを紹介しておこう。モゴエン・モゴエンは、アパルトヘイト時代の南アフリカで黒人の子どもがどんなふうに成長するかを物語るエピソードを話してくれた。[5] ひとつは、彼がコフィエクラールという村で祖父と羊の群れを連れて歩いていたときの話だ。警官がパトカーを止め、祖父に身分証明書を見せろと言った。その身分証明書は地元用パスポートのようなもので、黒人が南アフリカ内で移動を許可されているエリアを規制している。人はよくそれを「dumb pass（ダンパス）」と呼んでいた——「くだらない通行証」という意味だ。祖父はダンパスを数キロメートル離れた自宅に置いていたので、取りに戻らせてほしいと頼んだ。だが、警官は最寄りの留置場に彼を無理やり連れていった。小さな少年だったモゴエンはひとり残され、自分のヒーローである祖父のあまりに無力な姿を見て、途方に暮れた。彼は泣きながらひとりで家に帰った。

ふたつめは、モゴエンの母親の話だ。彼女はヨハネスブルグ近郊のフロリダで家政婦をしていた（父親は炭鉱で働いていた）。「母はストフバーグス家のもとで働いていました。一家にはわたしと同年代の息子がいて、ゴードンと呼ばれていました。わたしはゴードンの持ちものに憧れていました。ある時期、〝ぼくはゴードンみたいになりたい〟と両親に言っていたそうです」もちろん、白人になりたいという意味ではない、とモゴエンは慌てて言い足した。黒人である自分に満足していたが、ゴードンや彼の両親と「同じ生活レベル」[6]までのぼりつめたいと思ったのだ。

しかし、モゴエンはそれ以上にのぼりつめた。通りの名称に関する訴訟について知った頃、わたしはパソコンで憲法裁判所を検索し、画面に映るモゴエン・モゴエンをじっと見つめた。彼は今や南アフリカ憲法裁判所の長官だ。法廷は特別な雰囲気で、調和精神に輝いていた。その建物はかつて悪名高い刑務所があった場所に、「justice under a tree（一本の木の下で正義を叶えよう）」というモットーにより建てられたものだ。[7]そのロゴは、賢者たちが村人たちの争いを仲裁する伝承を示唆している。刑務所の未決囚を収容する建物の階段はまだ残っていて、刑務所の古いレンガも新しいレンガと混ぜて使われている。裁判官の席は傍聴席と同じ高さにあり、背後にはその頭上より高いところに窓がある。窓は外の地表と同じ高さにあり、座った裁判官の頭上で外をぞろぞろ歩く人々の足が見えるようになっている。そこに座った裁判官は、自分が法を免れる存在ではないと常に思い出すことになるのだ。

深緑色の法服とひだ飾りのある白いカラーをつけたモゴエン長官は、通りの名称の訴訟に関する彼の決定を述べはじめた。通常とは異なり、彼はアパルトヘイトの初期の歴史から語りはじめた。「肌の色や鼻の形や髪の質が違うからという理由だけで、ある人種グループがほかの人種グループを圧制することになんの問題もないとする制度がありました。南アフリカ共和国は、文字どおり、その制度から解放される最後のアフリカの国です」[8]黒人は怠け者で愚かだと思われていた。黒人の指導者、伝統、歴史を認める都市、町、通りもなければ、制度もなかった。新しい現実を反映する通りの名称にそれほど問題があるだろうか？　名称変更に対するアフリフォラムの主張には「説得力がまったくない」とモゴエンはぴしゃりと言った。

八人の裁判官が彼に同意した。全員、黒人だった。ふたりの裁判官が反対した。彼らはこの訴訟を担当した唯一の白人裁判官だった。そのうちのひとり、ヨハン・フロンマン裁判官は農場で育った。一家はモゴエンの母親のような女性を雇っていた（ある意味、ヨハンはゴードンだったのだ）。もうひとりのエドウィン・キャメロン裁判官は進歩的で、ゲイで、ＨＩＶ陽性者だ。幼少期、「どうしようもないアル中の父」[9]と母が経済的に一家を養えなくなり、彼は孤児院に送られた。しかし、彼は白人だけの学校に通い、やがてローズ奨学金を受けた。このふたりの裁判官の子ども時代は、南アフリカ共和国の白人にしてはお互いにかけ離れたものだろう。しかし、この訴訟に関してだけは、ふたりの意見は一致していた。

アフリフォラムが新名称に疑問を呈したのは間違ったことではない、とフロンマン裁判官は述べた。南アフリカ共和国の憲法は、あらゆるマイノリティが「同胞であり、保護されていると感じるべき」だと定めている。「白人のアフリカーナと白人の南アフリカ人は、圧制のルーツを持たないと証明できない限り、一九九四年（アパルトヘイト撤廃）以前にさかのぼる文化的権利を持てないのでしょうか？」フロンマン裁判官はそう尋ねた。「それをいったいどのように証明できるのですか？　白人の南アフリカ人、アフリカーナがいる組織はすべて、われわれの圧制の過去に歴史的ルーツを持たないことを証明しなければならないのでしょうか？　誰がその証明を認めるのですか？その基準はあるのでしょうか？」アフリカーナは今や「憲法上の部外者[10]」なのだろうか？

　アパルトヘイト後の南アフリカ共和国が抱える心労を、通りの名称があぶり出したのだ。アパルトヘイト前の南アフリカは、こんにちの南アフリカ共和国とさほど変わらない——見方によっては、南アフリカ共和国は世界でもっとも不公平な国である。人口のたった一〇パーセント（ほとんどが白人だ）が、国の富の九〇パーセントを所有している[11]。南アフリカ人の八〇パーセント（ほとんどが黒人だ）の純資産はゼロだ[12]。地理的にも、経済的にも、感情的にも、アパルトヘイトは決して終わっていないように思われる。

　それでいて、アフリカーナは南アフリカ共和国の人口五パーセント程度のマイノリティなのだ。彼らの先祖の多くが同胞に対して言うに耐えないほどの行為をしたのは事実だが、彼らはメイフラワー号がプリマスに到着したわずか三〇年後に南アフリカに来た。アフリカーナが現在もそこに住んでいるのはたしかで、帰る気配もなく、帰る場所もない。歴史的にはほかにも悪党は存在する。彼らはさらにひどい悪事を行ったにもかかわらず、地元に同化することができた。南部連合軍は再びアメリカ人になった。ナチスもドイツ人に戻った。しかし、アフリカーナは南アフリカ人になれるのだろうか。それが問題なのだ。

本章は一九六〇年二月の出来事から始めてもよかったかもしれない。当時のイギリス首相ハロルド・マクミランが、ケープタウンでの演説を前にして嘔吐したときのことだ（彼は第一次世界大戦で重症を負い、一〇時間ものあいだ塹壕に隠れてモルヒネを投与しながら、アイスキュロス著『縛られたプロメテウス』をギリシャ語で読んだ。それほどの男がそこまで緊迫していたのだ）[13]。彼は六週間かけてアフリカ大陸を歴訪中だった。大英帝国はもう一〇〇年以上、ヨーロッパによるアフリカ支配を支持していた。しかし、著述家のフランク・マイヤーによると、大英帝国の要求は高まるばかりで、植民地政策の弊害も重くのしかかっていた。イギリスは第二次世界大戦後、アフリカの国のなかでも白人人口の少ない国への支配の手を緩めた[14]。たとえばゴールド・コースト（現ガーナ）やナイジェリアなどだが、それらは黒人と白人の争いが最小限に抑えられそうな国々だった。一方、ローデシア（現ジンバブエ）や南アフリカのように白人マイノリティが強力に支配する国々に対しては、イギリスも白人支配を擁護していたのだ。ところが、時代の流れは変わろうとしていた。

南アフリカ共和国議会の薄暗い、木目調のダイニングルームで、同国の独立を祝う絵に覆われた壁に囲まれ、マクミランは手を震わせながら目の前の原稿をめくった[15]。彼はイートン校特有の歯切れのいいアクセントで演説を始め、南アフリカ共和国の「農地や森、山河、澄み渡る空、草原の限りない地平線[16]」をまずは称えたが、その口調はすぐに暗澹たるものに変わった。

「この大陸に、変革の風が吹いている。われわれがそれを好むかどうかに関わらず、この国民意識の高まりは政治的な事実である。われわれはそれを事実として受け入れるべきであり、国の政策としてもそれを考慮しなければならない。はっきり言うと、（南アフリカの）政策には、イギリスが全面的に支持できない問題がある。（それを支持してしまうと）自由な民衆という政治的な使命に対するわれわれの強い信念を偽ることになるのだ」イギリスはアパルトヘイトを受け入れない。人々はそれを「変革の風」の演説と呼びはじめた。「大英帝国の終焉」と呼んでもいいかもしれない。

一方、南アフリカ共和国首相のヘンドリック・フルウールトは、マクミランの演説内容を予期していなかった。事前に秘書に命じて、マクミランの演説原稿を必死になって求めたが、応じてもらえなかったのだ。その日は南アフリカ連邦統合の五〇周年を祝う席だったため、国中に国旗がはためいていた。[17]フルウールトはマクミランの演説に応えて立ちあがった。

彼は珍しく唾を飛ばしながら興奮した口調で話しはじめた。その仕立ての悪い服と頑丈な体型はマクミランのそれと対象的だった。ある記者はマクミランのことを「エドワード朝時代を思わせる、気取らないエレガントさがある」[18]と評した。しかし、フルウールトは鋭い口調ですぐに口撃を開始した。「あなたが厄介事を持ち込んでくる前から、南アフリカには問題が山積みだったというのに、そのような重要な発言をされて、わたしが短い感謝の言葉を述べるとでも思っていらっしゃるのでしょうか」彼は「アパルトヘイト」という言葉を用いずに、その政策を擁護しはじめた。「アフリカでは国々が次々に独立している。すべての人々を正しく扱うべきではあるが、それはアフリカの黒人にだけ公正であれということではなく、アフリカの白人にも公正であれということを意味している」フルウールトは彼が言うところの「文明をもたらした」白人が彼らの土地、すなわち「唯一の母国」を統治することを明言し、黒人は彼らの領地を統治すればいいと述べた。彼らの領地とは、白人が彼らを閉じ込めた地のことである。

フルウールトの挑戦的な返答を祝う電報が続いた。マクミランの演説はアパルトヘイトを減退させるどころか、強化させたようだった。その演説のおよそ一カ月後、シャープビルの黒人居住区で、黒人通行制限法に反対する平和的な抗議運動を行っていたアフリカ人六九人が警官に殺された。政府はあらゆる抗議運動を禁止し、パン・アフリカニスト会議やＡＮＣのような反アパルトヘイト団体の活動を違法とした（国連はシャープビル虐殺事件を非難したが、ミシシッピ州議会は「人種隔離の確固たるポリシーを貫き、外部からの圧倒的な扇動を受けながらも断固として伝統を固守した」[19]南アフリカ政府を称賛した）。翌年、白人の南アフリカ人はコモンウェルスとの関係を断ち切ることを投票で決めた。たちまち、フルウールト空港、フルウールト病院、フルウールト学校など、フルウールトの名が国中に広まった。いくつものフルウールト通りができたのは言うまでもない。

マクミランは演説を行ったその夜、日記に次のように書いている。「今日はイギリス系の現地人をなだめ、自由党員を鼓舞し、国民の世論を尊重しながら、この広大な国を支配するアフリカーナの政治家たちのおかしな集会で友好関係を（少なくとも表面上は）続けなければならなかった[20]」

そのおかしな政治家たちとは、いったい何者なのだろう？　フルウールトもかつては聡明な学生だった。社会学と心理学で教授を務め、学界を去る前にハーバードやイェール大学でも勤務し、その後、ジャーナリストから政治家に転身している。[21] 礼儀作法や外見も醜悪なものでは決してない。ジャーナリストのアンソニー・サンプソンは、雑誌『ライフ』でフルウールトのことを次のように述べた。「一見すると、フルウールトは珍しいくらい温厚な人物に思われた。長身にずんぐりした顔、射すくめるような灰色の目。しかし、落ち着いてよく見ると、厳格に締まった口元や目に浮かぶ緊張に気づく。彼は天使のように純真な笑みを浮かべ、不安そうな学生をなだめる学校教師のように穏やかな口調で話した。まるで〝簡単な話ですよ〟と言うかのように[22]」

フルウールトは一九六六年に暗殺されたが、生前の彼にとっては、たしかにすべてが簡単な話だったのだ。最初のヨーロッパ人が南アフリカの地に足を踏み入れて以来、慣習となっていた人種隔離はすぐに法律として確立された。フルウールトは原住民担当大臣になり、その後、首相に就任してアパルトヘイトの構想を全体主義的な手法で法制化していった。そのうちのひとつ、バントゥ教育法は、黒人の南アフリカ人を補修的な学校に制限する法だ。人口登録法は人種によって住民を分類するリストを作成した。原住民建築労働者法は黒人が建築業で訓練を受けることを許可したが、彼らが白人エリアで働くのを禁止した。雑婚禁止法の目的は言わなくてもわかるだろう（内務省はアメリカの一三の州でも同種の法を有していると言及した）[23]。のちの首相ダニエル・フランソワ・マランは言った。「わたしは〝人種隔離〟という言葉を使わない。それは柵で囲む隔離と解釈されるからだ。〝アパルトヘイト〟はさまざまな人種に、それぞれの土台から自力でのぼっていく機会いうわけだ。
を与えるものである」[24]つまりは、自分たちで力をつけていく一環として人種差別が織りこまれたと

アフリカーナの多くは、オランダ東インド会社の入植で南アフリカ共和国にやってきた。彼らは最初は貧しく、社会からは疎外されていた。一九世紀になり、イギリス人がやってきて、例の如く占領を始めた。イギリス人はアフリカーナを野蛮人だと見下し、彼らの言語を中傷し、その政治的自治の大半を取りあげた。プラス面も補足しておくと、イギリス人は奴隷制の廃止も行ったが、それはアフリカーナの恨みを増長させた。「フールトレッカー」と呼ばれる開拓者たちは、雄牛に引かせたワゴンで内務省に押し寄せた。一八三五年から一八四六年にかけて、一万五〇〇〇人のアフリカーナが「グレート・トレック」(移住の旅)に出て、道中で遭遇したズールー族、ソト族、ツワナ族、ンデベレ族など、さまざまな部族と血みどろの争いを起こした。[25]彼らは名目上は奴隷制を廃止したものの、彼らの言う「奉公人」を捕らえた――ドイツ人の伝道者によると、「ワゴンいっぱいの子どもたち」[26]が彼らの労働を担うために捕らえられることもあったという。

しかし、彼らはイギリス人からそう遠く離れるわけにもいかなかった。ダイヤモンドや金が豊富な鉱脈がその領地内に見つかったからだ。イギリス人とボーア人(アフリカーンス語で「農民」を意味する)は二度にわたる戦争で衝突したが、イギリス人がゲリラ戦によって圧勝し、農園を焼き払い、牛の群れを虐殺し、女性と子どもを収容所に入れた。[27]収容所ではおよそ二万六〇〇〇人のボーア人が死んだ。ほとんどが子どもで、黒人と「有色の」アフリカ人も数千人いた。収容所の責任

者ロード・キッチナーはアフリカーナを未開人と呼び、「うわべだけが白人の野蛮人にすぎない」[28]と評した。

戦争後、アフリカーナは農園から都市部に追いやられた。イギリス白人に比べてはるかに貧しかった彼らは、その多くが貧困に陥った。カーネギー委員会の調査員が車でアフリカ南部を視察し、『南アフリカにおける貧困白人問題』という五巻にわたる報告書を発行した[29]。一九三二年発行のその報告書に促され、政府は白人コミュニティの貧困軽減に取り組んだが、結果、それは黒人のアフリカ人に不利益をもたらすだけとなった[30]。フルウールトに託された委員会の報告書は、アパルトヘイトの一種の「青写真」として役立ったという意見もある[31]。

二度の戦争は、アフリカーナの中枢となるイデオロギーを強化した――彼らは生存者であり、選ばれし者なのだ。一九四八年、アフリカーナを主とする国民党が僅差で政権を握ると、土着のアフリカ人に対するアフリカーナの優位性が正式に記された。アフリカーナ擁護者のピート・シリーは一九五二年に次のように述べた。「パレスチナのユダヤ人やパキスタンのイスラム教徒と同じく、アフリカーナがイギリス人支配からの自由を求めて戦ったのは、結局また別の種類の多数派に支配されるためではない。いつかはわれわれもその多数派に自由を与えることになるだろう。しかし、われわれに対する権力を持たせるつもりは決してない。黒人のアフリカ人が得る権利がわれわれの生活を奪った上でのものならば、彼らは今以上の権利を得ることはない」[32]

ネルソン・マンデラは大義をなすためにはアフリカーナを理解することが必要不可欠だと考え

た。マンデラの囚人仲間マック・マハラジは「アフリカーンス語は忌々しい迫害者の言語だ」[33]と言ったが、マンデラはふたりでその言語を学ぶべきだと主張し、こう言った。「われわれは長期戦に挑んでいる。敵の司令官が何を言っているのか理解できなければ、敵を迎え撃つことなどできないではないか」マンデラは刑務所でアフリカーンス語の通信コースを受講した。彼は「浜辺での一日」といったテーマで簡単なエッセイを書き、友好的な看守がそれを添削してくれた[34]（マンデラはロベン島で海藻を集め、乾燥させて肥料にするといった刑務所での労働についてエッセイを書いた——試験官もそのようなエッセイは予測していなかっただろう）。マンデラはやがて試験に合格した。

マンデラは南アフリカ共和国におけるイギリス人とアフリカーナの違いについて、記者にたとえ話をしたことがある。[35]それは、年長者から語り継がれたこんな話だ。もし黒人男性がイギリス人家庭を訪れ、食べものを恵んでほしいと頼んだら、その一家の主婦は彼を招きいれ、「日光が透けて見えそうなくらい」薄く切ったパンと薄い紅茶を与えるだろう。もし彼がアフリカーナ家庭を訪れたら、その一家の主婦は表玄関にやってきた彼を罵り、裏口に回れと命じるだろう。そして彼をなかに招きいれはしないが、ピーナッツバターとジャムをたっぷり塗った分厚いパン、甘いホットコーヒーを与え、家族に持って帰ってやれと言って食料の入った袋を渡すのだ。

わたしはこの話が好きだ。ジャーナリストのカイサ・ノーマンも、アフリカーナのアイデンティティについて探求した自著『血の河にかかる橋（*Bridge Over Blood River*）』にて、この話に触れている。この話は、アフリカーナがどういった人間かを、そしてマンデラがどういった人間かを多く物語っていると思う（イギリス人についても多少、物語っているだろう）。マンデラはアフリカーナが本質的に悪いとは考えなかった――彼らがただ恐れていたことを知っていたのだ。そしてその恐れ、その不安、もはや宗教的とも言える人種差別への執着こそが、アパルトヘイトにつながり、何千人もの虐殺、さらにはマンデラ自身の二七年近くの投獄につながったのだ。マンデラが釈放された南アフリカ共和国で、アフリカーナはとうとう黒人を表玄関から招きいれることができたのだろうか。

一九九四年、大統領に就任したマンデラはアフリカーンス語の国歌斉唱でも手を胸にあてた。シンプルな青いスリーピーススーツを着たマンデラは、南アフリカ人が踊るなか、就任演説で「虹の国」について語った。地元で行われたラグビーのワールドカップでは、黒人の南アフリカ人の多くが全員白人の自国代表チームではなく、その対戦相手を応援したが、南アフリカが優勝すると、チームのジャージを着たマンデラはスプリングボクス（南ア代表チームの愛称）を称えながらトロフィーを渡した。彼は亡きフルウールトの元妻とも食事をした。ふたりは自然にアフリカーンス語で会話し、彼女が住む全員白人の町で甘いドーナツを食べた。

マンデラの大統領時代、アパルトヘイト期の通りの名称のなかで変更されたものは驚くほど少ない。政府は裁判ではなく真実和解委員会を起こし、処罰なしの供述、恐怖なしの証言を行う機会を作った。しかし、マンデラは自分を投獄したアフリカーナを連想させる通りや空港や記念碑の名称変更に反対することもあった。フルウールト・ダムという名称を、ノーベル賞受賞者のアルバート・ルツーリの名前に変更することにも難色を示した。[36] アフリカーナの政治家の名前をANCの党員の名前に変更することに気兼ねしたのだ。また、一九九四年にマンデラが記者に語ったところによると、議会のフルウールト・ビルディングという名称が変更されたことに、彼は「暗い気持ち」になったという。彼が胸を痛めたのは、フルウールトの孫や元妻が今ではANCの党員であることも理由のひとつだった。

「(フルウールトよりも若い世代が) どれだけアパルトヘイトを嫌っていたとしても、フルウールトは彼らの愛するおじいちゃんです。われわれはそのことに無神経ではいられないし、彼らをただ除け者にしていいという話ではありません」[37] マンデラはそう説明し、「コミュニティの一部を不快にさせる」名称変更が今後行われる可能性があることを言い足したものの、大部分において、名称変更には慎重な態度を取った。新しい政権の多くは、その景色を作り変えることによって、過去を断ち、世界が徹底的に変容したことを示そうとするものだが、マンデラはまったく逆のアプローチを取った。旧名称を維持するのは、革命がそこまで大事件ではなかったと見せるための戦術、平和がそこまで脆いものではないと示すための手法だったのかもしれない。

マンデラの後継者、タボ・ムベキ大統領はもっと多くの名称変更を推した。真実和解委員会で設立された「南アフリカ地理的名称評議会」[38] は、既に八〇〇以上の名称を変更していた(四〇〇を超える名称に、南アフリカ黒人の蔑称「kaffir」という言葉が使われていた)。国中の通りの名称変更も始まり、一度に数十の名称が変更される都市もあった。ダーバンだけでも、一〇〇を超える通りが改称された。その後すぐに、標識の多くがスプレーをかけられたり破壊されたりした。[39]
黒人や「有色の」南アフリカ人でさえ、名称変更にいつも賛同するわけではなかった。南アフリカ人の多くは、新名称がＡＮＣとその英雄たちに大きく偏っていると批判した。ズールー人が多くを占めるインカタ自由党（ＩＦＰ）は、ＩＦＰの指導者にちなんで名づけられた「マンゴスツ幹線道路」を、ＡＮＣの活動家を記念する「グリフィス・ミクセンジ幹線道路」に名称変更することに抗議して行進した。ダーバンの道路を、南アフリカとはなんの関係もないチェ・ゲバラにちなんで名称変更することを疑問視する者や、新たにガンディーの名がついた通りが歓楽街にあるのは「不謹慎だ[40]」と不満を漏らす者もあった。

もっとも議論の的になったのは、ＡＮＣがアンドリュー・ゾンドにちなんで道を改称しようと主張したときだった。ゾンドは一〇代のときにショッピングセンターに爆弾を仕掛け、小さな子どもを含む五人の死者を出した男だ（彼はのちに裁判で、予告電話をしようとしたが、郵便局の電話がすべて使用中だったと話した）。被害者の家族は「アンドリュー・ゾンド・ロード」の話を聞くと嘆き悲しんだ。しかし、多くの人にとって、ＡＮＣに所属していたゾンドは自由を求めて闘った男であり、自分が唯一知る手段で、残虐行為や警官による殺害に対抗した人物なのだ。

とはいえ「アンドリュー・ゾンド・ロード」とは異なり、ツワネ（プレトリア）で提案された新名称は、特に争いの種となる人物を記念したものではない。たとえば、ジェフ・マセモラは教師で、反アパルトヘイト活動家だった。彼は南アフリカでもっとも長く服役した政治犯である。ヨハン・ヘインズはアフリカーナの神学者で、「アパルトヘイトは神の意志である」という考えを拒絶し、雑婚を公然と支持した。彼はプレトリアの自宅で、妻や孫たちとカードゲームをしていたところ、首を撃ち抜かれ、暗殺された。スタンザ・ボパペは若い活動家で、警官から電気ショックの拷問を受けて亡くなった。遺体はクロコダイルがうようよいる川に捨てられた[41]。彼の名がつく前の旧名称は……「教会通り」だ。

わたしはアフリフォラムの弁護士ワーナー・ヒューマンに電話で話を聞いた。アフリフォラムは、立派な南アフリカ人を称える名称の事案を、憲法裁判に持ち込むに値すると考えた。わたしは彼らがそう考えた理由を知りたかったのだ。ヒューマンは赤ん坊が生まれたばかりだそうで、わたしたちはまず「睡眠」が足りないというよくある話題でおしゃべりに花を咲かせた。名称問題の話題に移ると、彼は自分がどれだけ憲法裁判所を尊重しているかを前置きしてから、アフリカーンス語の通りの名称は残すべきだというその強い思いを語った。しばらくして、わたしは自分たちがもはや訴訟問題について話しているのではないと気づいた。通りの名称の話ですらない。南アフリカ共和国でアフリカーナであることがどれほど困難か、わたしは彼に尋ねた。

ヒューマンは一瞬、間を置いた。「アフリカーナに対して敵対意識を持つような風潮があります。今回の件を訴訟に持ち込んだというだけで、わたしたちはひどい言葉を投げつけられました」多くの人が、アフリカーナであると打ち明けるのを恐れているという。「わたしたちは陽のあたる場所のために闘っていますが、〝唯一の〟陽のあたる場所を求めているわけではありません。わたしの友人知人たちは、アパルトヘイトが倫理的に間違っていたことを否定していません」社会で正当な地位に就きたければ、アパルトヘイトの過ちを認めるしかないのだ。「わたしたちが言いたいのは、これがわたしたちを定義する唯一の方法ではないということなのです。一九九四年以前に起きたことすべてが悪いというわけではありません」

ヒューマンの言うことすべてに同意したわけではないが、彼との会話は楽しかった。憲法裁判所に対する彼の敬意は本心だと思う――なぜなら、彼は本件を担当した裁判官を誰ひとりとして批判しなかった。彼の一番の願いは、自分の息子が自分の言語を話せる場所を持つことであり、過去の過ちを認めながらも、自分の歴史的遺産を誇りに思えることだった。それにしても、わたしは彼とそのように思慮深い会話ができたことに驚いた。なぜなら、南アフリカでは多くの人がアフリフォラムのことを根強い人種差別主義だと見なしているからだ。

アフリフォラムはメンバー全員がアパルトヘイトの害悪を認めているわけではないらしい――たとえば、彼らが裁判所に提出した書類には「いわゆるアパルトヘイト」という表現があり、裁判官は皆、激怒した。アフリフォラムが資金提供した最近のドキュメンタリーでは、コメンテーターがこう語っていた。「フルウールトを〝アパルトヘイトの考案者〟と呼ぶのはあまりにも〝短絡的〟であり、彼はむしろ〝理想を目指す哲学者〟だった」[42] アフリフォラムのCEOカリー・クリエルは、アパルトヘイトが過ちだったと感じているにもかかわらず、あれは「人類に背く罪[43]」ではなかったと主張してきた。

南アフリカで白人農民が連続殺害されたとき、アフリフォラムはそれが「民族浄化」に等しいという態度を取った。法律学の教授エルミエン・ドゥ・プレシが彼らのその態度に異論を唱えると、アフリフォラムのCEO代理であるアーンスト・ローツは三一分間におよぶ痛烈な批判コメントをYouTubeに投稿し、エルミエンは彼らの態度に誤った印象を与えていると論じた。動画の最後で、ローツはホロコースト生存者のヴィクトール・クレンペラーの言葉を引用した。ホロコースト以後、もし形勢が逆転していたら、「知識階級をまとめて吊るしあげただろう。特に学者群はひときわ高く吊るすつもりだ。衛生的に許される限り、街灯柱に吊るしたまま放置する」[44]クレンペラーがそう書き残したとローツは語ったが、その文脈については触れなかった――クレンペラー自身も学者で、学者たちがヒトラーのために理性を引き渡したという理由で、学者連中をどんな階級よりも嫌っていたのだ。ローツは早朝にワシントンDCで動画を撮ったようで、そこで保守派のアメリカ人の政治家たちの支持を集めようとしていた（ドナルド・トランプはアフリフォラムを支持するような発言をツイートしたことがある）。

ローツは自分が暴力を擁護していることを否定したが、動画が投稿されると、エルミエンは脅迫の集中砲火を浴び、そのなかには「次はお前の番だ」という電話もあった。わたしは彼女に電話して、彼女自身もアフリカーナなのか尋ねた。電話越しに、彼女の険しい表情が伝わってくるようだった。「認めたくはないですけどね」彼女はついにそう言って笑った。彼女は、農民たちが受けたひどい暴力や苦しみを嫌悪したが、彼らの痛みだけを特別視する考え、すなわち彼らの苦しみが黒人の南アフリカ人が毎日受けているひどい暴力とは異なるという考えには異論を示した。

エルミエンはアフリフォラムについてこう言った。「彼らは自分たちが権力の座にないという現実を受け入れられないのです――もし、(自分たちの)通りの名称をあきらめてしまえば、次は何を取りあげられるのだろう……彼らはそれを恐れ、自分たちが脇に追いやられることを不安に思っているのです」彼女は特に母国語に対する複雑なプライドを抱えて悩んでいた。「過去にあったことを思い出したり口にしたりすると、まるで自分たちの過去を記念しているように思われてしまうのです。どうすれば、そう思われずに過去を語れるのでしょうね」

一六五二年、ヤン・ファン・リーベックが現ケープタウンに上陸した。彼はアフリカーナにとってのクリストファー・コロンブスのような存在で、ヨーロッパとの貿易上のつながりを築き、現地人を脅した。二〇〇八年、ポチェフストルーム市は「ヤン・ファン・リーベック通り」を、若い活動家だったピーター・モカバの名前に変更することを決定した。モカバはマンデラと異なり、簡単に罪を償う機会を白人に与えようとしなかった。アパルトヘイト時代、モカバは白人支配に対するもっと急進的で暴力的でさえある闘いを擁護し、「農民を殺せ、ボーア人を殺せ」というスローガンで有名になった――同スローガンは、現在の南アフリカ共和国ではヘイト・スピーチとして禁じられている。

通りの名称変更が行われると、ポチェフストルーム市に設置された「ピーター・モカバ通り」の新しい標識はたちまち黒いスプレーで塗りつぶされ、バール川に捨てられた。人類学者のアンドレ・グッドリッチとピア・ボンバーデラは、「ヤン・ファン・リーベック通り」と記した手作りの標識を私有地に設置したアフリカーナ居住者にインタビューした。[45]「新名称の通りに反対する唯一の理由は、自分がいったいどこにいるのかわからなくなるからです」ある居住者はそう言った。小さい子どもたちが迷子になるようになったと説明する居住者もいた。「親が子どもたちを夜遅くまで探し回らないといけなくなるんです」

ふたりが居住者と交わした会話を一部抜粋しよう。[46]

居住者：このあたりに長く住んでいる人でも、出かけて戻ってくると、道がわからなくなるんです。どこに向かえばいいのか、わからなくなるんですよ。

インタビュワー：それはあなた自身の経験ですか？

居住者：ええ。

インタビュワー：自分のホームタウンで迷子になると？

居住者：ええ。

ふたりはそのインタビューに関してこう述べている。文字どおりに受け止めると、彼らの主張は「信じられない」ものである。ずっとそこに住んでいた人間が、通りの名称を見ながら移動するなどありえない。普通なら、感覚や景色や運動の記憶を頼って移動するはずだ。いくつかの標識が変更したくらいで、自分のホームタウンで道に迷う《ロスト》だろうか？

しかし、「lost（ロスト）」[47]の意味をオックスフォード英語辞典で調べてみると、最初に出てくる定義は「道に迷う」ではない。「ロスト」は「滅びたもの、破損したもの、特に倫理的・精神的に失ったもの」などを指すのだ。アフリカーナは自宅《ホーム》への帰り道がわからなくなったのではなく、自分の居場所《ホーム》を見失ったのではないだろうか。グッドリッチとボンバーデラは彼らについて次のように述べた。「彼らは方向感覚を失ったのだ。つまり、帰属意識、居場所という意味での自分の立ち位置がわからなくなったのである」ポチェフストルームに住む白人は、アフリカーナの次世代の子どもたちのことを心配していた。彼らが「方向感覚や帰属意識を与えてくれる象徴的な秩序を知らずに育っている」ことを憂慮していたのだ。

　ところが、黒人の南アフリカ人はもっと長いあいだ失《ロスト》ったままだ。ポチェフストルーム市でも、黒人人口のほぼすべてが黒人居住区に住んでいる。そして白人は市内に住んでいる――アパルトヘイトと大差ない、非公式の人種隔離だ。意外なことではないけれど、こんにちでも多くの人が南アフリカ共和国の改革は始まったばかりだと思っている。マンデラは長いあいだ世界中でもてはやされていたが、あまりに多くを手放しすぎたと現在では批判されている。彼が否定した、土地賠償案などの運動が再び盛んになっている。ANCは二〇一八年、白人から黒人へ土地を無償譲渡するのを許可する法案作成を決議した。本章を執筆中の現在、南アフリカ共和国の議会は同案を可決するにあたって憲法改正を検討している。

しかし、土地だけでは充分ではないのかもしれない。毎年、状況が悪化するにつれ、緊張が高まっている。二〇一九年八月、ケープタウンのある地域でギャングによる暴力事件が起こり、それを鎮めるために軍が介入した。[48] 七カ月で二〇〇〇人近くが死亡した。ふたりの白人農民が一五歳の少年を走行中のトラックから突き落として死亡させたときも、暴動が起こった[49]（少年はヒマワリ窃盗の疑いをかけられていた）。二〇一八年、ふたりの子どもがケープタウンにある穴を掘っただけのトイレで溺死させられた。[50] そのトイレは何千人もの貧しい黒人学生が使う唯一の衛生設備だった。学費値上げに抗議する学生たちの集団デモも起こった。彼らは黒人教師の増員を求め、ヨーロッパ中心主義のカリキュラムを減らせと主張した。また、ブレイズやコーンロウ、ドレッドロックなどの髪型を禁止するドレスコードの撤回を要求した。

哲学者のアンリ・ルフェーブルは言った。「新しい場所を生まない改革は、その最大の可能性をまだ実現していない[51]」マンデラが名称変更をしたくなかった理由が、改革が起きたことを目立たせたくなかったからだとしたら、その狙いは成功したのだろう――だが、その点では行きすぎた成功だったのかもしれない。

プレトリアの通りの名称の訴訟を聞いて以来、わたしは南アフリカ共和国の憲法裁判の進展を見守っていた。するとすぐに、同事案を思い起こさせるような別の訴訟が持ち上がった。南アフリカ共和国の憲法は、すべての南アフリカ人が自分の選んだ言語で教育を受けるべきだと定めている。ただし、その言語が「ある程度実施可能」な場合に限る。そこへ、フリーステート大学がアフリカーンス語での授業をやめることを決定したのだ。アフリカーンス語で並行して授業を行うと、学生たちの人種的緊張をかきたてる、というのが大学側の言い分だった。

再び、アフリフォラムが訴訟を起こした。

ジェイコブ・ドラミニは現在プリンストン大学で歴史を教えているが、南アフリカ共和国の黒人居住区で育った。彼はアフリカーンス語について次のように述べた。「アフリカーンス語は喉音で話す序列言語、侮蔑言語です[52]。そして、バントゥ教育法のものでした。この言語が原因で、一九七六年［アフリカーンス語での授業導入が決定した年］、子どもたちは武器を手に取り、全教科をアフリカーンス語で学ぶのを強要されることに抗議して、通りに繰り出すことになりました。アフリカーンス語は、その政治的主張を黒人の南アフリカ人のあいだで広めることにはなりませんでした。アフリカーンス語を通して、南アフリカの黒人は自分たちの生活水準に上限があることを学ぶはずだったのです」

しかし、ドラミニはこう続けた。「正直なところ、黒人とアフリカーンス語の関係には、もっと複雑な問題があります。多くの黒人にとって、アフリカーンス語は英語よりも〝発音しやすい〟し、アフリカーンス語は気がきいていて、ジャズ風で、都会の黒人っぽい言語ですからね[53]」すなわち、話し言葉に強い言語、「年配者が〝若者言葉だな!〟とからかい合える言語」なのである。

アフリカーンス語は望郷の念を起こさせる言語でもある。ドラミニはこう問うた。「過去を懐かしむ思い、失った家、失われたかもしれない故郷への思いをアフリカーンス語で表現することで、アフリカーンス語がもともと白人の言語ではなく、黒人の言語である事実を明らかにしようとしているのだろうか」黒人の南アフリカ人はアフリカーンス語を話しながらも、「その言語が白人の言語だと主張する人たちの白人至上主義のイデオロギー」[54]を否定することもできる。とはいえ、黒人であるドラミニは、その言語を話すことを長らく拒絶してきた。

憲法裁判所に話を戻すと、フリーステート大学でのアフリカーンス語の問題は、また人種によって意見が分かれた。黒人の裁判官はアフリカーンス語が教室での人種隔離につながっているという大学側の言い分を指摘し、アフリフォラムの訴えを却下した。モゴエン裁判官は言った。「大学はマンデラ大統領の最悪の悪夢がようやく過ぎ去った、という趣旨の発言をしています。[55]アフリカーンス語の使用は、意図せず、民族(文化)的分離と人種間の緊張を助長してきました。アフリカーンス語で授業を続けると、白人優越主義を正さずに、そのまま残してしまうという結果になるでしょう」

一方、少数意見側の白人裁判官三人は(今回もフロンマン裁判官が主導していた)、多数意見側に反対だった。キャンパス内での人種間の緊張とアフリカーンス語による授業は、本当に関係しているのだろうか。三人は確信を持てず、アフリカーンス語での指導が差別につながったことを証明するさらなる証拠を大学側に求めるべきだと主張した。

しかし、少数派の意見はそれだけにとどまらなかった。フロンマン裁判官は、英語で書かれた本事案の専門的論拠を読み直すと、アフリカーンス語で記述を始めた。今度は彼が自分のコミュニティに言葉を向ける番だった。彼は言った。アフリカーンス語が「排他的で人種に閉ざされた」言語だと思われている限り、憲法による「保証」を主張できないという考えを、多数派の意見は映し出している。アフリフォラムが裁判所に提出した書類は、不平等待遇や言語使用の権利については触れておらず、「他者の気持ちに無神経で頑なな人間としてアフリカーナを描く風刺画を定着させて」しまった。アフリカーンス語は解放闘争で使われた言語でもあった。こんにちでは、肌の浅黒い人たちのほうが白人よりもアフリカーンス語を使っている。アフリカーンス語がアパルトヘイトだったわけではない。

南アフリカの偉大な歴史家ハーマン・ジョオミは、アフリカーナの著述家ジャン・ラビーにアフリカーンス語の未来について尋ねた。ラビーの返答はたった一言だった――「Allesverloren（すべて失われた）」

「Is alles verlore vir Afrikaans?」[56] フロンマン裁判官は、その少数派意見を訴えた――アフリカーンス語にもう未来はないのですか、と。

階級と地位

第一三章　マンハッタン

通りの名称の持つ価値はどれほどか

一九九七年、ドナルド・トランプは、マンハッタンはアッパー・ウエスト・サイドのコロンバス・サークルとセントラルパーク・ウエストに隣接する彼の新しいタワービルを祝して盛大なパーティを主催した。「これこそ、アメリカ合衆国で建てられたもののなかで、もっとも華々しいコンドミニアムタワーだ」[1]彼は記者にそう言った。彼自身の住居は八〇〇平方メートルを超える、空に浮かぶガラス箱だ（「これほど高い天井に、これほど大量にガラスを使った、これほど巨大な部屋は誰も見たことがないだろうね」彼はそう自慢した）。別居中の妻マーラ・メープルズは不在だったが、離婚弁護士はパーティに出席していた。タワービルは古いオフィスビルの骨組みを利用して建てられ、周囲を反射ガラスにぐるりと囲まれている。「安っぽいな」[2]「まるでマイアミ・ビーチだ」「趣味が悪い」「どうして事前に通告してくれなかったんだろう?」憤慨したニューヨーカーたちが『ニユーヨーク・タイムズ』紙の建築評論家ハーバート・ムスチャンにそうした声を寄せた。ムスチャン自身もタワービルをこう評した。「一九八〇年代のダサいパーティドレスを着た」一九五〇年代の摩天楼だ、[3]と。

タワービルの宣伝広告は嘘と真実がごちゃ混ぜになっていた。実際のところ、トランプはビル全体を所有していたわけではない。オーナーはゼネラル・エレクトリック・ペンション・トラストだった。[4]トランプは五二階まであると言ったが、[5]実際は四四階までしかない——各フロアの天井が「平均的な」高さだった場合の階数を、彼が編み出した独自の計算方法で算出したのだろう。八階分のフロアは実際には存在しないものの、そんなことはどうでもいいらしい。それ以来、トランプの計算方法は、ニューヨークの住宅開発業者にとってはお馴染みとなった。

おまけに、住所の問題があった。新しいタワービルの住所はまったくの嘘というわけではないが、市が決めた元の住所ではなかった。トランプの開発会社がタワービルのもともとの住所「コロンバス・サークル一五」を「セントラルパーク・ウエスト一」に変更するよう市に要望したのだ[6]（当時のコロンバス・サークルは薄汚れた円形交差点といった程度の印象だった）。広告はそれを「世界でもっとも重要な新住所」[7]と宣伝した。

しかし、トランプのビルが「セントラルパーク・ウエスト一」の住所を独り占めできた期間はそう長くなかった。数年後、タイム・ワーナー社がトランプ・タワーの向かいにタワービルを建設し、「ワン・セントラルパーク」と名づけたのだ（実際の住所は「コロンバス・サークル二五」である）。

トランプは怒りで顔を紅潮させ、雑誌『ニューヨーカー』にこう話した。「われわれ（のタワー）はセントラルパーク・ウエストにある。住所は〝セントラルパーク・ウエスト一〟だ。連中のタワービルはセントラルパークにないのに、まるでそうであるかのように宣伝している」[8] 彼のタワービルは、相手のタワービルから見えるセントラルパークの景色を邪魔していた。

トランプはライバルのタワービルに向けて高い位置から巨大な横断幕を垂らした。「そっちの景色は大したことないだろうね？　われわれのところからは本物のセントラルパークが望めるし、本物の住所がある。健闘を祈るよ、ドナルドより」横断幕にはそう書いてあった。おそらく最初で最後だろう、『ニューヨーカー』は次のように書いた。「トランプの言い分には一理ある」

「不動産業界でもっとも誤解されている既成概念は〝成功の鍵は場所にある〟というものだろう」[9] トランプは一九八七年に自著『トランプ自伝――不動産王にビジネスを学ぶ』でそう述べている（実際に書いたのは彼の共著者かもしれないが）。「そんな誤解をしているのは、大抵ものわかっていない連中だ」つまり、必要なのは最高の場所ではなく、最高の取引だというわけだ。「人は影響力を生み出せるし、場所の魅力を生むこともできる。販売促進力と心理作戦を活用すればね」

しかし、トランプの言う不動産業界の「心理作戦」は今に始まった考えではない。彼が最初に建設業界に乗り出した一九七〇年代頃には、ニューヨーカーたちがでたらめな通りの名称をつけるようになって既に一〇〇年以上経っていた。

一八七〇年代、マンハッタンのアッパー・ウエスト・サイドの家主たちが集まって、通りの名称に関する話し合いを行った。[10] 当時のウエスト・サイドはスラム街、いわゆる「ぼろ屋」の集まりだった。大雑把に建てられた掘っ立て小屋に移民家族が住み、野菜を栽培したり、ミルクのためにヤギを飼ったりしていた。[11] 男たちは大抵、近場で労働し、女たちはぼろ布や売り物になりそうなガラクタを探してゴミを漁った。家主たちは通常のやり口では彼らが立ち退き通知に応じないことを悟った。『ニューヨーク・タイムズ』紙によると、ある保安官が「立ち退き状を送達するために八一丁目を歩いていたところ、急につかまれ、半分中身の入ったミルクの缶を頭に被せられた」という。地理学者のルーベン・ローズ＝レッドウッドが当時のことを鮮やかに描いているが、アップタウンの家主たちは「ウエスト・サイド組合」を結成し、その界隈のスラム街に「もう少しましな」居住者を誘致するための策はないかと相談したらしい。[12]

　通りの名称は都市の高級化《ジェントリフィケーション》のために最初に使うツールだった。A・W・コルゲイトはウエスト・サイド組合でこう話した。「よい名称でも悪い名称でも、場所に名称がつくと、それが定着してしまう。それに忘れてならないのは、よい名称も悪い名称も費用は同じということだ。それならば、あらかじめよい名称をつけるしかないだろう」[13] ぼろ屋の住人たちは、永遠に評判の落ちた下層階級の名称をその場所に残して去っていく。「ロンドンがそのいい例だ。「腐敗した通り《ロットン・ロウ》」「ブタの小道《ホグ・レーン》」「小さくて美味しくないリンゴの木通り《クラブツリー・ストリート》」「見栄っ張り通り《ピーコック・ストリート》」といった妙な名称がついた場所は、たとえその後、上品な場所に変身しても、みすぼらしい名残をとどめてしまう」

「ホグ・レーン」に関して言えば、そこまで突飛な予測ではなかった。「Dutch Hill（オランダ丘）」として知られる場所は当時既に「Goat Hill（ヤギの丘）」と呼ばれるようになっていた。当時のニューヨークには、人間の五倍の数のブタが住んでいた。チャールズ・ディケンズはニューヨークの通りをうろつく「太ったブタ」の数の多さにひどく驚いたという。[14]「あのブタたちは町の清掃業者だね、大した連中だ」彼は感心して書いた。「醜い獣だけどね。大抵は背中にまばらな茶色い模様があって、何かの病気みたいな黒い染みもついている」

ウエスト・サイド組合は、感じの悪い通りに感じの悪い名称がついてしまう前に行動を起こした。グリッド法で整備されたマンハッタンのストリートとアヴェニューには、既に番号がつけられていた。しかし、家主たちは番号がもたらす平等性など狙っていなかった。それどころか、彼らには反対の狙いがあった。組合員のなかに、ミシン製造会社シンガーの社長エドワード・クラークがいた。その界隈の広範な土地を所有していた彼は、そこにふさわしい貸家、アパートメント、単一家族用住宅を混在させる先進的な開発を標榜し、番号名のアヴェニューを改称してはどうかと提案した。「よそでは、新しい州や領地にセンスのいい名前がつけられている」そう考えた彼は「八番街」を「モンタナ・プレイス」に、「九番街」を「ワイオミング・プレイス」に、「十番街」を「アリゾナ・プレイス」に、「一一番街」を「アイダホ・プレイス」に変更しようと持ちかけた。

一方、ほかの組合員たちは彼のアメリカ流の提案に耳を貸さなかった。一八八〇年、「一一番街」はロンドンで長らく富裕層地域だったウエストエンドにちなんで、「ウエストエンド・アヴェニュー」に改称された。「八番街」は一八八三年に新名称「セントラルパーク・ウエスト」となった。一八九〇年には、とうとう「九番街」が「コロンバス・アヴェニュー」に、「十番街」は「アムステルダム・アヴェニュー」に決定した。西洋風の名称を好むクラークは「セントラルパーク・ウエスト」と「七二丁目」の角に建てた彼の新しい豪華な住宅ビルに「ダコタ」と命名することで満足しなければならなかった。

まるで『フィールド・オブ・ドリームス』を真似たような方策だった。上品な通りにしたければ、上品な名称をつければいい。「セントラルパーク・ウエスト」が高価な住所なのは偶然ではない。その名称は高価になるようわざわざ選んだものなのだ。

それから一〇〇年以上経った二〇〇八年、不動産開発業者のウィリアムとアーサーのゼッケンドルフ兄弟は、セントラルパーク・ウエスト一五番地のビルを完成させた。トランプのタワービルからそう離れていない場所だ。ゼッケンドルフ兄弟はそのビルのために古いメイフラワー・ホテルを解体した。しかも噂によると、約三二平方メートルの家賃が設定されたアパートメントの最後の住人に、兄弟は一七〇〇万ドル以上を支払ったという。[15] しかし、その支出は無駄ではなかった。セントラルパーク・ウエスト一五番地の五四階建てのそのビルは、完成前に完売したのである。[16] 価格は一九倍になった。建築評論家のポール・ゴールドバーガーは当時そのビルをこう評した。「ニューヨーク史上、経済的にもっとも成功した住宅ビルだ[17]」

二〇一六年、ゼッケンドルフ兄弟は新しいプロジェクトに目を向けた。今度はアッパー・イースト・サイドの物件だ。ニューヨーク市の規定により、建造物の高さには制限が定められているが、開発業者は近隣の建造物が利用していない上空部分の「空中権」を買い取ることができる。そこで、ゼッケンドルフ兄弟はパーク・アヴェニューのクライスト・チャーチに四〇〇〇万ドル支払って、六五〇〇平方メートル分の空中権を買い取り、高層ビルを建てた（ある不動産業者はそれを「バイアグラ」ビルと呼んだ）[18]。しかし、クライスト・チャーチと取引したのは、ビルを高くすることだけが目的ではなかった[19]。ゼッケンドルフ兄弟はこの先一〇〇年間、毎年三万ドルを教会に支払うことを約束し、交換条件をひとつ求めた――住所の指定だ。兄弟の新しい超高層ビル「パーク・アヴェニュー五二〇」の正面玄関はパーク・アヴェニューに面してもいない。それどころか、実際の住所は「東六〇丁目」で、パーク・アヴェニューからは西に向かって四五メートルほど先にある。

これはどういうことだろうか？　ニューヨークでは住所も売り物になっているのだ。開発業者は（二〇一九年現在）一万一〇〇〇ドルというお買い得価格で、魅力的な住所への変更を市に申請できることになっている[20]。市が名づけたこの「虚栄心《ヴァニティ》を満たすアドレス・プログラム」は、ただ立地条件がいいだけの場所よりも、住所の聞こえがいい場所のほうが高く売れるという事実を端的に表している。プログラムが始まった頃は、たとえつじつまが合わなくても気にせずヴァニティ・アドレスが認められた。マディソン・スクエア・ガーデンとペンシルヴェニア駅を囲むペンシルヴェニア・プラザの番号は、一番、一五番、一一番、七番、五番の順に並んでいる。「パーク・アヴェニュー二三七」のアトリウムにはパーク・アヴェニューを通って行くことはできない。[21] なぜなら実際にはレキシントン・アヴェニューにあるからだ。「タイムズスクエア一一」の所在地も、タイムズスクエア付近ではない[22](タイムズスクエア自体もヴァニティ・アドレスの一種だ。一九〇四年にニューヨーク・タイムズ社が同地に移転したことから、当時の名称「ロングエーカースクエア」が「タイムズスクエア」に変更されたのである)。しかし、そうしたヴァニティ・アドレスには正当な理由がある。パーク・アヴェニューや五番街にある住宅は、通りを隔てたところにある似たような物件よりも五パーセントから一〇パーセント高値がつくのだ。[23]

正式なヴァニティ・アドレス・プログラムは、デイヴィッド・ディンキンズの区長時代(彼はのちに市長となる)に人気が急上昇した。[24] 市がさらなる開発に力を入れていた時期である。住所変更に関しては、郵便局が問題にしなければ、基本的に市のほうも気にしなかった(たとえ郵便局が難色を示したとしても、市は気にしなかっただろう)。外国のバイヤーのなかには騙される人たちもいたかもしれないが[25]、ニューヨーカーでさえ、実際にパーク・アヴェニューに住むわけではないと承知していながら、「パーク・アヴェニューに住んでいる」と言いたいがために、喜んで余分な費用を払う者が多かった。

わたしはヴァニティ・アドレスの名称リストをマンハッタン区から取り寄せた。特別に指定された住所のなかには、たしかにおしゃれな通りの名称やきりのいい番号のものがあった。「一番」がつく住所(「タイムズ・スクエア一」「ワールド・フィナンシャル・センター一」「コロンバス・プレイス一」など)、「一番」がつくプラザ(「ヘヴン・プラザ一」「リバティ・プラザ一」「ポリス・プラザ一」など)、きりのいい番号がついたアヴェニュー、スクエア、サークルもあった(「フィフス・アヴェニュー四〇〇」「タイムズ・スクエア四」「コロンバス・サークル三五」など)。不思議なことに、角地に立つビルのなかには、入り口がより平凡な名前の通りのほうに面しているものもあった(その場合は、必ずしもヴァニティ・アドレスへの変更を必要とするわけではない)。たとえば、マンション「ルシーダ」はレキシントン・アヴェニューの住所ではなく、東八五丁目一五一番地の住所を使っている。そのほうが上品に聞こえるからだ。[26] また別の住宅ビルも、マディソン・アヴェニューの住所ではなく、東七四丁目の住所を選んでいた。住宅開発業者が「おしゃれな物件」[27]に聞こえるよう狙ったからだ。

　著述家のアンドリュー・アルパーンによると、ヴァニティ・アドレス・プログラムが導入される前から、住宅開発業者はイメージアップできる名称を建造物につけていたらしい。[28] 彼らは立派なイギリス風の名称を拝借した。バークリー、ブレナム、カーライル、ウエストミンスター、ウインザーなど。さらにはバッキンガム・パレスまで使った。お次はヨーロッパからも、グルノーブル、ラフィーエット、ヴェルサイユ、マドリード、エル・グレコ、ヴェネチアンなどを。アメリカ先住民からも、ダコタ、ワイオミング、アイダホを拝借した。そして今や、ビル名だけではなく、その住所まで変更できるようになったというわけだ。

　ヴァニティ・アドレスは不動産価値をあげる安価な方法に思われるが、それによって申請費以上のものを失う可能性もある。実際は五番街に所在しない建物に「五番街」の住所がついていると、警察や消防隊がそれを見つけるのに苦労することがあるのだ（大都会マンハッタンと田舎のウエストヴァージニアに唯一、共通している問題である）。シカゴでも同じようなプログラムがあり、住宅開発業者は住所を操作できるため、それが原因で三一歳のナンシー・クレイという女性が職場の火災で亡くなったこともある。[29] 彼女の勤めるオフィス「ワン・イリノイ・センター」が、実際は「イースト・ワッカー・ドライブ」という地味な住所に所在することに消防隊が気づかなかったので到着が遅れたからだ。

わたしはマンハッタン地理局を訪ねた。それは、約九万平方メートルの「デイヴィッド・N・ディンキンズ・マンハッタン・ミュニシパル・ビルディング」の数多あるオフィスに片隅へ追いやられたような事務局だ。その窓もないオフィスで、ヘクター・リヴェラは何百もの都市地図に囲まれて仕事をしている。地図のなかには、第六章で登場したジョン・ランデルによる、当時グリッド法で整備されたばかりの都市地図もあった。リヴェラはアッパー・マンハッタンにある公共住宅フレデリック・ダグラス・ハウスで育った。高校生のときに区長のオフィスでのインターンシップを獲得し、卒業後もそのまま勤めることになったそうだ。人生の半分をそのオフィスで過ごしてきた彼は、今も地図を整理し、家屋番号を管理し、建物の敷地を訪れ、都市景観に関する問い合わせに対応している。住宅開発業者が新しい建造物を計画するときは、リヴェラが通りの歴史を調べ、その土地をかき回しても骨が発掘されないかを確認する。[30]

リヴェラは生まれ育った町の秩序ある家屋番号に大きな誇りを持ち、データベースを管理するために自分で作った複雑なシステムを見せてくれた。市内の通りを網羅したファイルが、地図部屋の引き出しに整然と分類されていた。ヴァニティ・アドレス・プログラムに関しては、リヴェラは運営補佐しか担当していない。名称変更を実際に承認するのは区長の仕事だからだ。しかし、ヴァニティ・アドレスがリヴェラの理想でないのは明らかだった。「もちろん、こちらとしては申請費の収入が得られますけどね。でも、ヴァニティ・アドレスのために三〇〇万ドルも払ったのに、その場所で心臓発作を起こして、救急車に見つけてもらえなければ、割に合わないじゃないですか」そう話す彼のデスクには、ヴァニティ・アドレス申請書が山のように積まれていた。

　マンハッタンではどちらを向いても、クレーンがうろつき、空中に何百平方メートルもの場所を生み出している。住宅開発状況を常に把握しているのは大変でしょうね、と言うと、リヴェラは微笑を浮かべて応えた。「ニューヨークですからね……ここでは、常にすべてが変化している」

　世界のどこでも、通りの名称はその場所の価値をあげたり下げたりしている。オーストラリアのジーロングにあるセイクレッド・ハート・カレッジの高校生たちは、ある調査プロジェクトを考えた。ヴィクトリア州にある変な名称がついた二七本の通りを調査したのだ。オーストラリアの統計局から得た情報を注意深く調べた結果、それらの通りにある物件は、近隣の通りにある物件より二〇パーセント安いことがわかった。[31]

　重要なのは通りの名称の前半だけではない。イギリスでは、「〇〇ストリート」という住所にある物件の平均価格は「◯◯レーン」という住所の物件の平均価格の半額以下だった。言語学者のリチャード・コーツは『ガーディアン』紙でこう問いかけた。「〝◯◯ストリート〟のほうが安っぽいのは〝浮浪児《ストリート・アーチン》〟や〝売春婦《ストリート・ウォーカー》〟という言葉から連想されるものと関係しているのだろうか？　悪ガキ《アーチン》・アヴェニューはないのか？」[32]

もうひとつ気になる点を挙げると、名称に「キング」や「プリンス」がつく通りにある家は「クイーン」や「プリンセス」がつく通りにある家よりも価値があった。[33] イギリスのある不動産ウェブサイトはこうまとめている。「家を購入する際の最重要事項は〝立地条件〟だと言われています。立地条件ほど重要な事項はない、と。しかし、わたしたちの調査でわかったのは、物件価格が通りの名称によって変動するということです」[34]

もちろん、通りの名称のなかには価値あるものもある。なぜなら、名称がその通りの姿を物語っているからだ。不動産専門家のスペンサー・ラスコフとスタン・ハンフリーズの指摘によると、ワシントン・ストリートにある家は、ワシントン・コートにある家よりも古い傾向がある[35]（アメリカで通りの名称に「コート」「サークル」「ウェイ」をつけるのが流行したのは一九八〇年代だ）。大通り《ブルヴァード》にある家に住んでいるなら、ご近所さんは多いだろう。[36] 小道《レーン》にある家に住んでいるなら、ご近所さんは少ないだろう。名称に「レイク」がつく通りにある家は、国内の平均価格帯よりも一六パーセント価値があがる。[37] おそらく、絵になる湖が近くにあるからだろう。

マンハッタンのヴァニティ・アドレスがずる賢いのは、本物の湖が近くになくても住所に「レイク・ストリート」と命名できる点だ。社交界の有名人マーサ・ベーコンは、この教訓を学ぶために痛い目に遭った。

一八九七年、ロバートとマーサのベーコン夫妻は、マレー・ヒルのパーク・アヴェニューと三四丁目の角地に立つ家に引っ越した。それは昔オランダから移民してきたテン・エィク家がゴシック・リバイバル建築を取り入れて建てたコテージで、[38]『ヘンゼルとグレーテル』に出てきそうなトリム［ドアや窓の飾り枠、壁の繰形、幅木など］や高いポーチを備えたレンガ造りだった。家はその後さまざまな著名人の手に渡り、やがてベーコン夫妻のものとなった。[39]家を購入した頃のロバートはJPモルガンの右腕と言われていた（のちに国務次官補になる）。ハーバード大学卒業生のあいだでは伝説的な存在で、在学中はフットボール選手、ボート選手、短距離走者、ボクサーで、いわゆるクラスの人気者だった（ちなみに当時のハーバード大学には、マイケル・イーゼンベルクが指摘するように、ボストン・アイリッシュも黒人もイタリア人もスウェーデン人もラテン・アメリカ人もいなかった）。[40]一八八〇年のハーバードのクラスはその後、「ベーコンのクラス」として知られるようになったほどだ。[41]

ベーコン夫妻は隣接するテラスハウスも購入し、パーク・アヴェニューにあるそのコテージを壮大な屋敷に変えて、ステンドグラスや彫刻を施したパネルを飾った。[42]マーサは昔から自分の社会的義務を嬉々として引き受けていた。デルモニコス・レストランでの仮装舞踏会にも出かけ、ルーズベルトとも踊り、ウォルドルフ・アストリアホテルで晩餐会を主催することもあった。名士ヴァンダービルト婦人と撮った写真では、マーサは鳥の羽根を立てた帽子をかぶっている。

ベーコン夫妻は、住所氏名録に「パーク・アヴェニュー一」と誇らしげに住所を記している。

パーク・アヴェニューは昔からおしゃれな町だったわけではなかった。「パーク」でもなかった。グリッド法が考案された当初は、ありきたりな昔ながらの四番街だったのだ。それ以前は、マンハッタンのほかの区域と同じく木々に覆われていた。道は一七世紀に原生林を切り開いたものだった。[43] しかし一九世紀に入る頃には、鉄道線路が町の真ん中まで延び、工場や醸造所や酒場が道沿いに並んだため、通りは煙と埃だらけになっていた[44](当時の新聞記事によると、そのへんに自生していた青リンゴを食べた労働者たちがコレラに感染したこともあるようだ)[45]。とはいえ、ひとたび鉄道が地下に移されると、通りは魅力的に変身した。四番街のその区域は一八八八年にパーク・アヴェニューと野心を込めて改称された。その頃はまだ石炭の煙が蔓延していたが、一〇年経つと、

アルヴァ・ヴァンダービルトとマーサ・ベーコン

町はその名前にふさわしい姿にとうとう変貌しはじめ、くぼんだ線路には草花があふれるようになった。ベーコン夫妻が転居してくる頃には、好ましい住所になっていたのである。

金メッキ時代（この時代の名づけ親はマーク・トウェインで、国内の深刻な社会問題を薄い金メッキで覆い隠したような当時の世相をよく表している）、裕福なニューヨーカーたちが人混みやコレラを避けてアップタウンに移住しはじめた。アメリカにはヨーロッパのような先祖代々伝わる貴族社会が存在しなかったため、ニューヨークはいつの間にか独自のエリート基準を作っていた。四〇〇の氏名が町の上流階級を占めていた（四〇〇という数は、五番街にあるキャロライン・アスターの舞踏場に大体おさまる人数だった）。当時は外見がものを言う時代だった——その外見には、住所も含まれていた。ライムストーンとレンガで建てられたゴシック調のマンションや小塔のある大邸宅が、五番街の「高級住宅街」に並びはじめた。

ベーコン夫妻の日常は当時の新しい貴族階級の日常らしく流れていた。ロバート・ベーコンはルーズベルトにより国務長官に任命され、その後、駐仏大使も務めた。その地で、マーサはアメリカの救急サービスのための資金を二〇〇万ドル以上集めた。娘のマーサ・ベアトリクスは、のちにＪＰモルガンの会長になる男性と結婚した。マーサは式で伝統的なポイントレース編みドレスをまとい、ブーケの代わりに聖書を手にし、『ニューヨーク・タイムズ』がご丁寧に指摘したところによると、「一連の見事な真珠」をつけていたという。[46] 息子は父の跡を継ぎ、ＪＰモルガンのもとで働いた。ロバート・ベーコンは戦後間もなく受けた手術で敗血症になって亡くなった。しかし未亡人となったマーサは、パーク・アヴェニュー一番地にひとり残って平穏に暮らし続けた（『タイムズ』紙によると、「使用人が九人」[47]いたらしいが）。

その平穏は一九二四年まで続いた。ヘンリー・マンデルが建築士を伴ってその区域を調べはじめたのはその頃だ。彼はマーサの屋敷から少し離れたところにある鉄道馬車の小屋を購入したところだった。そこにオフィスビルを建設する予定だったのだ。厳密に言うと、その新しいビルは四番街にあったが、広い人脈を持つマンデルが市議会議員を説得し、パーク・アヴェニューを南へ二ブロック分延長させることになった[48]——すなわち、彼の新しいビルがパーク・アヴェニュー一番地に所在することになったのだ。

過去のニューヨークにドナルド・トランプのような人間を見出すとするなら、それはたぶんヘンリー・マンデルのことだろう。トランプと同じく、マンデルも父の事業を受け継いだ。ドナルドの父フレッド・トランプは、ブルックリンとクイーンズで中流階級向けの住宅を建てて財を成したが、マンデルの父は、エリス島を経由して押し寄せてくる移民向けの安アパートを建設して富を得た。[49]しかし、息子のマンデルはもう少し上の層をターゲットにした。[50]

マンデルの時代、住宅ビルは「フレンチ・フラット」と呼ばれ、大抵はエレベーターのない五階から六階までの建物で、マンハッタン界隈では既に増加傾向にあった。[51]従来、ベーコンのように本当に裕福な層は一軒家を好んだ。貧困層は安アパートに住んだ。しかし、町に増えはじめた中流階級は一軒家を買う余裕がなかった。その中流階級を、マンデルはターゲットにしたのだ。彼はチェルシーのブロックをひとつまるまる手に入れると、世界一巨大な住宅複合ビル「ロンドン・テラス」を建設した。それはトスカナ様式の一四棟からなるビル群で、一ブロックを占めた。[52]住居は一六〇〇戸を超え、オリンピックサイズのプールまで備えていた（ニューヨーク大学の水泳チームがそのプールで練習するほどの広さだ）。レストランや一エーカーの庭園、子どもの遊び場、ジムもあった。ドアマンは皆、ロンドンの巡査みたいな格好をしていた。[53]マンデルはそれを大々的に宣伝し、五番街と三六丁目の角地に、家具や電化製品をそろえたモデルハウスを展開した。[54]ビルの外観コーナーまで作り、「未来の購入者が車を選ぶように住居も選べるよう」配慮した。

裕福な層も、自宅を手放して豪華な住宅ビルを求めた。[55]使用人の減少や所得税のことを考えると、町なかで豪華な屋敷に暮らすのが困難になっていたからだ。二〇世紀初期になると、個人住宅を建てる者などほとんどいなくなっていた。[56]しかし、マーサ・ベーコンはパーク・アヴェニュー一番地を立ち退かなかった。しかも、自分の住所をマンデルにあっさり譲ることを拒否した。パーク・アヴェニューの会報誌は「ベーコン夫人がこうむった不当な措置」に遺憾の意を表し、「彼女が所有してもう三〇年以上経つ、三四丁目とパーク・アヴェニューの角地にあるその屋敷が、住所の〝一番地〟を奪われようとしている」ことを嘆いた。同誌は、マンデルのビルの住所のためにパーク・アヴェニューを延長したことを「まぎれもない階級制の立法措置」だと批判した。また別の媒体でも、マーサの支持者が次のように述べた。「ヘンリー・マンデルはパーク・アヴェニューにビジネスで侵攻しようとする侵入者だ。彼のビジネスはこの有名な大通りを商業化する恐れがある」幸か不幸か、マーサ・ベーコンはこの古いパーク・アヴェニューの守り人のような存在になっていたのだ。

マンデルはパーク・アヴェニューのエリートたちには決して受け入れられそうになかった。彼は幼少期にウクライナからニューヨークに到着し、みるみるうちに市内でもっとも成功をおさめた（そして金を儲けた）住宅開発業者のひとりとなった。しかし、何よりも重要なのは彼がユダヤ人だということだった。当時、ユダヤ人は（特にドイツ系ではないユダヤ人は）どれだけ裕福でも、主流となる社交界の人々とは交際できなかった。ユダヤ人が一般的な事務職に就けなかった時代、住宅開発業に就いたユダヤ人は不動産業で大儲けし、市内でもっとも象徴的なビルをいくつも建設した。[57] それでも、上流階級との交際不可は変わらなかったのである。

マンデルはマーサに勝った。マーサの組織運動は失敗に終わり、彼女の住所を維持したいという訴えはニューヨーク最高裁で却下された。「バラの花は名前が変われば妙な匂いがするだろうし、住居は番地が変われば異臭を放つかもしれない」[58]――『ニューヨーク・タイムズ』紙は、シェイクスピアの言葉をもじって両者の争いを評した。「マーサ・ベーコンの事例は、あの諺にある気高いローマ人のようだ。パーク・アヴェニューで二番になるくらいなら、それ以外の場所で一番になるほうがいい」マーサ・ベーコンの屋敷の住所は正式に七番地となったが、彼女は電話帳の住所を一番地から変更しなかった。屋敷の住所標識にはただ「三四丁目北東、パーク・アヴェニュー」とだけ記されていた。

マンデルの高層ビルに囲まれたマーサ・ベーコンの家

しばらくすると、彼女の屋敷周辺の家々も壊されていった。住宅開発業者はマーサの土地を買い取ろうとしたが、彼女が拒絶したため、彼らはそのお菓子の家のような屋敷の周囲にちぐはぐな形で建設を続けるしかなかった。一九二五年の『ニューヨーク・タイムズ』紙には次のような記事が載った。「三四丁目の北東の角地にて、ベーコン夫人は自身の邸宅と褐色砂岩の玄関三つからなる要塞を守っている。降伏するつもりはない。（彼女は）まだ野蛮人にその土地を売り払っていない。地響きがするほどの騒音、舞い上がる埃をものともせず、この勇ましい監視者は、ニューヨーク黄金期のそびえ立つ城のはざまで孤軍奮闘している」[59] しかし、一九四〇年に彼女が亡くなると、その要塞も解体され、長方形の鉄とコンクリートの塊に姿を変えた。

トランプのような開発業者なら、マンデルのアイデアをさらに進めて、目に見えて贅沢な住居を宣伝し、知的階級やIT業界の大物や大富豪に営業しただろう。マンデルと同じく、トランプの強みもそのマーケティング力にあった。

トランプのビル「セントラルパーク・ウエスト」の営業所に行くと、グラナイトのカウンターや埋め込み型の照明を設備したキッチンやバスルームを見学できる。[60]希望すれば、プロモーションビデオも観せてもらえる。ビデオでは、フランク・シナトラの『ニューヨーク・ニューヨーク』をBGMに、トランプが住居を宣伝している（ちなみに、シナトラは以前トランプを罵倒したという噂がある）[61]。

そして当然のことだが、マンデルもトランプも何が一番のマーケティングになるかを知っていた——住所だ。ヘンリー・マンデルが生きた時代にはまだヴァニティ・アドレスなどなかった。彼はパーク・アヴェニューの住所を買う必要さえなかった。市が彼にそれを与えてくれたからだ。マンデルはマーサ・ベーコンとの闘いに勝ったあとも、町中にオフィスやアパートを建設し続けた。プライベートもトランプの前兆となり、愛人と一緒になるために妻と別れた。その後間もなく、大恐慌が起こった。彼はほぼすべてを失い、一四〇〇万ドル以上の借金を背負った（マンデルの妻は「愛情転移」を理由に、彼のふたり目の妻を訴えて五〇万ドルを要求した）[62]。別れた妻に扶養手当を払えなかったマンデルは、刑務所に二カ月拘置された。[63]亡くなったときは一文無しだった。一方のトランプは最高の住所を勝ち取り続けるだろう。

しかし、トランプもまた、セントラルパーク・ウエストの新しいビルを公開する前に、大きな苦労をしている。彼の会社は既に二度、破産宣告をしていた。離婚も経験している。ところが、そのようなことは問題にもならなかったようで、セントラルパーク・ウエスト一番地にあるトランプのビルは、その一〇年でめざましく成長したニューヨークの豪華マンション市場における彼の立場を揺るぎないものとした。とどまるところを知らない欲望に贅沢という仮面を悪びれもせず被せたマンハッタン――トランプは億万長者のパラダイスそのものであるマンハッタンを築くのに一役買ったのである（二〇一七年、ヘッジファンド経営者トップ四の収入は三五〇万ドルだった――これは一日あたりの収入だ）[64]。マンデルのような不動産王は、マーサ・ベーコンや彼女の金メッキ時代流の生活を古くさい思い出として葬ったが、トランプのような近代の開発業者こそが、銀行家や財閥、一握りの大富豪を文字どおり町の最上層に送り込もうと臆面もなく尽力したのである。

＊＊＊

わたしの母はニューヨークの貧しい家庭に育った。一九六〇年代と一九七〇年代は主にブロンクス、ブルックリン、ハーレムで暮らした。当時のニューヨークは現在とはまったく別の世界だった。「わたしの前から消えて」――当時一〇歳だった母が、近寄ってくる他人にはこう言えと教わった言葉だ。当時、ヘロインは袋入りで二、三ドルで売られ、売春斡旋業者はタイムズスクエアをうろつき、地下鉄の車両はすべて落書きで埋められていた。プールには小児性愛者が多数いたので、母は泳ぎを練習したことがない。公園も麻薬の売人であふれていたので、自転車の練習もできなかった。

一九七五年、市の財政は底をつき、弁護士たちは州最高裁に破産の申立をする準備をしていた（労働組合が退職基金で市に融資することに同意し、破産だけは免れた）[65]。一九八〇年のニューヨークで起こった殺人事件は一八一四件で、現在の発生件数のおよそ六倍だ。しかも、現在の人口は当時より約一五〇万人も増加しているのにだ。市はまた破産の危機に直面した。母はきっとパーク・アヴェニューに憧れていただろう。とはいえ、母が育ったアップタウンの巨大な住宅街を一緒に訪れると、彼女は必ずこう言う。「マンハッタンのどこにいたとしても、すぐ横には地獄があるのよ」

しかし、現在のマンハッタンはそうではない。住宅開発業者は競い合い、ライバルより少しでも高いビルを、壮大な景色を、大きなプールを、洗練されたジムを、広いプライベート映写室を、巨大な子ども用スペースを実現しようと必死だ。ゼッケンドルフ兄弟は高所得者市場の「心理学的調査」を行い、彼らが新しいビルに何を求めているのか調べた[66]（回答は「ライムストーン」だった。ゼッケンドルフ兄弟のセントラルパーク・ウエストのビルは八万七〇〇〇個のライムストーンを使用している）。「駐車場まで直通[67]」の住居を売りにしているビルもある――車庫まで専用のエレベーターで行けるのだ。

マンハッタンにはもう地獄のまま残っている場所などほとんどない。これを書いている二〇一九年現在、ヘルズ・キッチン区域にある分譲マンションの平均価格は一一六万ドルだ[68]。映画監督のジョン・ウォーターズは一九七〇年代のニューヨークについて『ニューヨーク・タイムズ』紙に次のように語った。「まあ、強盗に遭うことを懐かしいとは思わないね。でも、市内で唯一の危険なブロックは、よそより先に開店しようと争うレストランオーナーたちが殺到する場所だ、なんて考えるとうんざりするよ。ニューヨークで外を出歩くのが危険だった時代があるなんて、もう思い出せないくらいだ[69]」

ある意味、仮面舞踏会やデルモニコス・レストランでの晩餐会などを愛したマーサ・ベーコンたちのような上流階級より、現在のライムストーン愛好家である階級のほうが、ニューヨークをメッキで飾り立てている。建築批評家のアーロン・ベッツキイは言った。「マンハッタンは彼らのものです。われわれ（上流でない者）は、それを愛でるしかない[70]」わたしは、まだヴァニティ・アドレスの需要はあるのだろうかと不思議に思う。マンハッタンの通りはすべて、パーク・アヴェニューと変わらないように思えるからだ。

第一四章　ホームレス生活

住所不定でどのように生きるのか

マンハッタンと同じく、ニューヘイヴンもグリッド状に整備されている。迫害から逃れた清教徒《ピューリタン》が建設したこの都市は、旧約聖書の民数記第三五章一節から六節に描かれているレビ族の理想の町をモデルにしている。[1] ピューリタンはエゼキエル書第四五章二節のとおり、四×四の格子状に通りをきちんと整備し、出エジプト記第二六章にならって、中心に教会堂を置いた。中央のブロックは礼拝と憩いの場「ニューヘイヴン・グリーン」と呼ばれるようになった。のちに、奴隷船アミスタッド号を乗っ取った奴隷たちが運動時間に連れていかれた場所でもある。

ピューリタンはキリストが再臨するときに救われる予定の人数を収容できる広さに「ニューヘイヴン・グリーン」を設計した（救済される人数は、デイトンまたはパサデナの人口と同じくらいの一四万四〇〇〇人と予想した）。こんにちでは、この脱工業化都市があとに残したホームレスの人々の数を収容できる広さなのではないかと思えてくる。彼らはイエール大学のゴシック建築の存在感に押されて目立たぬ存在になっているが、来る日も来る日もその「グリーン」で時間を潰している。

ピューリタンが到着したおよそ四〇〇年後のその場所で、イエール大学法学部一年生のサラ・ゴラベク＝ゴールドマンはインタビューに応じてくれるホームレスの人たちを探していた。きっかけは、少し前の吹雪のある日、スターバックスで忘れられない出来事を経験したことだった。その日のスターバックスは試験期間の大学街によくあるカフェの例に漏れず、学生たちで混雑していた。彼らはノートパソコンや教科書を前に身をかがめ、午後中ずっと一杯のラテでねばっていた。サラはテーブルに判例集を広げ、契約法の試験勉強をしていた。そこへ、縮れた白髪の女性がふくらんだビニール袋をいくつも抱えて、吹雪から逃れるように店内へ入ってきた。彼女はドリンクを買わずに席についた。サラが視線をあげると、警官が女性に出ていけとどやしつけていた。サラはその女性を座らせてあげようと慌ててコーヒーを買いに行ったが、彼女は逃げてしまった。彼女を追ってドアを出ると、警官が後ろからサラに向かって大声でこう言うのが聞こえた。「イエール大学の学生にはわからないんだ」サラは吹雪のなかで女性を見失った。

サラはイエール大学に入る前、公民権を研究し、ドキュメンタリーを制作したことがある。ナチスによって破壊された墓地で自分の祖母の墓を探す映像で、ＰＢＳ放送局で放映された。サラは理想主義者だったが、実際家でもあった。ホームレスの人々が本当に必要としているものが何か知らなかった彼女は、イエール大学のような学校を目指す子どもが必ずしてきたであろうことを始めた――情報収集だ。

サラはひとりでニューヘイヴン・グリーンに出向いたが、どの人がホームレスなのか見分けがつかなかった。そこで、スターバックスで見かけたような、袋をたくさん持っている人を探しはじめた。彼女がホームレスについて調査していると説明すると、質問に答えてくれる人もいれば、あそこにホームレスがいると教えてくれる人もいた。その後、サラはニューヘイヴンとワシントンDCとロサンゼルスで、ホームレスの人々とサービス提供者の両方に何十回もインタビューを行い、ホームレス協会の協力を得て、全国調査に着手した。

調査を開始して間もなく、サラは自分がホームレスに関して推測していたことの多くが間違っていたと気づいた。ニューヘイヴンで充分なシェルターが見つからないことが最大の問題だろうと思っていた。たしかにニューヘイヴン・グリーンにいた人たちは、清潔な居場所がなくて悩んでいたし、厳しい冬の季節は特に困っていた。警察からの嫌がらせやメンタルヘルス治療の不足について話す人もいた。しかし、それらの問題は彼らが本当に必要としているものと比べたらかすむほどだ。彼らが本当に必要としているのは住所だったのだ。

定義上、ホームレスとは家のない人たちのことである。しかし、住所は家ではない。近頃の住所はアイデンティティになっている――すなわち、自分が誰でもない人間ではなく、素性のたしかな人間であることを社会に示すためのツールなのだ。子どもを学校に登録するとき、投票するとき、口座を開くとき……人は何度、住所の証明を求められるだろう。口座を開くために、銀行の支店長がわざわざ家に訪ねてくるわけではない。とはいえ、現代社会では、人は住所をもって自分を証明するのだ。

多くの人がオフグリッド生活に憧れるという。自分流にアレンジした#バンライフ［車での生活］だ。一方、サラがインタビューした人々は家や請求書や銀行口座を伴うオングリッド生活を切に求めていた——つまり、近代的な生活に必要なものすべてだ。全員が何よりも仕事を必要としていた。そして、仕事を得るには住所が必要だった。ある男性はサラに言った。「以前はわたしも働いていましたが、今は住所がないんです」サラはホームレスの人たちの多くが勤勉な労働者であることを裏づける統計を見つけた。彼らが勤勉なのは、仕事のありがたみを知っているからだ。

イエール大学のビジネススクールとロースクールの両方で学士号を取得し、卒業間近だったサラは、スターバックスやメイシーズ、JCペニー、ギャップの求人情報を集めはじめた。どの求職申込書を見ても、住所記入欄があった。雇用者は大抵、電話かメールで求職者に連絡するにもかかわらず、住所の記入が求められるのだ。申込書のなかには、求職者の「生活形態」を調査する可能性があると記しているものもあった。

サラは故郷のロサンゼルスに戻り、低賃金で働く労働者にインタビューした。ピザハットの従業員はそこで働くために「たくさんの条件があるわけではない」と説明したが、こう続けた。「数年は同じ住所にいることが求められるので、ホームレスの人はここでは採用されません。彼らは自立したいと思っているので残念なことですけどね」デニーズの店舗オーナーはサラにこう話した。「求職者の住所を尋ねるのは、彼らが根を生やした生活をしているか知りたいからです。ホームレスの人は匂いや衛生面で問題がある可能性があるので雇いません。彼らの苦境には同情しますが、家を持たないという選択をした人たちもいますからね」小規模なビジネスを営むオーナーもこう言った。「うちの顧客は小さな子どもやその親なので、ホームレスの人は雇わないことにしています。従業員がぼさぼさの髪で、臭くて、薬物やアルコールの中毒者だったら、顧客は嫌がりますから」[2]

雇用側のあからさまな差別は、ホームレスの実態に関する誤った見解に起因している部分もある。ペンシルヴェニア大学の教授デニス・カルヘンは、大学院生のときに調査目的で何週間かシェルターで暮らしたことがある。数カ月後、シェルターを訪ねると、彼が知り合った人たちの多くがもうそこにいなかった——彼らは困難な時期を乗り越えるために避難し、一時的にそこで暮らしていただけだったのだ。ずっとホームレスだという人は全体の一〇分の一程度だった。[3]

精神疾患や中毒の発症率がホームレスの人々のあいだで高いことは知られているが、彼らの多くは、ただ単に不運や困難に遭遇しただけである（深刻な精神疾患を抱えている人は車上生活者や居候のなかにもいるが、彼らはそうした病を抱えて路上に暮らしている人よりも目立たない）。ホームレス人口の三分の一は子どものいる家族だ。[4] それに永住の地を持たない彼らの多くが既に仕事に就いている。こんにちのアメリカには、最低賃金で寝室ふたつのアパートメントに住める州などない。[5]

しかし、薬物中毒や不法という偏見は残っている。人はホームレスになると、根深い烙印《スティグマ》を押されるのだ。二〇世紀に大きな影響力を持っていた社会学者アーヴィン・ゴフマンは、社会に受け入れられずに暮らす人々と彼らのスティグマについて長年かけて研究した。社会に受け入れられない人々とは、身体的に不自由な人や中毒者、精神疾患を抱えた人などである。ゴフマンはスティグマのことを「損なわれたアイデンティティ」と表現した。ホームレスについてインタビューを受けたある若い男性は、路上生活で一番つらかったことを次のように述べた。「つらいのは、路上生活者を見下す人々の視線に慣れてしまうことです。会う人ほとんど全員が自分を見下している状況で、自分に自信を持つのはとても難しい[6]」ある研究で、一般の人たちにホームレスの人々の写真を見せたところ、その脳活動から、彼らがホームレスの人々を「人間以下、あるいは人間性を奪われた人々[7]」として見ていることが示唆された。

ゴフマンによると、「普通の人」を装うことでスティグマを避けようとする人もいる——たとえば、顔が変形したことで汚名の烙印《スティグマ》を押された人は、整形手術を受けるなどして、その烙印《スティグマ》から逃れようとするかもしれない。ホームレスにとって、スティグマを免れる手っとり早い手段のひとつは、なんらかの形で住所を手に入れることだ。そうすることで、医者や将来の雇用者となりうる相手にホームレスだと明かす必要がなくなる。そして、肯定的な自己認識を求めるこの欲求こそが重要なのだ。心理学者のアブラハム・マズローの理論によると、人は心理的欲求や自己実現欲求を満たす前に、まず基本的欲求（食・水・安全など）を満たす必要があるという。しかし、その欲求段階はそれほど単純明快な話ではないのかもしれない。家がなくて困窮している人が、貧困から抜け出すより先に肯定的な自己認識を必要とする場合は、どうすればいいのだろう?

　テキサス大学の研究者が以前に行った調査によると、ホームレスの人々は自分の環境に順応するために、さまざまな手段を見つけるという[8]——たとえば、ほかのホームレスの人から距離を置いたり(自分は「彼ら」と違うのだ)、自分の立場を受け入れたり(自分は路上生活者だ、放浪者だ、ヒッピー的放浪者だ、など)、自分の人生に関する空想物語を人に語ったりするのだ。あるホームレス男性は元倉庫のコンクリートの寝床に向かう前に、インタビュワーにこう話した。「明日の朝になったら金を受け取って、こんな生活とはおさらばできるはずなんだ。そうしたら晩には飛行機でピッツバーグに向かう。温かい風呂に入って、自分のレストランでリングイネのディナーと赤ワインを楽しむつもりだよ、女を連れてね」[9]その後に再会した彼はこう話した。「法的な問題があって、金が手に入らなかったんだ」また別の男性はアラスカとシベリアの国境で(そのような国境は存在しないが)パトロールしていて、ロシア人の看守とウォッカをトレードしたと自慢話をした。[10]そうした空想物語は(必ずしも)精神的疾患の症状を示しているわけではない。自尊心が傷つけられる環境で、肯定的なアイデンティティを守るためのひとつの手段なのだ。

　これは、ホームレスの人々が特定の外見をしていない理由のひとつである。彼らはいつも汚くて悪臭を放っているわけではない。彼らの多くは居場所があるように見える——知り合いの家を泊まり歩いたり、ガソリンスタンドのバスルームを使ったり、コインランドリーで洗濯をしたりして、ちゃんとした身なりをしている。彼らは路上ではなく図書館や駅で日中を過ごし、ほかのホームレスから距離を置くこともある。ホームレスの子どもたちを対象にした研究によると、彼らは寄付箱からおしゃれな服だけを選び、流行遅れのコートなどは断るという。研究者が記録した彼らの会話を紹介しよう。ロジーナという少女が、シェルターで「三台向こうのベッド」に眠る子が気に入らない、ということを友人のシェリーとリンダに話している会話である。[11]

シェリー：シーッ、声が大きいわよ。誰かに聞かれたら、わたしたちがホームレスだってばれるじゃない。

ロジーナ：ばれたって気にしないわ。

シェリー：わたしは気にするの。

リンダ：わたしもよ。三軒向こうの子が気に入らない、って言ったほうがいいわよ。そうしたら、近所の子の話だって思われるでしょ。

もちろん、誰かの三軒隣に住んでいるという話はできるが、その家の住所を言えるわけではない。住所なしで世を渡るのは困難だ。友人や家族の家の住所を借りることもできるが、ホームレスの人々の多くは、そうした社会的サポートを持たない。シェルターの住所を使うこともできるが、雇用者は騙されないだろう。ニューヘイヴンのある求職者は面接でこう訊かれた。「住所がエラ・グラッソ・ブルヴァードになっているけれど、あのあたりは商業地ですよね？」その求職者はサラに説明した。「相手が何を言わんとしていたかはわかっています。でも、シェルターはわたしが知っている唯一の生活可能な場所でした。相手は、お時間を取らせましたと言って面接を終わらせました」[12]

郵便サービスは、局留め郵便にすれば、自分宛の郵便を預かってくれる。ロナルド・クロフォードという男性は、ニューヨーク郵便局の局留め郵便窓口でダイレクトメールを受け取るのがうれしい、と記者に語った。「宛名に自分の名前が書いてあって、誰かに認識してもらっているという感覚がね、なんとなくうれしいんですよ」[13]しかし、郵便サービスでも、ホームレスの人々が本当に望んでいるものは与えてくれない——ホームレスではない、と示す方法だ。

サラが考えた解決案はこうだ。住所記入を禁止にすればいい。もしくは、求職者の住所を採用前に尋ねることを禁止すればいいのだ。雇用者は求職者に電話やメールで連絡する——それなのに、なぜ住所を必要とするのか？　求職申込書の住所記入欄をなくすだけで、差別を止められるではないか。しかも、ホームレスの人々に求職する自信を与えられるかもしれない。

申込書の質問欄を禁止するという考えは新しいものではない。ドーシー・ナンは一九六九年に無期懲役を宣告された。一二年後に釈放されると、元囚人を支援する組織を設立した。彼は「犯罪歴の有無の記入欄」を廃止するよう雇用者に推奨するという画期的な案を思いついた。雇用者は申込書を検討してから初めて求職者に質問できる、というシステムにしてはどうだろう？　ナンは国中を回って、自分の案を売り込んだ。ウォルマートがその記入欄を申込書から廃止すると、スターバックスなどほかの企業もあとに続いた。一三の州がその記入欄を禁止した。[14]すなわち、現在では二〇〇万以上のアメリカ人が求職時点での犯罪歴の質問を法によって禁止する地に住んでいるというわけだ。そう考えると、サラの「住所欄の廃止」という案も頷けるものだ。求職者の住所を尋ねるのを禁止すれば、雇用者は求職者がホームレスかどうかもわからない。「住所不定」という複雑で費用のかかる問題も、この住所欄禁止という安価で容易な方法で解決できるではないか。

住所欄禁止という方法よりも適切な解決策がひとつあるとすれば、それは誰もが住所を持てるようにすることだろう。わたしはその解決策を考えた人物に出会った。

ニューヘイヴンから海を隔てたロンドンのハマースミスにて、クリス・ヒルドリーは陽光の差すテラスカフェで、彼の天才的なアイデアについて話してくれた。クリスは三〇代半ばだが、短く刈り込んだ髪と少年のような顔のおかげで、年齢より若く見えた。彼は一八歳のときにデザイン上級コースで国内一の成績をおさめ、現在は建築士として成功している。わたしたちの初対面は二〇一八年で、彼はロンドン自然史博物館の壮大なエントランスのデザイン変更の仕事をしていた。

クリスが建築士として出発して以来、ロンドンはずっと深刻な住宅危機の渦中にある。住宅価格は急上昇し（わたしの住むハックニー区の住宅価格は、ここ二〇年で六倍近くあがった）[15]、手頃な価格の住宅は充分に立っていない。とはいえ、わたしがこれまでに住んできた数々の都市と違って、ロンドンでは貧困層と富裕層が信じられないくらい近距離で暮らしていることが珍しくない。わたしの住んでいる地域を例に挙げると、一五〇万ポンドの家の隣に、大きな公営住宅が並んでいたりする。労働者階級向けの公営住宅団地「グレンフェル・タワー」は、ロンドンでも有数の高級区ケンジントン・チェルシー地区に建てられた（同タワーは二〇一七年の大火災で七二名の犠牲者を出し、今後解体予定である）。ちなみに、二〇一九年の調査による同地区の平均的な住宅価格は一七七万ポンドだった。

当然のことだが、ホームレス問題の理想的な解決策は、あらゆる人に住む家を提供することである。ユタ州はホームレスの人々に無料あるいは低価格の住宅を提供し、この一〇年で州内のホームレス率を九一パーセント下げた。しかし、イギリスのホームレス率は、保守派の福祉予算削減の時期に関係して、ここ数年上昇している。イギリスでは二〇一〇年から二〇一八年のあいだに、家のない「路上生活者」[16]の数は一六五パーセントまであがった。

そうした住宅危機の激化に伴い、政府は民間開発業者に一定数の安価な住居をビルに組み込むよう要請しはじめた。クリスによると、開発業者は正規価格の住居に豪華なロビーやアトリウムを備えつける一方で、安価な住居用に別のエントランスを作るようになった――彼らの言う「貧しいドア」[17]である。セントラルロンドンの「フィッツロビア」区域では、元倉庫を改築した豪華な住居には専用のエントランスと中庭があるが、安価な住居のほうの住民は路地を通って出入りする。ある開発業者は正規料金の住居に住む子どもにだけ遊び場の使用を許可した。開発業者のなかには、安価な住居を組み込む義務から金の力で逃れる業者もある。建築士はそうした決断に対して発言権を持たないため、設計を改善したり、なんとか空間を生み出したりしても、安価な住居の不足という問題は解決できない。開発業者は富裕層のために建設したいだけなのだ。クリスは言った。「ホームレス問題に関して、わたしに唯一できるのがより多くのビルを建てることだとしたら、それはあまり効果的だとは言えないでしょう」

ほかの画期的な案でホームレスの人々の生活を改善することもできる。建築デザイナーが、ニューヨークの建物の外側に木材スリーピングポッドを取りつけてはどうかと提案したこともあった。しかし、シェルターの職員はその案に反対して、クリスにこう言った。「テントの改良版など不要です」ホームレスの人々の生活をただ改善すること、あるいは、彼らが他者にもっと受け入れられるようにすることが自分の目標ではないと、クリスは考え直した。彼もサラがしたように、シェルターに電話取材をしたり、役人にインタビューしたりして、解決策を模索した。そして、彼もまたサラと同じ結論にいたった。「住所がない」という現実が、彼らが再び住所を持つチャンスを潰しているのだ。

クリスは「住所がなければ不可能なこと」リストをパソコンで見せてくれた――住所がなければ、身分証明書やパスポート、結婚許可書も取得できない。イギリスでは、私書箱も利用できない。クレジットカード会社は明細書を送るのに住所を使う。国民保険サービス（ＮＨＳ）は患者の予約日を郵便で通知する。これに関しては、わたし自身も実際ににがい経験をした。自分宛の郵便を見落としていたため、ＨＮＳの予約日が過ぎてしまったのだ。ほかにもある。形式上は住所がなくても投票はできることになっているが、選挙権があることを証明するための身分証明書を取得するのに、住所がなければ苦労する。

失業保険（イギリスでは「求職者給付」と呼ばれている）を受けるには、申請者本人が職業センターに行かなければならない。そして職業センターも、申請者の予約日を郵便で通知する。郵便が発送されたあとに予約日を逃してしまうと、四週間から三年間、給付停止の措置がなされる。ある男性は母が亡くなりそうだからと職業センターに事前に連絡したにもかかわらず、給付停止になった。また別の男性は赤ん坊が死産で職業センターに行けなかったため、同様の措置を受けた。[18]作業能力評価を受けているときに心臓発作を起こした男性も、同様だった。[19]最近の調査によると、ホームレス対象のサービスを受けている人たちの二一パーセントが、そういった措置が原因でホームレスになったという。

クリスは、いくら建築士でも、ただ家を建てるだけではホームレスの助けにはならないことに気づいた。しかし、その代わりに住所を与えることはできるかもしれない。彼が最初に考えたのは、道路標識の後ろに郵便受けを設置して、彼らが郵便を受け取れるようにすることだった（クリスはのちに雑誌『ワイヤード』で次のように語っている。「あれは最悪の案でした。デザイナーはつい何かを作ろうとするんです」）。[20]とはいえ、彼はロイヤル・メールの郵便仕分けオフィスを見学中にひらめきを得た。職員が郵便物を旧住所から新住所に転送する作業を見て気づいたのだ。住所は必ずしも実際の家とつながっている必要はない、ということに。たとえば、サンタクロースに手紙を書いて、彼の住所「XM四　五HQ　Raindeerland（トナカイの国）Santa's Grotto（サンタの洞穴）」宛に送ると、彼が返事をくれる。トナカイの国はどうやら（そして残念ながら）ベルファストにあるらしい。サンタが偽の住所を持てるのなら、ホームレスの人がそれを持ってもいいではないか。

　クリスはイギリス国内の住所すべてを網羅したリストをロイヤル・メールからもらい、統計を調べて次のことを発見した。一四番まであるイギリスの通りのうち、三四パーセントが（バーミンガムにいたっては七四パーセントが！）、縁起をかついで家屋に一三番をつけるのを避けているということだ。その不吉な番号をホームレスの人々に使ってもらうことはできないだろうかと、彼は考えた。しかし、ロイヤル・メールの転送システムはそのように機能していなかった。サンタ以外の人の住所は現実に存在しなければならないのだ。[21]

　彼が何を言わんとしているのか混乱するわたしを見て、クリスはヒントをくれた。かつてわたしたちは固定電話を使っていた。つまり、特定の場所に電話をかけることが普通だった。でも現在は、特定の場所にかけることなどほとんどない。わたしたちは人に電話をかけるのだ（そう言えば、わたしは五歳の娘に電話のかけ方を教えるとき、「もしもし、誰々さんはいらっしゃいますか？」という文言を覚えさせるのをやめた。今後そんな文言を使う場面があるとは思えなかったからだ）。住所も同じように使えないだろうか？

そこでクリスはふと思いついた。空き家になっている住所をホームレスの人たちに使わせてはどうだろう？　おかしな話だが、住宅価格と住宅不足が増加し続けるこのイングランドで、二〇万戸以上の住居が半年以上空き家になっていて、少なくとも一万一〇〇〇戸の家が一〇年以上、無人なのだ。[22] ケンジントンとチェルシーでは、一六〇〇戸以上の家が空いている[23]——所有者はウクライナの新興財閥やオフショア会社、外国の皇族などだ。マイケル・ブルームバーグも寝室が七部屋ある一六〇〇万ポンドのマンションを空き家にしている。二〇一九年のイングランドでは、五三〇億ポンド相当の不動産が空いたままだった[24]——二一万六〇〇〇戸以上の住居が無人だったのだ。家が無人である理由のなかには、住人が施設に入居した、大幅な修繕のため、などという典型的な理由もあるが、多くの投資家がロンドンの家をジョージアン様式の銀行口座のような存在として考えている。

　ところで、家の所有者はホームレスの人に住所を貸すことを気にしないのだろうか。わたしがそう訊くと、クリスは愉快そうな表情をした。皆、ホームレスがどうやって郵便受けにアクセスするのか訊くらしい。しかし、彼らは郵便受けにはアクセスしない——住所は単なる「場所の目印」なのだ。人は家を所有するが、住所を所有するわけではない。たとえ空き家の所有者が戻ってきたときに誰かがそこの住所を使っていたとしても、問題はない。そもそも、このシステムは住人がいる家の住所でも活用できるのだ——だがクリスいわく、そうするのは時期尚早らしい。そのシステムにリスクがないことを理解せずに、不満に思う人もいるだろう。

クリスはパソコンにスプレッドシートを呼び出して、そのシステムがどのように機能するのか教えてくれた。まず、ホームレスの人が空き家の住所を受け取り、オンライン・データベースにその住所を入力し、希望する転送先を指定する。転送先はシェルターでも友人宅でもいいが、郵便局はそのデータベースを参照して郵便を転送する。そうすれば、雇用者は求職者が記入した住所に実際には住んでいないことを決して知ることはない。

サラもクリスも、ホームレスの人々のジレンマに焦点を絞ったのだ。ホームレスであることを受け入れるのか、否定するのか。ホームレスであることを認めるのは、前向きなことかもしれない。そうすることで、他者からのサポートを受けたり、助けを求めたり、シェルターを探したりできるようになるからだ。とはいえ、ホームレスであることを認めるのは危ういことにもなりうる。家がないのは一時的なことだと考えると、いつか家を持つという考えにつながる。しかし、ホームレスであることを長期的な視点で受け入れてしまうと、絶望感につながることもあるからだ。ホームレス向けのサービスを受ける資格があるのに、それを拒否する人の多くは、自分が長期的にホームレスである可能性を受け入れたくないという理由があるそうだ。ホームレスをやめるためには、往々にして、自分がそうでないというふりをしなければならない。ときには自分を騙すことさえ必要になる。家があるという架空の話は、それを実際に持つための最初のステップなのかもしれない。[25]

わたしはクリスと話してから、地下鉄に乗ってナイツブリッジの「ワンハイドパーク」を見に行った。最近のロンドンでもっとも贅沢な施設と言われている「ワンハイドパーク」の噂はよく聞いていた。そこにはロンドンでもっとも高価な住居、一億六〇〇〇万ポンドのペントハウスが入っている。[26]外観は富裕層向けのヒルトンのようだったが、なかにはサウナやオゾン浄化プール、ゴルフシミュレーター、スカッシュのコート、ルームサービス、個人用の緊急避難部屋まであった――〇・〇九平方メートルあたり七〇〇〇ポンドという割引価格で利用できる計算だ。二〇一九年の広告では、賃貸料が一週間で四万ポンドだった。

「ワンハイドパーク」に入っている住居のほとんどは、第二、第三、あるいは第四の家として利用され、完全に空き家状態だ。[27]ジャーナリストのジョン・アーリッジは、夜にそばを通ると真っ暗だったと書いていた。「少し薄暗い、というレベルではなく、周囲のビルと比べて真っ暗だった。ちらほら電気はついていたが、まるで誰もいないように見えた」わたしは山高帽をかぶった制服姿の守衛（連合王国特殊部隊で訓練を積んだに違いない）[28]を見つめた。彼もじっと見つめ返してきた。

クリスは今、自身のすばらしいアイデアを導入してもらおうと、ロンドンの協議会にかけあっている。もしそのプロジェクトが大規模に導入されれば、市内で家を失った誰かが、「ワンハイドパーク」の住所を使えるようになるかもしれない。わたしはプロジェクトの反体制的な側面が気に入っている。億万長者が金に糸目をつけずに手に入れたナイツブリッジの住所を、ホームレスの人が使えるなんてすてきではないか。誰かが活用できるのなら、活用してもらえばいい。家は空き家かもしれないが、住所まで空っぽにしておく必要はないのだから。

結び　未来

住所は滅亡に向かっているのか

一九〇五年九月、ダニエル・バーナムはセント・フランシス・ホテルでサンフランシスコのための新計画を発表した。[1] 当時バーナムは世界屈指の都市計画家、建築家として既に名を馳せていた。一八九三年に開催されたシカゴ万国博覧会の「ホワイト・シティ」はバーナムがデザインしたもので、新古典主義の建物が一五〇以上並んだ。それらは石膏ファサードを備え、真っ白に塗られて、一〇万個の電球に照らされた。アメリカの人口の三分の一に相当するおよそ三〇〇〇万人が、バーナムの作品を見物しに訪れた。[2] それは「張りぼて建築」の域を出ないものだったが、訪れた多くの人が感動に涙した。

バーナムがサンフランシスコのために立てた計画は好評だった。しかし、一九〇六年四月に地震が発生し、同市の三〇〇〇人が亡くなり、八〇パーセントの建物が崩壊した。市庁舎に保管されていたバーナムの計画書のほとんどが消失した。バーナムはサンフランシスコを再訪し、自身の計画への新たな関心を呼ぼうとしたが、市は改革ではなく再生を望んだ。

シカゴに戻る道中、バーナムは列車の長旅でジョセフ・メディル・マコーミックと隣り合わせた。[3] マコーミックは『シカゴ・トリビューン』の発行者で、同市のコマーシャル・クラブ〔労働組合に対抗する組織〕の一員でもあった。マコーミックは、シカゴのために壮大な計画を立ててくれないかとバーナムに持ちかけた。彼は「大変な労力」が必要になるから考えさせてほしいと応じた。シカゴに到着すると、コマーシャル・クラブのほかの会員もバーナムの説得にかかった。「それでは、やってみましょう」[4]バーナムはとうとう承諾した。彼はシカゴ美術館の向かいにあるペントハウス・オフィスで数年を費やし、シカゴを「大草原にあるパリ」[5]に変身させる綿密な計画を立てた。

それはシカゴにどうしても必要な計画だった。一九世紀の半ばから終わりにかけて、シカゴは西洋世界の都市のなかでは群を抜いて成長した。アメリカ先住民との小さな交易所として出発したシカゴは、[6]豊かな土壌、鉄道ネットワーク、ミシガン湖岸の戦略的な立地条件に恵まれていたため、ビジネスが発展し、世界中から移民が引きも切らず押し寄せた。しかし、当時のシカゴは路地には汚物が散乱し、湖岸はぬかるみ、空気も汚染している醜悪な都市だった。屠殺場では一八六五年から一九〇〇年のあいだに四億頭もの家畜が屠殺され、不快臭が市内に漂っていた。[7]アプトン・シンクレアは当時発行された自著『ジャングル』で家畜収容所の恥ずべき実態を暴露した。「彼らはブタをまるごと活用する。使わないのはその悲鳴くらいだ」

新しいシカゴのデザインを掲げるバーナム委員会は何百回も会議を重ね、その構想を描いた豪華なイラストを含む一六四ページの計画書『シカゴ・プラン』を出版した。その計画はたくましいシカゴをいい意味でヨーロッパ風に仕立て、対角に整備された通り、公園や埠頭や湖畔の開発を唱えていた。「小さな計画を立てるな。そのような計画は、人の血を騒がせる魔力を持たない」バーナムが言った(とされる)有名な言葉だ。彼がシカゴのために立てた壮大な計画は、実現されれば、シカゴを見違えるほど変身させただろう。

『シカゴ・プラン』が出版される数年前、まったく別のタイプのシカゴ市民、エドワード・P・ブレナンが、独自のシカゴ改善案を打ち立てていた。彼は食材配達と集金の仕事をしていたため、シカゴの通りのややこしさを身をもって知っていた。著述家のパトリック・レアドンによると、ブレナンはある夏、地図をどっさり買い込んで、ミシガン州のポーポーへ休暇に出かけた。[8] シカゴの煩雑な町並みを整理するつもりだった。シカゴは周囲の町を取り込み、一八八九年だけでも三〇〇平方キロメートル以上拡大した。[9] 結果、通りの名称は重複し、採番も支離滅裂になり、調和を失っていたのだ。レアドンによると、シカゴにはスカイラー・コルファクス(念のために注釈しておくと、コルファクスはユリシーズ・S・グラント大統領時代の最初の副大統領だ)にちなんだ通りの名称が五本はあったという。[10]

ブレナンは市議会議員の親戚の力を借りて、ほぼ単独で組織を作り、シカゴの町並み改善に取り組んだ。[11] 彼の計画は惚れ惚れするほど論理的だった。まず、通りの西側と北側の建物に偶数をつけ、東側と南側の建物に奇数をつける。番号は毎マイル八〇〇ずつあがっていき、長い通りでも目当ての番号がどのあたりに位置するか見当をつけやすくする。重複する通りの名称は廃止し、歴史的あるいは文学的に重要な名称を新しくつけ直す。[12]複数の名称がついている通りはひとつの名称に絞る。ブレナンは親戚の市議会議員に次のような手紙を書いた。「あの万博を開催したときの精神をもって、間違いを正し、完璧な家屋番号計画をシカゴ市民に提供しようではないか[13]」

ダニエル・バーナムはシカゴをローマのように見せたかった。一方のエドワード・ブレナンは、ローマが道しるべを設置した方法を羨望した。一九三六年、新聞のインタビューでブレナンはこう語った。「わたしは〝すべての道はローマに通ず〟という言葉を思い出すのです。それを現代のこの町に置き換えると、こう言えるでしょう。〝すべての道はステート通りとマディソン通りに通ず[14]〟」ステート通りとマディソン通りの交差点は、市内のすべての番号が始まる始点にする予定だった。

市議会はやがてブレナンの計画を採用した。分厚い住所録が登場し、ポストカード業者は大繁盛した。市民が新住所を郵便でお知らせしたからだ。通信会社のウエスタン・ユニオンやデパートのマーシャル・フィールドといった企業がブレナンの尽力を称える手紙を送り、彼はそれらを丁寧にスクラップブックに貼った。

二〇〇九年、「大胆な計画と大きな夢[15]」というテーマで、ダニエル・バーナムの計画一〇〇周年を祝う会が催された。彼を称えて何百というイベントが開催された。一〇〇周年を記念して、世界的に有名な建築士ザハ・ハディッドとベン・ヴァン・ベルケルがミレニアム・パークにパビリオンを設計した。作曲家のマイケル・トーキーは、バーナムの言葉を題材にしたオーケストラとコーラスによる作品『Plans（計画）』を公開し、五年生の子どもたちが実物そっくりのシカゴ地図を制作した。こんにちのシカゴには、バーナム港、バーナム図書館、バーナム公園、バーナム・センター、バーナム・アヴェニューがある。[16] アメリカ都市計画協会は「ダニエル・バーナム・フォーラム・オン・ビッグ・アイデア」を毎年開催している。[17]

これに対し、こんにちではエドワード・ブレナンの偉業を認識する人は少ない。バーナムの計画書が出版された同じ年に、ブレナンの計画も実施されたのにである。彼の名前はシカゴの町の歴史の脚注にはよく登場する。また、「サウス・ブレナン・アヴェニュー」という二ブロックの地味な通りにその名が残り、ステート通りとマディソン通りの角に記念名称がついている。

バーナムは都市美運動を促進したことで現在でも広く知られている。その都市美運動は何十年も都市計画にインスピレーションを与えてきた。しかし、シカゴが美しく生まれ変わる前に、町は整備される必要があった。一九〇八年、ブレナンのストリート計画が実施される前の年、シカゴの郵便配達の最高責任者が演説を行い、市内の一二五の町に独自の通りの名称と番号があり、五〇〇本の通りの名称が重複していることを嘆いた。のちに、彼はこう訴えた。「いくら都市の美化に多額の資金を投入しても、人が道に迷うようなら意味がないではないか」

それでも、歴史というものは大きな計画、目立つ人間に注目する。バーナムは長身で体格もよく、生き生きとした青い瞳と印象深い赤髭に、ロンドンから取り寄せたオーダーメイドのスーツを着ていた。従業員のなかには、バーナムのことを「今まで出会った人のなかで一番ハンサム」[18]と評する者もいた。バーナムは新世界（アメリカ大陸）の貴族のような存在で、八代目のアメリカ人だった。[19]彼の先祖の初代アメリカ人は、一六三五年にマサチューセッツ州イプスウィッチに到着した。バーナムはシカゴ・プランの立案を終える頃には既にシカゴを去っていた。わが子五人がシカゴの不潔な通りで遊ぶことは考えられなかったからである。彼はエヴァンストンに引っ越し、一六部屋もある家に住んだ。[20]

一方のエドワード・ブレナンはアイルランド系アメリカ人で、妻と三人の娘とシカゴに住んでいた。[21]彼が仕事を終えて帰ってくると、娘たちは毎晩、町角から駆け寄って迎えてくれた。昔の白黒写真が残っているが、黒縁の眼鏡をかけた、華奢でこざっぱりしたブレナンが写っている。バーナムもブレナンも信念をもって自分の時間を捧げたものの、裕福だったバーナムのほうには時間を捧げる余裕があった。バーナムは有給の製図者や建築士を数多く従えて仕事にかかった。一方のブレナンは市庁舎の会議に六〇〇回以上も足を運び、無報酬で身を粉にして働いた。[22]しかも、シカゴの「目に見えぬ建設」にほとんどひとりで何年も取り組んだのだ。

彼らの相対的な名声の原因は階級にあるのかもしれない。バーナムの計画は上流階級の感受性に訴えるものがあったが、抽象的な美を追求するあまり、増加する労働者階級の要望を無視したことで批判されてきた。彼の計画はいくつかの点では成功した——たとえば、シカゴの町を湖岸を中心に栄えさせるというアイデアは、都市景観に劇的な影響を与えた。[23]しかし結局のところ、バーナムの計画は完全には実施されず、その壮大な計画への情熱も大恐慌のあいだに消え去った。反対に、ブレナンのストリート計画は誰にとっても役立つものであり、特に労働者階級の配達人や郵便局員などには重宝された。当時、市はブレナンの計画の几帳面さと効率性を称え、次のように記した。「シカゴは、その面積の半分程度のほかの都市よりも、通りの名称が少ない」

現在のわたしたちは変わっただろうか。目に見えるものを賛美し、目に見えぬインフラの価値を見過ごしていないだろうか。わたしは現代のエドワード・ブレナンを探し、彼らが受け取るべき称賛を与えたいと思った。結果、予想していなかった人物と出会った。

住所決定の未来を描くために、紹介したい人がいる。南アフリカ人医師のコーニー・ロウだ。青年時代のロウ医師は、政府の診療所で一般開業医として勤務し、午前中だけで一二〇名の患者を診ることもあった。彼は処方箋を出すばかりの単調な業務にしばしば疲れを覚え、毎日のように目にする危機的な保健問題に取り組むには、もっとよい方法があるのではないかと感じていた。やがて彼は「ゲートウェイ保健協会」を立ちあげ、南アフリカ共和国の医療制度が充分でない地域の保健問題に取り組むことにした。

同協会のプロジェクトは妊婦管理にも関心を向けている。ロウ医師いわく、妊婦の状態が大病院に搬送されるべき状況でも、医師は田舎の診療所で帝王切開せざるを得ないことがあるという。政府も、救急車が必要台数の三分の一しかないと認めている。村に住む女性のなかには、出産のために手押し車で運ばれた者もいる。[24] たとえ妊婦がなんとか電話をして救急車やタクシーを呼べたとしても、自分の居所を運転手に告げる手段がない。アパルトヘイト下の南アフリカ共和国では、大半の通りには名称も番号もなく、特に黒人居住区は単にブロックと呼ばれるだけで、地図にも載っていなかった。それはこんにちでも大差ない。ロウ医師は解決策を模索しているときに、「what3words」というシステムを知った。

それは始動したばかりのアドレス決定システムで、創設者のクリス・シェルドリックはイングランド南部のハートフォードシャー出身だ。「人は常にアドレス決定の問題で困っています」[25] 彼はオンライン講演TEDトークでそう話した。以前は音楽業界で働き、フェスティバルやコンサートの開催に携わっていた（彼自身もミュージシャンだったが、夢遊病による歩行中に窓を突き破り、腱を損傷してしまったらしい）。[26] そしてミュージシャンや制作会社がよく演奏会場を見つけられず道に迷うことに気づいた。[27] たとえば、南に向かって一時間行くべきところを北に向かってしまったり、全然関係ないウェディング会場に着いてしまったりするのである。

たとえ正しい住所がわかっていても、正しい場所にたどり着けるとは限らない。シェルドリックは「三〇人ほどのミュージシャンやトラック運転手を集めて、スタジアムの裏口に連れていかなければならないことがあると毎度」[28]、GPSを頼りに先導していたら横の通常口に着いてしまったと語っている。[29] しかも場所によっては、まったく住所がないところもある。

シェルドリックはこの問題を解決できるのではないかと考えた。イートン校出身の数学者の友人に協力を頼み、天才的なアイデアを思いつく――世界を三平方メートルの正方形に等分して、座標ではなく単語を使った住所を決定するのだ。数字の羅列より、単語のほうが覚えやすい。各正方形に三つの単語を割り当てる。四万単語を使えば、三単語の組み合わせが六四兆通りできる。

そうして誕生したのが「what3words」だ。現在、地表のあらゆるスポットに三単語からなる住所がついている。その住所は同社のウェブサイトか無料アプリで簡単に見つけられる。彼らが決定した住所によると、タージマハールの中心は「doubt.bombard.alley」にある。エッフェル塔は「daunting.evolves.nappy」だ。「what3words」を活用すれば、従来の住所なしでどこにでも行ける。ホワイトハウスのローズガーデンは「army.likes.jukebox」だ。わたしの子どもたちがよく遊ぶ公園の滑り台は「shot.pokers.clock」にある。

このシステムの活用法はいくらでもある。ピクニックに出かけて木陰で休んでいる友だちを見つけたければ、「what3words」の住所を使えばいい。写真を撮った歩道、コスタリカのエアビーアンドビーのツリーハウス……どんな場所でも「what3words」を使えば見つけられる。このシステムにはもっと重要な活用法もある。ウガンダのリノ難民キャンプは、このシステムを使って、同キャンプ内の教会やモスク、市場や診療所の案内をしている。[30] モンゴルの郵便局も「what3words」の住所を使って遊牧家族に郵便を届けている。今ではロウ医師もその住所を使って、南アフリカ共和国の黒人居住区に住む患者を往診している。

イギリスでは、救急サービスがこのシステムを使いはじめた。ハンバーサイドでは、性的暴行を受けて知らない場所に連れていかれた女性を警察が発見することができた。彼女の携帯電話のGPSを利用して、その居所を示す「what3words」の住所を突き止めたのだ。警察はその住所に突撃し、犯人を捕らえた。また、BBCの報道によると、交通事故に遭った女性とその子どもを探し当てるのに「what3words」による住所「weekend」「foggy」「earphones」が役立ったという。[31] エイボン・サマーセット警察と連携するサム・シェパードはこう話した。「以前は〝どこから来ましたか？〟〝どこに向かっていますか？〟〝何が見えますか？〟といった具合に相手の居所を尋ねたものですが、そうした質問は時間がかかる上に、正確な位置情報が得られるとは限りません」[32]

わたしは自分の目で確かめてみようと、西ロンドンにある「what3words」のおしゃれなオフィスを訪ねた。迎えてくれたのはマーケティング責任者のガイルズ・リース・ジョーンズで、わたしはビルの一階にあるカフェで彼の話を聞いた。組織は若くて理想主義な傾向にあったが、その業務自体は複雑で骨の折れる仕事だ。「what3words」は現在、三六カ国語に対応していて、そのなかにはベンガル語やフィンランド語、タミル語、アフリカーンス語、ズールー語なども含まれる。

ガイルズは優しそうな若い言語学者ジェイミー・ブラウンを紹介してくれた。ジェイミーは地図の多言語翻訳を手伝っている。その業務は、既存の単語地図を新しい言語に翻訳するだけの単純なものではない。「what3words」はネイティブスピーカーを雇い（その多くはロンドン大学の言語学プログラムから引き抜かれた精鋭だ）、混乱しそうな同音異義語（blue と blew など）を除外するために、それらを実際に発音してもらう。さらに、アドバイザーが汚い言葉やスラングを除外する（たとえば「亀」という単語はベンガル語のリストには入っていない。家のなかに亀がいると不吉だと考える人たちがいるからだ）。活用に適さない単語も除外する。たとえば「Rechtsschutzversicherungsgesellschaften」という単語は「訴訟費用を補償する保険会社[33]」という意味だが、簡潔さを売りにしている住所に使うには長すぎる。また、地図のすべての言語において、それぞれ特有の単語を使うようにしている。たとえば、ノルウェー語で「子ども」を意味する「barn」は、ノルウェー語の地図では使用しない[34]。英語版の地図で既に使用しているからだ。

言語学者たちは、単語リストの数を巧みに減らしていく。そうして、該当する言語の話者が多く住んでいそうな場所の住所に、もっとも馴染み深い三単語を割り当てていくのだ[35]。フランス語版の地図では、パリ内の住所に「chat（猫）」という単語がよく使われているらしい。韓国語版の地図では、「猫」という単語がよく使われるのはソウルだ。あまり馴染みのない、そしてもっと複雑な三単語の住所は、北極圏やアフガニスタンの砂漠に割り当てられた（それらを英語に翻訳したものを例に挙げると、「ultimatum.deadliness.comically」や「capabilities.concurrency.rudimentary」といったものがある）。

わたしは、住所決定プロジェクトに取り組む人たちは、これまでにインタビューしてきた専門家軍団のような人たちだろうと想像していた――オタクっぽい地理学者だとか、自由奔放な歴史家、ベテラン官僚のような人たちだろうと勝手に思っていたのだ。若くて、流行に敏感で、技術に長けた人たちが住所に革命を起こそうとしているとは考えてもいなかった。それは「what3words」だけに言えることではない。グーグル社は「プラス・コード」というシステムを考案し、一連の数字と単語の組み合わせを使って、世界中のあらゆるスポットの住所を提供している。[36] 経度と緯度の座標から引き出した「プラス・コード」は、電話番号くらいの長さだ。しかし、その長さは地名と組み合わせるとさらに短くできる。わたしがよく行くスポット、大英図書館の住所は「GVHC+XWキングス・クロス　ロンドン」となる。第一章で紹介したNGO「ATU」も、今ではグーグルの技術を活用して、インドの住所付与プロジェクトを終えようとしている――しかも異例の成功に近づいているのだ。

フェイスブックも住所決定ゲームに参戦した。彼らはマサチューセッツ工科大学の研究者と組んで、深層学習アルゴリズムを作り、衛星画像を分析して画素を使用し、従来の住所を持たないエリアの道路を発見できるようにしたのだ。このアルゴリズムは「それらの画素を道路ネットワークに組み込んでから分析し、四分円に分ける」[37] らしい（わたしには意味がわからなかったが、なんだかすごそうだ）。そうして、通りには合理的に番号と文字が付与される――アメリカの通りと同じで、一番、二番……とつけられていく。彼らはそのアルゴリズムを「ロボコード」と呼んでいた。

そうして決定した住所は、世界中でｅコマースに革命を起こす可能性を秘めている。住所のない場所の大半に見られる問題は、たとえば中国―タンザニア間といった遠距離の荷物を配送してもらうことではない。問題は、物流専門家が言うところの「最後の一マイル」にある[38]――つまり、配送の最後の一区間に搬送費の半分が費やされることがあるのだ。

ウガンダ在住のアメリカ人、アンドリュー・ケントは、アメリカから発送されたクレジットカードをたった二日半で受け取ることができた。しかし、彼はこう話した。「ネブラスカ州オマハから（ウガンダの首都）カンパラまで、はるばる一万二八〇〇キロメートル配送されたのはいいが、ＤＨＬのオフィスからわたしの家までの最後の約五キロメートルは配送してもらえなかった。わたしの家に住所がないからだ。だから自分でオフィスに行って直接カードを受け取るしかなかった」ルワンダに引っ越したときも、彼は自分の家を説明するのに、ロスティというクラブまでのややこしい道順をドライバーに指示しなければならなかった。そして最後には決まってこう言うのだ。「家の外に出て待っていますよ、目印としてね[39]」

ｅコマースはアフリカの多くの地域で急速に発展している。たとえばナイジェリアでは、「ジュミア」というオンラインサイトがアフリカ版アマゾンとして急成長し、発電機からコーンフレークまで、あらゆるものを販売している。配送拠点は、バイクに乗ったドライバーを送り込み、ラゴスのあらゆる地域に荷物を届ける。住所が見つけにくいので、ドライバーはよく受取人に電話して詳しい道案内を求める。しかし、電話料金が高いため（一件あたり四〇セントほど）、わずかな利益から差し引かれると大きな痛手だ[40]。

住所を持たないとどれほど不都合が生じるかは、もう充分に理解できた。デジタル式住所はそうした問題を解消してくれるだろう。政府の多くはそれらの問題に効率的に取り組んでいないが、デジタル式住所はそれらを手軽に、しかも迅速に解決してくれる。世界銀行は住所の基盤作りに携わる市の役人用に「住所決定と都市管理（*Street Addressing and the Management of Cities*）」という無料の総合コースを作成した。簡単に言うと、住所決定の初級コースのようなもので、経験を積んだ専門家が運営している。それは秀逸なコースで、明確な上に細かい点まで行き届いている。しかし、成長を続ける都市が妥当な予算や能力のあるスタッフなしに、このコースの知識を活用するのは難しいのではないかと思う。なぜなら、手順が多くて複雑だからだ。このコースを実際に活用するには、まず「実行可能」かどうかを調べなければならない。すなわち、白地図を作成し（これは測量技師や地図製作者、建築士に監修してもらうのが望ましい）、あらゆる通りをリスト化して、現存する道、その状態、名称、番号システムをすべて把握しなければならないのだ。これらの作業が終わらなければ、各通りに名称すらつけられない。

次に、その成文化システムを決定し、命名形態を選び、都市を住所用の区域に分けていく方法を学ばなければならない。各家屋の採番方法も決定する必要がある——順次的につけていくのか、メートル法、あるいはデカメートル法でつけていくのか。それに、一戸の家屋として判断する基準も必要だ。わたしは、自宅のテーブルでノートを取りながらこのコースの内容を読んだだけなのに疲れ果ててしまった。しかも忘れてはならないのは、このコースを実用化しても、住民がその住所を使ってくれる保証はない。

啓蒙主義が解決しようとした問題は「人を探し出すこと」だったが、その問題は依然として現代のわたしたちを打ち負かす。これらの新しい技術的解決策は、そうした問題を簡単に解決してくれそうだ。それなのに、どうして胸が躍らないのだろう。

第一の問題は、当然のことながら資金だ。「what3words」はその賢明な発明によって儲けを得ようとし、実際に数百万ドルの起業資金を調達した。それ自体は悪いことではない――三単語の住所を考案するのは大変な作業だ。しかし、かつてないほどにデータが重視される現代において、この新しいデジタル式住所が専売特許と深く関係しているのは残念なことだ。「what3words」のウェブサイトやアプリを使わなければ、自宅や友人知人のデジタル式住所を知ることはできない。「what3words」は、既存の住所に取って代わろうとしているわけではないと言っていたが、そのシステムを郵便局が採用しているモンゴルなどでは、それが正式な住所になる可能性もある。「what3words」は、ウェブサイトもアプリもずっと無料で提供すると断言していたものの、まだ歴史の浅いソフトウェアが自分の居所を見つける唯一の手段になるのは心もとない気がした。

グーグル社は「what3words」と違って、自社データを大々的に公開している。とはいえ、それは世界一の大金持ちで、おそらく過去一番に強力な国の、もっとも資金と権力がある企業のひとつであるグーグル社だからできることだ。少なくとも同社のプラス・コードは、人々をオンラインに呼び出し、グーグル製品を購入させることができる。今のところ、フェイスブックが住所決定をどのように収益化するかは未知であるが、フェイスブックならやってのけるだろう。

しかし、わたしが抵抗を感じている理由は、そこまで論理的なものではないかもしれない。つまりは、住所がないと寂しいのだ。わたしが最初に暮らした家は地元の郵便局番号しかなかった――

「Route 7, Box 663A」だ。わたしは学校で必要な書類にその番号を書くのが好きだった。その後「Old Lystra Road」に正式な家屋番号がついた。わたしはそれも気に入った。まあ、「Lystra」がどういう意味なのかは全然わからなかったが、それでも「what3words」の住所「baked.crumbling.mecks」よりはたしかなものに感じられる。

わたしは最初、既存のシステムに固執するのは感傷にすぎないと思った。けれども、そこには感傷以上のものがある。もしかすると、現代社会にありがちな症状なのかもしれない。わたしたちには、技術面でも政治面でも近い将来が見えない。年々、起こる変化に激しさが増しているように思う。そして変化する物事が増えれば増えるほど、過去を頼りにしたいという思いが強くなる。住所は過去を思い出すひとつの手段でもあるのだ。

そして「思い出すこと」はデジタル式住所では叶わない。ヨルダンのザータリ難民キャンプは八万人近くの難民を抱え、三二の学校と五八のコミュニティ・センターを備えている。[41]ある推計によると、ヨルダンでは四番目に大きな都市らしい。しかし、同キャンプが通りの名称を得たのは二〇一六年になってからだ。つけられた名称は「バジル通り」「オリーブ通り」「アニス通り」などで、難民のアブ・イスマイルはロイター通信社にこう話した。「それらの通りの名称には品があり、母国を思い起こさせてくれます。個人個人が今や住所を得たのです。わたしたちは見放された地域に住んでいましたが、今では住所があるのです。どこに住んでいるのかと訊かれたら、通りの名称を答えることができるようになりました。ありがたいことに、本物の住所を与えられたからです」[42]

本書を通して学んだことがあるとすれば、それは人々が必ずしも通りの名称で結束しないということだ。デジタル式住所だと、人々は通りの名称の意味について議論を起こさないだろう。それでも、わたしは議論はいいものだと思っている。議論によってコミュニティは分かれるが、議論こそがコミュニティを作るとも言える。

デジタル式住所はコミュニティを作らない。ある意味、コミュニティを分けることはある。あなたの近所の人の「what3words」による住所は、あなたのそれとは無関係だ。その人の家を観察しても、その住所はわからない――「what3words」のアプリを検索したり、誰かに訊いたりしないとわからないのだ。それに、誰かに道案内を頼むこともできない。住所の専門家グラハム・リンドは「what3words」のようなデジタル式住所のことを次のように評した。「デジタル式住所では、頭のなかにある地図と住所が結びつきません。その結びつきを取り払うと、住所というものの効果が失われます。たとえば、「horse.town.faster」という住所と自分の世界の実体験とのあいだに関係性はありません」デジタル式住所が生み出した世界では、わたしたちは皆、地図上の点として存在することになる。すなわち、企業に名づけられた個々の島として存在するのだ。それはまた、アウシュビッツ収容所の住所が「grouchy.hormone.elevating」と表記される世界でもある。[43]

そうは言っても、「住所がないこと」から生じる問題を解決しようとしている「what3words」のような会社はすばらしいと思う。グーグル社のプラス・コードやその公開データはさらにすばらしい。特に、彼らの取り組みがインドで活かされるといいと思う。彼らの新しい住所によって、わたしが当然のように利用している銀行や投票、配達などのサービスを、数百万の人たちが使えるようになることを、身をもって知っているからだ。それに、もし自分が人質になって、どこか知らない場所に連れ去られているときに、警察が「what3words」のアプリを使って追跡してくれたら助かるではないか。デジタル式住所はたしかに人々の暮らしを便利にする。しかし、人々の暮らしが豊かになるかは、また別の話だ。

本書の執筆にあたって、住所に関するさまざまな疑問に答えるために人生を捧げてきた聡明な研究者たちの業績や作品にたくさん助けてもらった。そのうちのひとり、マオズ・アザリアウ教授は文化地理学者で、通りの名称決定に関して広範に考察した著書がある。ある日、わたしは彼に電話をした。彼はイスラエルのハイファ大学の研究室にいた。会話を始めて一時間ほど経った頃、わたしは自分のジレンマについて話した。デジタル式住所の到来は、本書を締めくくるものとしてハッピーな話題のはずだ。それなのに、どうしてわたしの心は沈んでいるのだろう？

わたしはロンドンのオフィスにいたが、地中海を隔てた電話の向こうで、彼の眉間に皺が寄るのを見たような気がした。「われわれはカール・マルクスを話題にはしないが、カール・マルクス通りは話題にする」つまり、こういうことだ。わたしたちは、社会の根本的な問題を話題にするのが難しいと感じるときがある。そんな時代において、通りの名称について議論することは、社会の根本的な問題について議論する一手段になるのだ。自分がコミュニティとしてどのような立場にいるかを、ふだん明確にしたり公言したりする機会があるだろうか？　わたしたちが住む場所の地図を作ったり名称をつけたりする作業は、絶え間なく続き、議論を呼び、コミュニティを土台にする。その作業を続けていかなければ、わたしたちは自身の一部を失ってしまう。だからこそ、カール・マルクス通りについて話し合いを続ける必要があるのだ。

歴史とわたしの意見は反しているかもしれない。わたしたちが互いを見つける方法に革命が起こったのはこれが初めてではない。しかし、一八世紀、役人が家にやって来て濃いインクでドア番号を書いて回ると、住民は激しく抗議した。彼らは好むと好まざるとに関わらず、新しくつけられた番号によって自分たちが見つけられ、徴税され、捜査され、統治されるようになったことを理解した。世界中に住所をつけることが、中立的な行為ではないことを理解したのだ。

現代のわたしたちは、そう理解しているだろうか？

謝辞

本書は、多くの研究者のおかげで完成することができました。彼らのアイデアは、本書に光を与えてくれました。特にルーベン・ローズ＝レッドウッド、マオズ・アザリアウ、アントン・タントナーには深く感謝しています。彼らの研究と助力は本書の隅々まで活きています。ローズ＝レッドウッドは、わたしの旅路のスタート地点であるウエストヴァージニアに導いてくれました。住所に関するわたしの疑問にも、いつも熱心に答えてくれました。ジェイムス・スコットとプリシラ・ファーガソンの名著『国家の視点で見る（*Seeing Like a State*）』と『革命時のパリ（*Paris as Revolution*）』は、わたしの世界を見る目を変えてくれました。

本書を完成させるにあたって、原稿を読み、編集し、尽力してくださった方々、特に以下の人たちにお礼を申し上げます。ポール・マクマホン、シーナ・アクバリ、アンドリュー・アルパーン、ケヴィン・バーミンガム、エド・チャールトン、セリーナ・コッツィー、レベッカ・リッチマン・コーヘン、ブライアン・ディ・サルヴァトール、ロザリン・ディクソン、ステュアート・エルデン、ダニエル・ファーブマン、レイチェル・フォークナー＝ガースタイン、キャザリン・フリン、ラルフ・フレリッチ、デイヴィッド・

ギャリオック、リシ・ガラティ、ブルース・ハント、デイヴィッド・キルバーン、トム・コック、エリック・イズヴーグ、ルイーザ・ジェイコブス、サラ・ステュアート・ジョンソン、ケイト・ジュリアン、ハ・リョン・ユング、バーナード・キーナン、リア・クローネンベルク、ハワード・リー、デイヴィッド・マドン、ハナ・マリオット、コリン・マーシャル、アデル・ニコラス、ヒラリー・ナイ、ブライアン・オニール、ニコラ・オニール、ジェシカ・リード、クリスタ・レイネン、ヤン・シュッテ、エレイン・マクミリオン・シェルドン、クリスティーナ・トンプソン、イアン・トム、トリーナ・ヴァーゴ。リツシ・ダルミア、マーティナ・プラシカ、クリス・シンは翻訳に貢献してくれました。

本書に誤りがある場合は、すべてわたしの責任です。

本書がまだ漠然としたアイデアでしかなかった頃から信頼を寄せてくれたエージェントのローリー・アブケミアーに感謝しています。根気強い編集者のアンナ・デブリーズとセント・マーティン・プレスの優秀なスタッフの方々、特にアレックス・ブラウン、ミシェル・キャッシュマン、ドーリー・ウェイントラブ、校閲・校正チームの皆様にもご尽力いただきました。ロンドンで本書を熱心に支援してくれたレベッカ・グレイとプロファイル・ブックスの最高のスタッフにも感謝しています。

わたしの究極のサポーターである両親のアレンとディアドラ・マスクは、わたしに生命を与え、人生を楽しいものにしてくれました。両親以外の家族、ブライアン・バッチ、アルトン・ウィリアムズ、ケニー・バッチ、カリー・スミス、シドニー・バッチ、パトリック・ウィリアムズ、アレン・マスク、カーリー・マスク、アレックス・マスク、アンダーソン・シャックルフォード、スキップ・バッチ、フェイ・バッチ、ジュリア・バッチ、テイラー・バッチ、ダコタ・バッチ、アーロン・バッチ、ロイド・ヴァンス、ジェニー・マスク、ケン・マスク、祖母のジーン・ヴァンスとグロリア・マスク、甥と姪にも感謝しています。

そして、マクマホン家の家族、クレア・マクマホン、マーク・ハイト、グレイニー・マクマホン、クリストファー・コリンズにも感謝しています。特にモーラ・マクマホンには、誰よりも本書を読んでほしいと願っていました。

以下の人たちにも感謝を捧げます。不滅の知恵を与えてくれたダニー・パーカーとニーナ・ガーソン。バーバラ・ストゥードリィ、クローディン・ノーリー、アミーナ・サブラティ、シャキラ・サブラティは、わたしの子どもたちの面倒を見てくれました。ウナとキエラン・マーティンはベルファストでの執筆リトリートに協力してくれました。アリス・モーガンは、わたしが助けを必要としていたときに名乗りをあげてくれました。マーゴ・ストラッカーとスージー・フラグ＝シルヴァは、海を隔てた地で二〇年以上にわたって毎日、支えになってくれました。ブライアン・マクマホン、あなたがいなければ本書は完成できませんでした。「ありがとう」以外に気のきいた言葉を思いつければいいのですが、もう一度ありがとうと言わせてください。

ブリティッシュ・ライブラリーのスタッフの方々は、わたしの多岐にわたるリクエストにいつも快く応えてくれました。

メイブとニーナ、あなたたちはその愉快な存在感で、わたしの関心を最良の形でしばしば本書からそらせてくれました。

訳者あとがき

先日ある海外動画を見ていると、初対面の同業者たちが自己紹介していた。全員がまずは名乗ってから、「アメリカの○○州△△在住です」「カナダの○○に住んで△年です」といった具合に住んでいる場所を言った。もちろん詳細な住所ではないが、自分という人間を説明する上で、名前の次に居住地を口にする人たちを見て、住所がアイデンティティになりうるという認識を新たにした（これが異業種同士なら、名前の次に職業を出すかもしれないが、いずれにしても職業や住所は自己紹介の要素として上位に入るだろう）。

しかし、住所がアイデンティティと見なされるまでには長い道のりがあった。本書では、住所がなくても五感を頼りに移動していた人々から、政府に家屋番号を押しつけられて抵抗する人々、住所がなくては不便だと訴える人々など、時代の変遷とともに変化する人々の住所に対する意識が描かれていて非常に興味深い。著者も好奇心旺盛だが、本書に登場する「住所（通り《ストリート》）に携わる人々」は好奇心どころの騒ぎではない、凄まじい情熱を住所に注いでいる。どの人も超がつくほど個性的だが、特に印象深かった人を少し振り返りたい。

まずは第四章に登場したパティ・ライル・コリンズ。メインの登場人物ではないが、配達不能郵便物課《デッド・レター・オフィス》で一日に一〇〇〇通もの宛先不明郵便物を解読した住所のエキスパートだ。「解読の天才」「達人の域」とまで評されたコリンズは探偵なみの能力を誇り、記憶力だけではなく調査力もずば抜けていた。たとえば、「イギリス在住の女性から、一五年前にマサチューセッツ州に移住して行方知らずになった兄へ宛てた手紙」の解明に取りかかったコリンズは、受取人が織工というヒントだけを頼りに、同州にある織工場をしらみつぶしに調べ、イギリス人男性を雇っている工場を探し当てたという。当時の識字率は低く、ありえない綴りや存在しない地名が宛先に書かれたものも多かったようだが、彼女の務めるオフィスの宛先解読率は八七パーセントだったらしい。現代のGoogleを駆使しても、それほどの解読率をはじき出せるだろうか。

次は、日本の通りに首を傾げたロラン・バルトとバリー・シェルトン。ふたりは、日本人が地図を描く時に建物などの目印を描いてから、それらを線（道）で結んでいく手順に魅せられ、シェルトンは「西洋人は線で対象を見るが、日本人はブロック（目印）

で対象を見る」という結論に至った。それが普通だと思っていた日本人としては、それほど特筆すべきことだろうかと逆に首を傾げたくなったが、自分の道案内の仕方をふと顧みて、彼の結論が腑に落ちた。たしかに自分は「まっすぐ進んで、右手にコンビニが見えたら左折して、少し先の公園を過ぎたあたり」といった説明をする。通りの名称は言わず（訊かれても答えられない）、目印だけで伝えようとするなんて、まるで古代ローマ人と同じではないか。そう考えると、バルトとシェルトンは目印をやたらと強調する日本式の道案内にさぞかし困惑しただろう。住所という概念は共通しているのに、着眼点が国によって異なるのが面白い。

最後は、マーティン・ルーサー・キングと、彼を敬愛し、自身の育ったＭＬＫ通りを荒廃したストリートで終わらせまいと日々奮闘するメルヴィン・ホワイト。メルヴィンのような活動家の多くは、キング牧師の名がつく通りは単に彼を称えるためのものではないと語る。それは、志半ばで暗殺されたキング牧師の使命、すなわちアメリカにおける人種的・経済的平等を果たすという使命を思い起こさせるためのものだ。通りの名称が、目指すべき社会のリマインダーになっているわけである。キング牧師の名がつく「道」は、公民権運動を続けるための「道」でもあるのだろう。キング牧師が描いた夢は、通りに彼の名をつけなくてもいい世界なのかもしれない。

住所があれば、救急サービスを利用したり身元を証明したりできる。住所は利便性を向上させただけではなく、そこに住む者のアイデンティティとなるほどにその地位も向上させた。その一方で、その地の悲惨な過去を思い出させたり、いまだ達成できていない平等を思い起こさせたりするものでもある。著者は最後に、一八世紀の人々が「世界中に住所をつけることが、中立的な行為ではないことを理解した」と述べている。その頃から二〇〇年以上経った現在も、住所（通りの名称）の決定が議論を呼ぶ国、地域が数多くある。その決定が誰にとっても中立的な行為となる日が、いつかはやってくるのだろうか。

二〇二〇年八月

神谷栞里

原注

序文　なぜ通りの名称にこだわるのか

1　この四〇パーセントという数字は、通りの名誉名称を議員が一件ずつ投票で決定したときのものである。最近になって、市議会は何十もの新名称を決定するために年に二度の投票を行い、通りの命名法をまとめた。以下を参照のこと。Reuben S. Rose-Redwood, "From Number to Name: Symbolic Capital, Places of Memory and the Politics of Street Renaming in New York City," *Social & Cultural Geography* 9, no. 4 (June 2008): 438, https://doi .org /10 .1080 /14649360802032702.
2　Sanna Feirstein, *Naming New York: Manhattan Places and How They Got Their Names* (New York, NY: NYU Press, 2000). をさらに参照のこと
3　Devin Gannon, "City Council Votes to Name NYC Streets after Notorious B.I.G., Wu-Tang Clan, and Woodie Guthrie," 6sqft, Dec. 27, 2018, https://www .6sqft .com /city -council -votes -to -name -nyc -streets -after -notorious -b -i -g -wu -tang -clan -and -woodie -guthrie /
4　Marc Santora, "Sonny Carson, 66, Figure in 60's Battle for Schools, Dies," *New York Times,* Dec. 23, 2002, https://www .nytimes .com /2002 /12 /23 /nyregion / sonny -carson -66 -figure -in -60 -s -battle -for -schools -dies .html.
5　Frankie Edozien, "Mike Slams Sonny Sign of the Street," *New York Post,* May 29, 2007, https://nypost .com /2007 /05 /29 /mike -slams -sonny -sign -of -the -street /
6　Azi Paybarah, "Barron Staffer: Assassinate Leroy Comrie's Ass," *Observer,* May 30, 2007, https://observer .com /2007 /05 /barron -staffer -assassinate -leroy -comries -ass /
7　David K. Randall, "Spurned Activists 'Rename' a Street," *City Room* (blog), *New York Times,* June 17, 2007, https://cityroom .blogs .nytimes .com /2007 /06 /17 / spurned -activists -rename -a -street /
8　"Sonny Side of the Street? No Honoring a Racist," *New York Post,* June 3, 2007, https:// nypost .com /2007 /06 /03 / sonny -side -of -the -street -no -honoring -a -racist /
9　Reuben Rose-Redwood, "With Numbers in Place: Security, Territory, and the Production of Calculable Space," *Annals of the Association of American Geographers* 102, no. 2 (March 2012): 312, DOI:10.1080/00045608 .2011.620503.
10　同上., 307.
11　"911 Misconceptions Uncovered," Sept. 10, 2010.
12　Rose-Redwood, "With Numbers in Place," 311.
13　同上.
14　Simon Rogers, "Data Journalism Reading the Riots: What We Know. And What We Don't," *Datablog: UK Riots 2011, Guardian,* Dec. 9, 2011, https://www .theguardian .com /news /datablog /2011 /dec /09 /data -journalism -reading -riots.
15　Sukhdev Sandu, "The First Black Britons," BBC History, accessed Sept. 16, 2019, http://www .bbc .co .uk /history /british /empire _seapower /black britons 01 .shtml.
16　"British Transatlantic Slave Trade Records: 2. A Brief Introduction to the Slave Trade and Its Abolition," National Archives, accessed June 23, 2019, http://www .nationalarchives .gov .uk /help -with -your -research /research -guides /british -transatlantic -slave -trade -records /
17　This deathbed account is described in detail in Kevin Belmonte, *William Wilberforce: A Hero for Humanity* (2002; repr., Grand Rapids, MI: Zondervan, 2007), 333.
18　Kate Phillips, "G.O.P Rep Refers to Obama as 'That Boy,'" *New York Times,* April 14, 2008, https://thecaucus . blogs .nytimes .com /2008 /08 /14 /gop -rep -refers -to -obama -as -that -boy.
19　Deirdre Mask, "Where the Streets Have No Name, *Atlantic,* Jan./Feb. 2013, https://www .theatlantic .com /magazine /archive /2013 /01 /where -the -streets -have -no -name /309186 /

第一章　コルカタ
住所はスラム街に変革をもたらすか

1　Kolkata Traffic Worsens Despite Effort to Calm Drivers with Music," "CitiSignals," Citiscope, Sept. 1, 2015, http://archive .citiscope .org /citisignals /2015 /kolkata -traffic -worsens -despite -effort -calm -drivers -music.
2　Ananya Roy, *City Requiem, Calcutta: Gender and the*

Politics of Poverty (Minneapolis: University of Minnesota Press, 2003), 111.
3 Padmaparna Ghosh, "The World's Biggest Biometric ID Project Is Letting People Fall Through the Cracks," Quartz India, April, 4, 2018, https://qz .com /india /1243565 /the -worlds -biggest -biometric -id -project -is -letting -people -fall -through -the -cracks /
4 Simon Winchester, *Simon Winchester's Calcutta* (London: Lonely Planet, 2004), 41.
5 Nitai Kundu, "The Case of Kolkata, India: Understanding Slums: Case Studies for the Global Report on Human Settlements 2003," 4, https://www .ucl .ac .uk /dpu -projects /Global Report /pdfs / Kolkata .pdf.
6 Richard Harris and Robert Lewis, "Numbers Didn't Count: The Streets of Colonial Bombay and Calcutta," *Urban History* 39, no. 4 (Nov. 2012): 653.
7 Harris and Lewis, "Numbers Didn't Count," 657.
8 Roy, *City Requiem,* 27.
9 W. Collin Schenk, "Slum Diversity in Kolkata," *Columbia Undergraduate Jorunal of South Asian Studies* 1, no. 2 (Spring 2010): 108, http://www .columbia .edu /cu /cujsas /Volume% 20I /Issue% 20II /W% 20 Collin%20 Schenk%20 -% 20Slum%20 Diversity .pdf.
10 例えば以下を参照のこと。D. Asher Ghertner, *Rule by Aesthetics: World-Class City Making in Delhi* (New York, NY: Oxford University Press, 2015).
11 Frederic C. Thomas, *Calcutta Poor: Inquiry into the Intractability of Poverty* (1997; repr., New York: Routledge, 2015), 1.
12 同上., 3.
13 Locals Spot Fire, Rush to Rescue," *Hindustan Times,* Dec. 10, 2011, https://www .hindustantimes .com /kolkata /locals -spot -fire -rush -to -rescue /story -QbXQD-75LOxRw7nuEWefJ8O .html.
14 Catherine Farvacque-Vitković et al., *Street Addressing and the Management of Cities* (Washington, DC: World Bank, 2005), 2.
15 Universal Postal Union, *Addressing the World—An Address for Everyone* (White Paper, Switzerland, 2012), 43, http://news .upu .int /fileadmin /user upload / PDF /Reports /whitePaperAdressingEn .pdf.
16 Farvacque-Vitković et al., *Street Addressing,* 21.
17 Howrah Bridge Pillars Get Protective Cover against Gutka Sputum," Hindu BusinessLine, May 2, 2013, https://www .thehindubusinessline .com /news /national /howrah -bridge -pillars -get -protective -cover -against -gutka -sputum /article23107406 .ece.

第二章　ハイチ
住所は疫病を妨げるか

1 Spence Galbraith, *Dr John Snow (1813–1858): His Early Years: An Account of the Family of Dr John Snow and His Early Life* (London: Royal Institute of Public Health, 2002), 49. Several other books have also explored Snow's investigations in great detail. See, for example, Sandra Hempel, *The Strange Case of the Broad Street Pump: John Snow and the Mystery of Cholera* (Berkeley: University of California Press, 2007) and Steven Johnson, *The Ghost Map: The Story of London's Most Terrifying Epidemic—and How It Changed Science, Cities, and the Modern World* (New York: Riverhead Books, 2006). (邦訳：スティーヴン・ジョンソン著『感染地図　歴史を変えた未知の病原体』)
2 Paul G. Barash et al., *Clinical Anesthesia* (Philadelphia, PA: Lippincott, Williams, & Wilkins, 2009), 6.
3 Richard Barnett, "John Snow and Cholera," Sick City Project, March 11, 2013, https://sickcityproject .wordpress .com /2013 /03 /11 /john -snow -and -cholera /
4 John Snow, *On the Mode of Communication of Cholera* (London: John Churchill, 1855), 15–20.
5 Johnson, *The Ghost Map*, 147–48.
6 G. C. Cook, "Early History of Clinical Tropical Medicine in London," *Journal of the Royal Society of Medicine* 83, no. 1 (Jan. 1990): 38–41.
7 Samuel Pepys, *The Diary of Samuel Pepys,* vol. 1, *1660* (Berkeley: University of California Press, 2000).
8 Richard Barnett, "John Snow and Cholera.
9 Sandra Hempel, *The Strange Case of the Broad Street Pump: John Snow and the Mystery of Cholera* (Berkeley: University of Cali-

fornia Press, 2007), 28.
10 Snow. *On the Mode,* 5.
11 D. E. Lilienfeld, "Celebration: William Farr (1807-1883)—An Appreciation on the 200th Anniversary of His Birth," *International Journal of Epidemiology* 36, no. 5 (October 2007): 985-87. DOI: 10.1093/ije/dym132.
12 William Farr, "Letter to the Registrar-General, from William Farr, Esq.," in *First Annual Report of the Registrar-General on Births, Deaths, and Marriages in England in 1837-8* (London: HMSO, 1839).
13 Snow, *On the Mode,* 42.
14 "Dr. Snow's Report," in *Report on the Cholera Outbreak in the Parish of St. James, Westminster, During the Autumn of 1854* (London: J. Churchill, 1855), 106.
15 S. P. W. Chave, "Henry Whitehead and Cholera in Broad Street," *Medical History* 2, no. 2 (April 1958): 96.
16 同上, 97.
17 You can see a copy of the original death certificate on Ralph Frerichs's website, which is a treasure trove of information about John Snow and cholera, https://www.ph.ucla.edu/epi/snow/html.
18 Chave, "Henry Whitehead and Cholera in Broad Street," 95.
19 Samantha Hajna, David L. Buckeridge, and James A. Hanley, "Substantiating the Impact of John Snow's Contributions Using Data Deleted During the 1936 Reprinting of His Original Essay *On the Mode of Communication of Cholera,*" *International Journal of Epidemiology* 44, no. 6 (Dec. 2015): 1794-99.
20 Tom Koch, *Disease Maps: Epidemics on the Ground* (Chicago: University of Chicago Press, 2011), 29.
21 *Disease Maps: Epidemics on the Ground* (Chicago: University of Chicago Press, 2011) and *Cartographies of Disease: Maps, Mapping, and Medicine* (Redlands, CA: ESRI Press, 2005), 104.
22 Tom Koch, "The Map as Intent: Variations on the Theme of John Snow," *Cartographica* 39, no. 4 (Winter 2004): 6.
23 Jonathan M. Katz, "Haiti's Shadow Sanitation System," *New Yorker,* March 12, 2014, https://www .newyorker .com /tech /annals -of -technology /haitis -shadow -sanitation -system.
24 Paul Fine et al., "John Snow's Legacy: Epidemiology Without Borders," *Lancet* 381 (April 13, 2013): 1302.
25 For a full description of Piarroux's work in Haiti, see Ralph R. Frerichs, *Deadly River: Cholera and Cover-Up in Post-Earthquake Haiti (The Culture and Politics of Health Care Work)* (Ithaca, NY: ILR Press, 2017).
26 Jonathan M. Katz, "In the Time of Cholera," *Foreign Policy,* Jan. 10, 2013, https://foreignpolicy .com /2013 /01 /10 /in -the -time -of -cholera /
27 Katz, "In the Time of Cholera.
28 Randal C. Archibold, "Officials in Haiti Defend Focus on Cholera Outbreak, Not Its Origins," *New York Times,* Nov. 17, 2010, https://www .nytimes .com /2010 /11 /17 /world /americas /17haiti . html.
29 同上.
30 Chen-Shan Chin et al., "The Origin of the Haitian Cholera Outbreak Strain," *New England Journal of Medicine* 364, no. 1 (Jan. 2011): 33-42.
31 As Cholera Returns to Haiti, Blame Is Unhelpful," *Lancet Infectious Diseases* 10, no. 12 (Dec. 1, 2010): 813, https://www .thelancet .com / journals /laninf /article / PIIS1473 -3099(10)70265 -6 /fulltext.
32 Somini Sengupta, "U.N. Apologizes for Role in Haiti's 2010 Cholera Outbreak," *New York Times,* Dec. 1, 2016, https:// www .nytimes .com /2016 /12 /01 /world /americas /united -nations -apology -haiti -cholera .html.
33 Koch, *Disease Maps*; *Cartographies of Disease.*
34 "Dr John Snow and Reverend Whitehead," Cholera and the Thames, accessed Sept. 26, 2019, https://www .choleraandthethames .co .uk /cholera -in -london /cholera -in -soho /
35 Sandra Hempel makes a similar point at the end of her book, *The Strange Case of the Broad Street Pump: John Snow and the Mystery of Cholera.* Citing a longer version of Whitehead's quote, she points out that John Snow thought he would be forgotten to history. In that respect, he was also wrong about his research.
36 Chris Michael, "Missing Maps: Nothing Less than a Human Genome Project for Cities," *Guardian,* Oct. 6, 2014,

https://053- www.theguardian .com /cities/2014/oct/06/missing-maps-human-genome-project-unmapped -cities.

第三章　ローマ
古代ローマ人は何を頼りに
移動していたのか

1 Alan Kaiser, *Roman Urban Street Networks: Streets and the Organization of Space in Four Cities* (New York: Routledge, 2011), 100-5.
2 Jeremy Hartnett, *The Roman Street: Urban Life and Society in Pompeii, Herculaneum, and Rome* (New York: Cambridge University Press, 2017), 33.
3 Claire Holleran, "The Street Life of Ancient Rome," in *Rome, Ostia, Pompeii: Movement and Space,* eds. Roy Lawrence and David J. Newsome (Oxford: Oxford University Press, 2011), 247.
4 Roger Ling, "A Stranger in Town: Finding the Way in an Ancient City," *Greece & Rome* 37, no. 2 (Oct. 1990): 204- 14, DOI:10 .1017 / S0017383500028965.
5 All of these examples come from Alan Kaiser's brilliant book, *Roman Urban Street Networks*, 36-46.
6 同上., 40.
7 Holleran, "The Street Life of Ancient Rome," 246-47.
8 同上., 247.
9 同上., chapter 11.
10 Kevin Lynch; Joint Center for Urban Studies, *The Image of the City* (Cambridge, MA: MIT Press, 1960), 93.（邦訳：ケヴィン・リンチ『都市のイメージ』丹下健三他訳、岩波書店、2007年）
11 同上., 10.
12 同上., 4.
13 Henry Ellis, "Revisiting *The Image of the City*: The Intellectual History and Legacy of Kevin Lynch's Urban Vision" (bachelor's thesis, Wesleyan, 2010), 102.
14 リンチ，同上., 22
15 Matthew Reed Baker, "One Question: Are Boston's Streets Really Paved over Cow Paths?" *Boston Magazine,* March 6, 2018, https:// www .bostonmagazine .com / news /2018 /03 /06 /boston -streets -cow -paths.
16 リンチ，同上., 29.
17 同上., 40-41.
18 同上., 3.
19 Simon Malmberg, "Finding Your Way in the Subura," *Theoretical Roman Archaeology Journal* (2008): 39-51, DOI:10 .16995 / TRAC2008 39 51.
20 Simon Malmberg, "Navigating the Urban Via Tiburtina," in *Via Tiburtina: Space, Movement and Artefacts in the Urban Landscape,* eds. H. Bjur and B. Santillo Frizell (Rome, Italy: Swedish Institute in Rome, 2009), 67-68.
21 Diane G. Favro, *The Urban Image of Augustan Rome* (New York: Cambridge University Press, 1996), 10.
22 Kaiser, *Roman Urban Street Networks,* 8.
23 Margaret Talbot, "The Myth of Whiteness in Classical Sculpture," *New Yorker,* Oct. 22, 2018, https://www .newyorker .com /magazine /2018 /10 /29 /the -myth -of -whiteness -in -classical -sculpture.
24 Eleanor Betts, "Towards a Multisensory Experience of Movement in the City of Rome," in *Rome, Ostia, Pompeii,* 123, https://www .oxfordscholarship .com /view /10 .1093 /acprof: osobl /9780199583126 .001 .0001 /acprof -9780199583126 -chapter -5.
25 Malmberg, "Navigating the Urban Via Tiburtina," 66.
26 同上., 66.
27 Juvenal, satire 3, in *Satires*, trans. G. G. Ramsay (1918),（邦訳：ユウェナリス『ローマ諷刺詩集』、国原吉之助訳、岩波文庫、2012年）http://www .tertullian .org / fathers /juvenal satires 03 .htm.
28 Betts, "Towards a Multisensory Experience of Movement in the City of Rome," 121
29 Malmberg, "Navigating the Urban Via Tiburtina," 62.
30 Kate Jeffery, "Maps in the Head: How Animals Navigate Their Way Around Provides Clues to How the Brain Forms, Stores and Retrieves Memories," *Aeon,* accessed June 19, 2019, https://aeon .co / essays /how -cognitive -maps -help -animals -navigate -the -world.
31 William Beecher Scoville and Brenda Milner, "Loss of Recent Memory after Bilateral Hippocampal Lesions," *Journal of Neurology, Neurosurgery & Psychiatry* 20, no. 1 (Feb. 1957): 11-21.
32 Larry R. Squire, "The Legacy of Patient H.M. for Neuroscience," *Neuron* 61, no. 1 (Jan. 2009): 6-9, DOI:10.1016/j.neuron .2008.12.023.
33 Amir-Homayoun Javadi, Beatrix Emo, et al., "Hippocampal and prefrontal processing of network topology to simulate

the future," *Nature Communications,* 8, (March 2017), https://www .nature .com / articles /ncomms14652.
34 Mo Costandi, "The Brain Takes a Guided Tour of London," *Scientific American,* March 21, 2017, https://www.scientificamerican.com/article/the-brain-takes-a-guided -tour-of -london /
35 Kate Jeffery; "How Cognitive Maps Help Animals Navigate the World," *Aeon,* Jan. 25, 2017, https://aeon.co/essays/how-cognitive-maps -help-animals-navigate-the-world.
36 Nicholas Carr, *The Glass Cage: Automation and Us* (New York: Norton, 2014), 132.（邦訳：ニコラス・カー『オートメーション・バカ』篠儀直子訳、青土者、2014 年）
37 Favro, *The Urban Image of Augustan Rome,* 10.
38 同上 ., 7.
39 リンチ, 前掲書 ., 2.
40 同上 .
41 Many thanks to Simon Malmberg for his translation assistance.
42 Terence, *The Brothers,* 574–87.

第四章　ロンドン
通りの名称の由来は何か

1 Richard Holt and Nigel Baker, "Towards a Geography of Sexual Encounter: Prostitution in English Medieval Towns," in *Indecent Exposure: Sexuality, Society, and the Archaeological Record,* ed. Lynne Bevan (Glasgow: Cruithne Press, 2001), 213.
2 Sejal Sukhadwala, "How London's Food and Drink Streets Got Their Names," Londonist, May 19, 2017, https://londonist .com/2016/06/how -london -s -food -and -drink -streets -got -their -names.
3 "Pudding Lane," Placeography, Map of Early Modern London, https://mapoflondon .uvic .ca/PUDD1 .htm.
4 "From Amen Court to Watling Street: More Ingoldsby-Related Streets," Street Names, https://thestreetnames .com/ tag/amen -corner/
5 "Knightrider Street," Placeography, Map of Early Modern London, https://mapoflondon .uvic .ca/KNIG1 .htm.
6 "Artillery Gardens in Spitalfields," London Remembers, https://www.londonremembers .com/subjects/artillery -gardens -in -spitalfields.
7 Holt and Baker, "Towards a Geography of Sexual Encounter," 208.
8 "Attitudes to Potentially Offensive Language and Gestures on TV and Radio: Research Report," Ofcom, Sept. 2016, https://www.ofcom.org .uk/data/assets/pdf file/0022/91624/OfcomOffensiveLanguage.pdf
9 同上 ., 44.
10 "Oxford's Crotch Crescent Named 5th Most Embarrassing Street in England," JACKfm, accessed June 24, 2019, https://www .jackfm .co .uk/ news/oxfordshire -news/oxfords -crotch -crescent -named -5th -most -embarrassing -street -in -england/
11 Rob Bailey and Ed Hurst, *Rude Britain: 100 Rudest Place Names in Britain* (London: Boxtree, 2005).
12 Judith Flanders, *The Victorian City: Everyday Life in Dickens' London* (New York: St. Martin's Press, 2014), 10.
13 同上 ., 60.
14 同上 ., 58.
15 "London Street Names," *Spectator,* Jan. 23, 1869, 12–13, http://archive.spectator.co.uk/article/23rd -january-1869/13/london-street-names-london-street -names
16 *Punch,* July–Dec. 1849, "Sanitary Street Nomenclature," の 引 用. Victorian London, http://www .victorian-london .org/health/sanitary .htm.
17 P. W. J. Bartrip, " 'A Thoroughly Good School': An Examination of the Hazelwood Experiment in Progressive Education," *British Journal of Educational Studies* 28, no. 1 (Feb. 1980): 48–49.
18 Duncan Campbell-Smith, *Masters of the Post: The Authorized History of the Royal Mail* (London: Allen Lane, 2011), 124.
19 同上 .
20 Rowland Hill and George Birkbeck Hill, *The Life of Sir Rowland Hill and the History of Penny Postage* (London: Thos. De La Rue, 1880), 53.
21 Eunice Shanahan and Ron Shanahan, "The Penny Post," The Victorian Web, accessed Nov. 21, 2019, http://www .victorianweb .org /history / pennypos .html.
22 Rowland Hill, *Post Office Reform: Its Importance and Practicability* (London: Charles Knight, 1837), 8.
23 William Ashurst, *Facts and Reasons in Support of Mr.*

Rowland Hill's Plan for a Universal Penny Postage (London: H. Hooper, 1838), 107.
24 同上., 1.
25 Catherine J. Golden, *Posting It: The Victorian Revolution in Letter Writing* (Gainesville: University of Florida Press, 2009), 27.
26 Campbell-Smith, *Masters of the Post,* 130.
27 同上., 128.
28 Samuel Laing, *Notes of a Traveller, on the Social and Political State of France, Prussia, Switzerland, Italy, and Other Parts of Europe, during the Present Century* (London: Longman, Brown, Green, and Longmans, 1842), 174-75.
29 Edward Mogg, *Mogg's New Picture of London and Visitor's Guide to it Sights* (London: E. Mogg, 1844), の引用. Victorian London, accessed June 19, 2019, https://www .victorianlondon .org /communications /dickens -postalregulations .htm.
30 James Wilson Hyde, *The Royal Mail: Its Curiosities and Romance* (Edinburgh and London: William Blackwood and Sons, 1885), xi, http://www .gbps .org .uk /information /downloads /files / historical -studies /The %20 Royal%20Mail,%20its%20Curiosities%20and%20Romance%20(1885)%20 -% 20James%20Wilson%20Hyde .pdf.
31 同上., 194.
32 同上., 193.
33 同上., 194.
34 同上., 195.
35 "Where Do Missing Letters Go?," BBC News, March 20, 2001, http://news .bbc .co .uk /1 /hi /uk /1231012 .stm.
36 Natasha Mann, "People Send the Funniest Things," *Guardian,* Jan. 25, 2003, https:// www .theguardian .com /uk /2003 /jan /27 /post .features11.
37 Harriet Russell, *Envelopes: A Puzzling Journey through the Royal Mail* (New York: Random House, 2005).
38 James H. Bruns, "Remembering the Dead," Smithsonian National Postal Museum *EnRoute* 1, no. 3 (July-Sept. 1992), accessed June 24, 2019, https://postalmuseum .si .edu /research /articles -from -enroute /remembering -the -dead .html.
39 同上.
40 同上.
41 Kihm Winship, "The Blind Reader," Faithful Readers, Aug. 16, 2016, https://faithfulreaders .com /2016 /08 /16 /the -blind -reader /
42 Bruns, "Remembering the Dead."
43 同上.; Bess Lovejoy, "Patti Lyle Collins, Super-Sleuth of the Dead Letter Office, Mental Floss, Aug. 25, 2015, http://mentalfloss.com /article /67304 /patti-lyle -collins-super-sleuth -dead-letter-office
44 *Ladies' Home Journal,* Sept. 1893, の引用. Winship, "The Blind Reader".
45 "Sir Rowland Hill KCB, FRS and the General Post Office," maps.thehunthouse, https:// www .maps .thehunthouse .com /Streets /Metropolitan Boroughs .htm.
46 "London Street Names. London Street Names," *Spectator* Archive, Jan. 23, 1869, 12, http://archive .spectator .co .uk /article /23rd -january -1869 /13 /london-street -names-london-street -names.
47 Tom Hughes, "Street Fighting Men," Marylebone Village, https://www .marylebonevillage .com/marylebone -journal /street -fighting -men
48 同上.
49 Bruce Hunt, "London Streets Lost to the Blitz," https:// www .maps .thehunthouse .com /eBooks /London Streets lost to the _Blitz .htm. Bruce Hunt has rigorously detailed the London streetscape before and after the Blitz. For more, see his comprehensive website, http://www .maps .thehunthouse .com.
50 Felicity Goodall, "Life During the Blackout," *Guardian*, Nov. 1, 2009, https://www .theguardian .com/lifeandstyle/2009/nov/01/blackout -britain -wartime
51 Jean Crossley, "A Middle Class War 1939-1947," unpublished private papers of Mrs. J. Crossley, Imperial War Museum, 1998, 20.
52 Laura Reynolds, "Why Is There No NE or S London Postcode District?" Londonist, Aug. 2015, https://londonist .com /2015 /08 /why -is -there -no -ne -or -s -london -postcode -district.
53 Niraj Chokshi, "The Bounty ZIP Codes Brought America," *Atlantic,* April 23, 2013, https://www .theatlantic .com/technology/archive/2013/04/the -bounty -zip -codes -brought -america/275233/

54 Douglas Martin, "Robert Moon, an Inventor of the ZIP Code, Dies at 83," *New York Times,* April 14, 2001, 36, https://www .nytimes .com/2001/04/14/us /robert-moon-an-inventor-of-the-zip-code-dies-at-83 .html
55 Smithsonian NPM, "Swingin' Six Zip Code Video," YouTube, Nov. 2, 2011, https://www.youtube.com/watch?v=QI-ChoMEQ4Cs.
56 Chokshi, "The Bounty ZIP Codes Brought America.
57 Nick Van Mead, "Where the Streets Have New Names: The Airbrush Politics of Renaming Roads," *Guardian,* June 28, 2016, https://www.theguardian.com/cities/2016/jun/28/streets-new-names-airbrush-politics-renaming-roads
58 William J. Hoy, "Chinatown Devises Its Own Street Names," *California Folklore Quarterly* 2, no. 2 (1943): 71-75, DOI:10.2307/1495551.
59 Devin Gannon, "Chinese Immigrants Use Slang Names and Maps to Navigate the Streets of NYC," 6sqft, Aug. 14, 2017, https://www .6sqft .com /chinese -immigrants -use -slang -names -and -maps -to -navigate -the -streets -of -nyc /
60 Daniel Oto-Peralías, "What Do Street Names Tell Us? The 'City-Text' as Socio-cultural Data," *Journal of Economic Geography* 18, no. 1 (Jan. 2018): 187-211.
61 Daniel Oto-Peralías, "What Do Street Names Tell Us? An Application to Great Britain's Streets," *Journal of Economic Geography,* accessed June 20, 2019, https://papers .ssrn .com /sol3 /papers .cfm ?abstract id =3063381.
62 Marek Kępa, "Poland's Most Popular Street Names: An Adventure in Statistics," Culture.Pl, Jan. 17, 2018, https://culture .pl /en /article /polands -most -popular -street -names -an -adventure -in -statistics.
63 Jaspar Copping, "England's Changing Street Names: Goodbye Acacia Avenue, Welcome to Yoga Way," *Telegraph,* March 28, 2010, https://www .telegraph .co .uk /news /newstopics /howaboutthat /7530346 /Englands -changing -street -names -goodbye -Acacia -Avenue -welcome -to -Yoga -Way .html.
64 Oliver Gee, ' "Sexist' Paris Streets Renamed in Feminist Stunt," The Local, Aug. 26, 2015, https://www .thelocal .fr /20150826 /paris -neighbourhood -gets -a -feminist -makeover.
65 Doreen Massey, "Places and Their Pasts," *History Workshop Journal* 39 (Spring 1995): 187, https://www . jstor .org /stable /4289361.
66 "Black Country Geology," Geology Matters, http://geology matters .org .uk /the -black -country /

第五章　ウィーン
家屋番号は権力の象徴か

1 Anton Tantner, "Gallery of House Numbers," accessed Sept. 27, 2019, https://homepage.univie.ac.at/anton.tantner / housenumbers/ exhibition.html.
2 Anton Tantner, "Addressing the Houses: The Introduction of House Numbering in Europe," *Histoire & Mesure,* 24, no 2. (Dec. 2004), 7. For more, see Anton Tantner, *House Numbers: Pictures of a Forgotten History,* trans. Anthony Mathews (London: Reaktion Books, 2015).
3 Edward Crankshaw, *Maria Theresa* (New York: Viking Press, 1970), 3. The historical website The World of the Hapsburgs provides a terrific overview of all the Hapsburgs. "Maria Theresa—the Heiress," The World of the Hapsburgs, accessed June 20, 2019, https://www .habsburger .net /en /chapter /maria -theresa -heiress.
4 The World of the Hapsburgs, "Maria Theresa in the Eyes of Her Contemporaries," https://www.habsburger.net/en/chapter/maria -theresa-eyes-her-contemporaries.
5 Michael Yonan, "Conceptualizing the Kaiserinwitwe: Empress Maria Theresa and Her Portraits," in *Widowhood and Visual Culture in Early Modern Europe* (Burlington: Ashgate Publishing, 2003), 112.
6 For more details on house numbering, Tantner has written a comprehensive article as well as an excellent book: Tantner, *House Numbers*; Tantner, "Addressing the Houses," 7-30.
7 The Signs of Old London," Spitalfields Life, Oct. 5, 2011, http://spitalfieldslife .com/2011/10/05/the -signs -of -old -london/
8 Kathryn Kane, Regency Redingote: Historical Snipets of Regency England, Feb. 10,

2012, https://regencyredingote .wordpress .com /2012 /02 /10 /on -the -numbering -of -houses /

9 "Review of the First Report of the Postmaster-General, on the Post Office," *London Quarterly Review,* 1855, の引用. Kate Thomas, *Postal Pleasures: Sex, Scandal, and Victorian Letters* (New York: Oxford University Press, 2012), 20.

10 Milton Esterow, "Houses Incognito Keep Us Guessing as They Did in New York of 1845," *New York Times,* Jan. 24, 1952, https://timesmachine .nytimes .com / timesmachine /1952 /01 /24 /93344794 .html ?pageNumber =29.

11 同上.

12 同上.

13 Mark Twain, *The Chicago of Europe, and Other Tales of Foreign Travel,* ed. Peter Kaminsky (New York: Union Square Press, 2009), 197-98.

14 James C. Scott, *Seeing Like a State: How Certain Schemes to Improve the Human Condition Have Failed* (New Haven: Yale University Press, 1998), 1-2.

15 同上., 2.

16 同上., 88.

17 同上.

18 Edwin Garner, "Seeing Like a Society: Interview with James C. Scott, *Volume* 20 (July 20, 2008), http://volumeproject .org /seeing -like -a -society -interview -with -james -c -scott /

19 Scott, *Seeing Like a State,* 65.

20 James C. Scott et al., "The Production of Legal Identities Proper to States: The Case of the Permanent Family Surname," *Comparative Studies in Society and History* 44, no. 1 (Jan. 2002): 8.

21 Daniel Lord Smail, *Imaginary Cartographies: Possession and Identity in Late Medieval Marseille* (Ithaca: Cornell University Press, 2000), 188.

22 同上., 189.

23 同上., 192.

24 Cesare Birignani と Grégroire Chamayou がギョットの作品について優れた解説を行っている. 以下を参照. Cesare Birignani, "The Police and the City: Paris, 1660-1750" (doctoral dissertation, Columbia University, 2013), DOI:10.7916/D87P95K6 and Grégoire Chamayou, "Every Move Will Be Recorded," MPIWG, accessed Sept. 17, 2019, https://www.mpiwg-berlin. mpg.de/news/features/features-feature14.

25 Chamayou, "Every Move Will Be Recorded."

26 同上.

27 同上.

28 Marco Cicchini, "A New 'Inquisition'? Police Reform, Urban Transparency and House Numbering in Eighteenth-Century Geneva," *Urban History* 39, no. 4 (Nov. 2012): 617, DOI:10.1017/S0963926812000417.

29 同上., 620.

30 Tantner, "Addressing the Houses: The Introduction of House Numbering in Europe," 16.

31 *Charleston City Directory* (1860), Reuben Skye Rose-Redwood, "Governmentality, the Grid, and the Beginnings of a Critical Spatial History of the Geo-Coded World" の引用. (doctoral dissertation, Pennsylvania State University, Feb. 10, 2006), https://etda.libraries.psu .edu /catalog /6981.

32 Françoise Jouard, "Avec ce numero, 'il lui semblera etre dans une inquisition," *AEG* (Oct. 1782): 13967, Marco Cicchini, "A New 'Inquisition'?" の引用.

33 Tantner, *House Numbers,* 24.

34 同上., 25.

35 Jennifer Schuessler, "Professor Who Learns from Peasants," *New York Times,* Dec. 4, 2012, https://www.nytimes.com/2012/12/05/books/james-c-scott-farmer-and-scholar-of-anarchism.html

36 Peer Schouten, "James Scott on Agriculture as Politics, the Danger of Standardization and Not Being Governed," Theory Talks, May 15, 2010, http://www .theory -talks . org /2010 /05 /theory -talk -38 .html.

37 Scott, *Seeing like a State,* 223-26.

38 同上., 223.

39 James C. Scott, John Tehranian, and Jeremy Mathias, "The Production of Legal Identities Proper to States: The Case of the Permanent Family Surname," *Comparative Studies in Society and History* 44, no. 1 (2002): 18-29.

40 Dietz Bering, *The Stigma of Names: Antisemitism in German Daily Life, 1812-1933,* trans. Neville Plaice (Ann Arbor: University of Michigan Press, 1991), 15, Scott et al., "The Production of Legal Identities," 17の引用.

41 James Scott, "The Trouble with the View from Above," *Cato Unbound* (Sept. 10, 2010), https://www.cato -un-bound. org/print-issue/487.

42 The Vocabularist, "The Very French History of the Word 'Surveillance,'" *Magazine Monitor* (blog), BBC, https://www .bbc .co .uk / news /blogs -magazine -moni-tor -33464368.

43 Tantner, *House Numbers,* 32.

44 Baron Ferdinand de Roth-schild, *Reminiscences,* July 1887, Windmill Hill Archive, Waddesdon Manor, inv. no. 177.1997, Dora Thornton の引用, "Baron Ferdinand Roth-schild's Sense of Family Origins and the Waddesdon Be-quest in the British Museum," *Journal of the History of Collections* 31, no. 1 (March 9, 2019): 184, DOI:10 .1093 / jhc /fhx052.

第六章　フィラデルフィア
アメリカ人はなぜ番号名の通りを好むのか

1 Jim Dwyer, "The Sounds of 'Mannahatta' in Your Ear," *New York Times,* April 25, 2017, https://www .nytimes .com /2017 /04 /25 /nyregion /the -sounds -of -mannahatta -in -your -ear .html.

2 Peter Miller, "Before New York," *National Geographic* (online), Sept. 2009, https:// www.nationalgeographic. com/magazine/2009/09 / manhattan/

3 Eric W. Sanderson, *Mannahatta: A Natural History of New York City* (New York, NY: Harry N. Abrams, 2013), 21.

4 "Welikia Map," Welikia: Be-yond Mannahatta, accessed June 15, 2019, https://welik-ia .org /explore /mannahatta -map /

5 Pauline Maier, "Boston and New York in the Eighteenth Century," *Proceedings of the American Antiquarian Society; Worcester, Mass.* 91, no. 2 (Jan. 1, 1982): 186.

6 Gerard Koeppel, *City on a Grid: How New York Be-came New York* (Boston: Da Capo Press, 2015), 128.

7 Thomas Foster, "Reconsider-ing Libertines and Early Mod-ern Heterosexuality: Sex and American Founder Gouver-neur Morris," *Journal of the History of Sexuality* 22, no. 1 (Jan. 2013): 76.

8 "The Commissioners, The 1811 Plan," The Greatest Grid: The Master Plan of Man-hattan 1811–Now, accessed June 15, 2019, http:// thegreatest-grid.mcny.org/ greatest-grid/the-commis-sioners.

9 同上.

10 同上.

11 Marguerite Holloway, *The Measure of Manhattan: The Tumultuous Career and Surprising Legacy of John Randel Jr., Cartog-rapher, Surveyor, Inventor* (New York: Norton, 2013), 146.

12 Dorothy Seiberling, "The Bat-tle of Manhattan," *New York,* Oct. 20, 1975, http://socks -studio .com /2015 /07 /16 / the -battle -of -manhattan -reliving -the -1776 -revolu-tion -in -the -city -of -today /.

13 Holloway, *The Measure of Manhattan,* 60.

14 Sam Roberts, "Hardship for John Randel Jr., Street Grid's Father," *New York Times,* March 20, 2011, https://www .nytimes .com /2011 /03 /21 /nyregion /21randel .html.

15 Holloway, *The Measure of Manhattan,* 61.

16 同上.

17 Edward K. Spann, "The Great-est Grid: The New York Plan of 1811," in *Two Centuries of American Planning*, ed. Daniel Schaffer (Baltimore, MD: John Hopkins University Press, 1988), 27.

18 Jason M. Barr, *Building the Skyline: The Birth and Growth of Manhattan's Skyscrapers* (New York: Oxford University Press, 2016), 1.

19 Trevor O'Grady, "Spatial In-stitutions in Urban Economies: How City Grids Affect Density and Development" (partial submission for doctoral dis-sertation, Harvard University, Jan. 2014), 4, https://scholar .harvard .edu /files /ogrady / files /citygrids .pdf.

20 Maier, "Boston and New York in the Eighteenth Century," 185.

21 同上., 190.

22 同上., 192.

23 Reuben Rose-Redwood and Lisa Kadonaga, " 'The Corner of Avenue A and Twenty-Third Street': Geographies of Street Numbering in the Un-tied States," *The Profes-sional Geographer*, vol 68, 2016–Issue 1, https://www .tandfonline .com /doi /full /10 .1080 /00330124 .2015 .1007433.

24 Jani Vuolteenaho, "Numbering the Streetscape: Mapping the Spatial History of Numerical Street Names in Europe," *Ur-*

ban History 39, no. 4 (Nov. 2012): 678.

25 同上.,662. DOI:10.1017/S0963926812000442.

26 同上.

27 John Bruce, "VIII.—Observations upon William Penn's Imprisonment in the Tower of London, A.D. 1668 With Some New Documents Connected Therewith, Communicated by Robert Lemon, Esq., F.S.A," *Archaeologia* 35, no. 1 (1853): 90, DOI:10.1017/S0261340900012728.

28 Thomas N. Corns and David Loewenstein, *The Emergence of Quaker Writing: Dissenting Literature in Seventeenth-Century England* (London: Frank Cass, 1995), 116.

29 Mary Maples Dunn, "The Personality of William Penn," *Proceedings of the American Philosophical Society* 127, no. 5 (Oct. 14, 1983): 317.

30 Bruce, "VIII.—Observations upon William Penn's Imprisonment in the Tower of London," 90.

31 John A. Phillips and Thomas C. Thompson, "Jurors v. Judges in Later Stuart England: The Penn/Mead Trial and Bushell's Case" *Law & Inequality: A Journal of Theory and Practice* 4, no. 1 (1986): 197.

32 同上.

33 同上.

34 同上.

35 Michael J. Lewis, *City of Refuge: Separatists and Utopian Town Planning* (Princeton, NJ: Princeton University Press, 2016), 81.

36 Dunn, "The Personality of William Penn," 316.

37 同上.

38 John William Reps, "William Penn and the Planning of Philadelphia," *Town Planning Review* 27, no. 4 (April 1956): 404, https://journals.psu.edu/pmhb/article/viewFile/30007/29762.

39 同上., 403.

40 同上., 80-84.

41 Priscilla Parkhurst Ferguson, *Paris as Revolution: Writing the Nineteenth-Century City* (Berkeley: University of California Press, 1994), 32.

42 "Holme," in *Colonial and Revolutionary Families of Pennsylvania,* vol. 1, ed. John W. Jordan (1911; repr., Baltimore: Genealogical Publishing for Clearfield Co., 2004), 344.

43 Peter Marcuse, "The Grid as City Plan: New York City and Laissez-faire Planning in the Nineteenth Century," *Planning Perspectives* 2, no. 3 (Sept. 1, 1987): 293, DOI:10.1080/02665438708725645.

44 Vernon Carstensen, "Patterns on the American Land," *Publius: The Journal of Federalism* 18, no. 4 (Jan. 1988): 31, DOI:10.1093/oxfordjournals.pubjof.a037752.

45 同上.

46 同上.

47 Michael T. Gilmore, *Surface and Depth: The Quest for Legibility in American Culture* (New York: Oxford University Press, 2003), 25-26.

48 Samuel Pepys, *The World of Samuel Pepys: A Pepys Anthology,* eds. Robert Latham and Linnet Latham (London: HarperCollins, 2010), 155.

49 Matthew Green, "Lost in the Great Fire: Which London Buildings Disappeared in the 1666 Blaze?," *Guardian,* Aug. 30, 2016, https://www.theguardian.com/cities/2016/aug/30/great-fire-of-london-1666-350th-anniversary-which-buildings-disappeared.

50 Mark S. R. Jenner, "Print Culture and the Rebuilding of London after the Fire: The Presumptuous Proposals of Valentine Knight," *Journal of British Studies* 56, no. 1 (Jan. 2017): 13, DOI:10.1017/jbr.2016.115.

51 Adam Forrest, "How London Might Have Looked: Five Masterplans after the Great Fire," *Guardian,* Jan. 25, 2016, https://www.theguardian.com/cities/2016/jan/25/how-london-might-have-looked-five-masterplans-after-great-fire-1666.

52 Koeppel, *City on a Grid,* 215-16.

53 Richard S. Dunn, "William Penn and the Selling of Pennsylvania, 1681-1685," *Proceedings of the American Philosophical Society* 127, no. 5.

54 Michael T. Gilmore, *Surface and Depth*, 22.［人種を表す訳語は原文の記述に従って訳出している］

55 William Penn, Frame of Government, April 25, 1682.

56 Hans Fantel, *William Penn: Apostle of Dissent* (New York: William Morrow & Co., 1974), 254-56.

57 Letter, "Thomas Jefferson to Peter Stephen Duponceau," Nov. 16, 1825, https://rotunda.upress.virginia.edu/founders/default.xqy?keys=FOEA-print-04-02

第七章　日本と韓国
通りに名称は必要か

1 Roland Barthes, *Empire of Signs,* trans. Richard Howard (1982, repr. New York: Hill and Wang), 33.（邦訳：ロラン・バルト『表徴の帝国』宗左近訳、新潮社、1974 年、ちくま学芸文庫、1996 年）
2 Colin Marshall, "Ways of Seeing Japan: Roland Barthes's Tokyo, 50 Years Later," *Los Angeles Review of Books,* Dec. 31, 2016, https://lareviewofbooks.org/article/ways-seeing-japan-roland-barthess-tokyo-50-years-later/
3 Anatole Broyard, "Empire of Signs," *New York Times,* Nov. 10, 1982, https://timesmachine.nytimes.com/timesmachine/1982/11/10/020710.html?pageNumber=85cite.
4 Roland Barthes, "Digressions" in *The Grain of the Voice* (Evanston, IL: Northwestern University, 2009), 122.（引用箇所は邦訳書においては、ロラン・バルト『物語の構造分析』花輪光訳、みすず書房、1979 年所収、「逸脱」より）
5 同上 .
6 Adam Schatz, "The Mythologies of R.B.," *New York Review of Books*, June 7, 2018, https://www.nybooks.com/articles/2018/06/07/mythologies-of-roland-barthes/
7 Derek Sivers has explained this well. See Derek Sivers, "Japanese Addresses: No Street Names. Block Numbers," June 22, 2009, https://sivers.org/jadr
8 Barthes, *Empire of Signs,* 34.（『表徴の帝国』）
9 Barrie Shelton, *Learning from the Japanese City: Looking East in Urban Design* (London: Routledge, 2012), 16.
10 Peter Popham, *Tokyo: The City at the End of the World* (New York: Kodansha International (Distributed in the U.S. through Harper & Row), 1985), 48.
11 同上 ., 48-49.
12 Shelton, *Learning from the Japanese City,* 48-49.
13 同上 ., 181.
14 同上 .
15 Barthes, *Empire of Signs,* 36.
16 Augusto Buchweitz, Robert A. Mason, Mihoko Hasegawa, and Marcel A. Just, "Japanese and English Sentence Reading Comprehension and Writing Systems: An fMRI Study of First and Second Language Effects on Brain Activation," *Bilingualism: Language and Cognition* 12 (Jan. 28, 2009): 141-51, DOI:10.1017/S1366728908003970.
17 Linda Himelstein, "Unlocking Dyslexia in Japanese," *Wall Street Journal* (online), July 5, 2011.
18 Lera Boroditsky, "How Does Our Language Shape the Way We Think?" *Edge,* June 11, 2009, https://www.edge.org/conversation/lera_boroditsky-how-does-our-language-shape-the-way-we-think.
19 Lera Boroditsky, "How Language Shapes Thought," *Scientific American,* Feb. 2011, https://www.scientificamerican.com/article/how-language-shapes-thought/
20 Boroditsky, "How Does Our Language Shape the Way We Think."
21 Colin Marshall has also applied Barrie Shelton's ideas to the Korean city. See, for example, Colin Marshall, "Learning from the Korean City," *The Korea Blog*, *Los Angeles Review of Books*, March 6, 2016, http://blog.lareviewofbooks.org/the-korea-blog/learning-korean-city/
22 F. A. McKenzie, *The Tragedy of Korea* (London: Hodder, 1908), 145.
23 Ki-Moon Lee, "The Inventor of the Korean Alphabet," in *The Korean Alphabet: Its History and Structure* (Honolulu: University of Hawaii Press, 1997), 11-31.
24 同上 ., 27.
25 Young-Key Kim-Renaud, *The Korean Alphabet: Its History and Structure* (Honolulu: University of Hawaii Press, 1997), 3.
26 Shin, "The Paradox of Korean Globalization" (research paper, Stanford University, January 2003), 5, http://citeseerx.ist.psu.edu/viewdoc/download?=10.1.194=repl&-type =pdf.
27 同上
28 Hijoo Son, "Paradox of Diasporic Art from There: Antidote to Master Narrative of the Nation?" *Journal of Korean Studies* 17, no. 1 (Spring 2012): 167.
29 John Finch and Seung-kyung Kim, "Thinking Locally, Acting Globally: Redefining Traditions at the Korean Minjok Leadership Academy," *Korean Studies* 33 (2009), 129.
30 同上 ., 129.
31 Michael Breen, *The New Ko-*

reans: The Story of a Nation, 1st ed. (New York: Thomas Dunne Books/ St. Martin's Press, 2017), 33.
32 同上.
33 National/Politics, "Foreign Street Names Baffle Koreans," *The Chosunilbo,* Jan. 28, 2014, http://english.chosun .com/site/data/html_dir/2014012801759.html

第八章 イラン
通りの名称はなぜ革命家を信奉するのか

1 You can read more about Moallemian's story in a collection of essays about the Hunger Strikes: Pedram Moallemian, "The Night We Named Bobby Sands Street," in *Hunger Strike: Reflections on the 1981 Hunger Strike,* ed. Danny Morrison (Dingle, Ireland: Brandon, 2006), 131-34.
2 Laura Friel, "Kieran Nugent Dies: The First H Block Blanket Man," *An Phoblacht,* May 11, 2000, https://www .anphoblacht .com /contents /6211.
3 Bobby Sands, "Thursday 5th," in *The Diary of Bobby Sands* (Dublin, Ireland: Sinn Fein, 1981), https://www .bobbysandstrust.com/writings/prison-diary.
4 Conor Macauley, "Bobby Sands Anniversary Marked Politicisation of Republicans," BBC News, May 5, 2011, https://www .bbc .com /news /uk -northern -ireland -13287848.
5 Herve Armoric and Stefan Smith, "British Pressure on Tehran to Change Street Name Resented," *Business Recorder,* Jan. 26, 2004, https://fp .brecorder .com / 2004 / 01 /20040126194760 /
6 David Greason, "Embracing Death: The Western Left and the Iranian Revolution, 1978-83," *Economy and Society* 34, no. 1 (Feb. 2005): 117.
7 Alyssa Goldstein Sepinwall, *The Abbé Grégoire and the French Revolution: The Making of Modern Universalism* (Berkeley: University of California Press, 2005), 130.
8 同上.
9 同上., 95.
10 Alexis de Tocqueville, *The Ancien Régime and the Revolution,* trans. Gerald Beran (New York: Penguin, 2008), 145.
11 Priscilla Parkhurst Ferguson, *Paris as Revolution: Writing the Nineteenth-Century City* (Berkeley: University of California Press, 1994), 12-13.
12 Roderick Munday, "The Girl They Named Manhattan: The Law of Forenames in France and England," *Legal Studies* 5, no. 3 (Nov. 1985): 332.
13 同上.
14 "The French Baby Names the Law Wouldn't Allow," *Local,* Nov. 18, 2016, https://www .thelocal .fr /20161118 / french -baby -names -banned -nutella -renault.
15 Ferguson, *Paris as Revolution,* 23.
16 同上.,
17 同上., 32.
18 同上., 27-28.
19 同上., 23.
20 Victoria Thompson, " 'Telling Spatial Stories': Urban Space and Bourgeois Identity in Early Nineteenth-century Paris," *Journal of Modern History* 75, no. 3 (Sept. 2003): 534.
21 Ferguson, *Paris as Revolution,* 23.
22 Ken Ellingwood, "Mexico City: A Sea of Juarez Streets," *Los Angeles Times,* March 17, 2008, https://www .latimes. com/travel/la-trw-streetnames17mar17-story.html.
23 Laura Šakaja and Jelena Stanić, "Other(ing), Self(portraying), Negotiating: The Spatial Codification of Values in Zagreb's City-Text," *Cultural Geographies* 18, no. 4 (Oct. 2011): 510.
24 Gideon Lichfield, "Russia Has More than 5,000 Streets Named for Lenin, and One Named for Putin," Quartz, June 10, 2015, accessed June 24, 2019, https://qz .com /424638 /russia -has -more -than -5000 -streets -named -for -lenin -and -one -named -for -putin /
25 Zeinab Mohammed Salih, "Sudanese Campaigners 'Rename' Streets After Protestors Killed in Uprising," *Guardian,* Sept. 2, 2019, https://www .theguardian .com /world /2019 /sep /02 / sudanese -campaigners -rename -streets -after -protesters -killed -in -uprising.
26 Jonathan Hassid, "Place Names, Symbolic Power and the Chinese State" (Paper, Iowa State University, Social Science Research Network, Aug. 1, 2013), 7, https://papers .ssrn .com /abstract =2308814.
27 同上., 7.
28 同上., 7-8.
29 同上., 8.
30 "What Is the District of Co-

lumbia? What Does D.C. Stand For?" *Ghosts of DC,* July 24, 2013, https://ghostsofdc.org/2013/07/24/washington-dc-district-of-columbia/

31 Matt Johnson, "Here's Why DC's Streets Have the Names They Do," Greater Greater Washington, July 5, 2016, https://ggwash .org /view /42103 /heres -why -dcs -streets -have -the -names -they -do.

32 Benjamin Forgey, "L'Enfant's Plan Also Included a Peter Principle," *Washington Post,* Aug. 30, 2003, https:// www .washingtonpost .com / archive /lifestyle /2003 /08 /30 /lenfants -plan -also -included -a -peter -principle / e9ee260b -74bb -4ffe -96cd -7e2c22529458 /? utm _term =. 76f957fb28e6.

33 "Interview: Danny Morrison: There's an Inner Thing in Every Man," *An Phoblacht,* Dec. 14, 2006, https://www .anphoblacht .com /contents /16190.

34 Kevin Bean, *The New Politics of Sein Fein* (Liverpool University Press, 2007), 63.

35 Petition, "To His Excellency Hojjatoleslam Sayed Mohammad Khatami, President of Iran," https://www.bobbysandstrust.com/ wp-content/uploads/2008/10/iranian-petition.pdf.

36 同上.

37 "Will NI's Peace Walls Come Down by 2023 to Meet a 10-Year Target?," BBC News, May 3, 2018, https://www.bbc.co.uk/news/uk-northernireland- 43991851.

38 Brian Wawzenek, "U2 Gets Cinematic on 'Where the Streets Have No Name': The Story Behind Every 'Joshua Tree' Song," *Diffuser,* Feb. 28, 2017, https://diffuser.fm/u2-where-the-streets-have-no-name/

39 Bobby Sands, "The Birth of a Republican," *Republican News,* Dec. 16, 1978.

40 Henry McDonald, "Republicans Feud over Hunger Striker's Legacy," *Observer,* March 18, 2001, https://www .theguardian .com /uk /2001 /mar /18 /northernireland .northernireland.

第九章 ベルリン
ナチス時代の通りの名称は
「過去の克服」について何を語るのか

1 Susan Hiller, *The J Street Project,* Contemporary Jewish Museum, YouTube, https:// www .youtube .com /watch ?v =594aCcLjHgs. For more on the origins of Hiller's project, also see: Susan Hiller, *The J. Street Project, 2002-2005* (Warwickshire, UK: Compton Verney; Berlin Artists-in- Residence Programme/DAAD, 2005).

2 Susan Hiller, ed., *The Myth of Primitivism: Perspectives on Art* (1991; repr., Abingdon, UK: Routledge, 2006), 1-2.

3 Contemporary Jewish Museum, "Susan Hiller," YouTube video, 9:00, posted Sept. 4. 2009, https://www.youtube.com/watch?v=594aCcLjHgs.

4 Willy Brandt, *Links und Frei: Mein Weg 1930-1950* (Hamburg: Hofmann und Camp), 81, Maoz Azaryahu, "Renaming the Past in Post-Nazi Germany: Insights into the Politics of Street Naming in Mannheim and Potsdam," *Cultural Geographies* 19, no. 3 (July 2012) の引用. : 385, DOI:10 .1177 /1474474011427267.

5 Saul Friedländer, *Nazi Germany and the Jews,* vol. 1, *The Years of Persecution, 1933-1939* (London: Weidenfeld and Nicolson, 1997), 229-30.

6 Associated Press, "Google Apologises over Reviving Adolf-Hitler- Platz in Berlin," *Guardian,* Jan. 10, 2014, https://www .theguardian .com /technology /2014 /jan /10 /google -apologises -hitler -platz -berlin.

7 "Reich Town Forbids Jews to Walk on Hitlerplatz," *Jewish Daily Bulletin,* Sept. 3, 1933, http://pdfs.jta.org/1933/1933 -09-032638.pdf? ga=2.169184673.1804865581.1566613708 -866652241 1566613708, available at Jewish Telegraphic Agency Archive, accessed June 16, 2019, https://www .jta .org /1933 /09 /03 /archive /reich -town -forbids -jews -to -walk -on -hitlerplatz.

8 Ingeborg Grolle, "Renaming of Hamburg Streets under National Socialism: Hallerstraße," trans. Insa Kummer, Key Documents of German-Jewish History, Sept.22, 2016, https://jewish -history -online .net /article /grolle -renaming -streets.

9 同上.

10 同上.

11 Joseph Goebbels, "*Einsatz des Lebens," Der Angriff,* April 19, 1929, English in Jesús Casquete, "Martyr Construction and the Politics

of Death in National Socialism," *Totalitarian Movements and Political Religions* 10, no. 3-4 (Sept. 2009): 274 の 引 用 , https:// www .academia .edu /918222 /Martyr Construction and the Politics of Death in _National Socialism.

12 Many thanks for the assistance of Martina Plaschka and Eric Idsvoog in translating these letters.

13 Goebbels, "*Einsatz des Lebens,*" 274.

14 Jesús Casquete, "Martyr Construction and the Politics of Death in National Socialism," *Totalitarian Movements and Political Religions* 10, no. 3-4 (Sept. 2009): 274, https://www .academia .edu /918222 /Martyr Construction and the Politics of Death in National Socialism.

15 Daniel Siemens, *The Making of a Nazi Hero: The Murder and Myth of Horst Wessel,* trans. David Burnett (London: I. B. Tauris, 2013), 24.

16 Tony Judt, *Postwar: A History of Europe Since 1945* (London: Vintage, 2010), 21.

17 同上., 19-26.

18 同上., 22.

19 Hsu-Ming Teo, "The Continuum of Sexual Violence in Occupied Germany, 1945-49," *Women's History Review* 5, no. 2 (1996): 191

20 Lara Feigel, *The Bitter Taste of Victory: Life, Love, and Art in the Ruins of the Reich* (London: Bloomsbury, 2016), 105.

21 Maoz Azaryahu, "Street Names and Political Identity: The Case of East Berlin," *Journal of Contemporary History* 21, no. 4 (Oct. 1, 1986): 583-84, DOI: 10 .1177 /002200948602100405.

22 Dirk Verheyen, "What's in a Name? Street Name Politics and Urban Identity in Berlin," *German Politics & Society* 15, no. 3 (Fall 1997): 49.

23 Azaryahu, "Street Names and Political Identity," 588-89.

24 同上., 594-597.

25 同上., 589.

26 同上., 588.

27 同上., 600.

28 For more on Berlin street names, see Brian Ladd, *The Ghosts of Berlin* (Chicago, IL: University of Chicago Press, 2018).

29 Patricia Pollock Brodsky, "The Power of Naming in the Postunification Attack on the German Left," *Nature, Society, and Thought* 14, no. 4 (Oct. 2001): 425; Imre Karacs, "Berlin's Street signs take a right turn," *The Independent,* Dec. 18, 1995, https://www.independent.co.uk/news/world /berling-street-signs-take-a-right-turn-1526146.html.

30 Brian Ladd, *The Ghosts of Berlin: Confronting German History in the Urban Landscape* (Chicago: University of Chicago Press, 1997), 209.

31 Brodsky, "The Power of Naming in the Postunification Attack on the German Left," 425.

32 :George Katsiaficas, ed., *After the Fall: 1989 and the Future of Freedom* (New York: Routledge, 2013), 88.

33 Brodsky, "The Power of Naming in the Postunification Attack on the German Left," 425.

34 John Borneman, *After the Wall: East Meets West in the New Berlin* (New York: Basic Books, 1991), vii.

35 Christiane Wilke, "Making Sense of Place: Naming Streets and Stations in Berlin and Beyond," *Public Seminar* (blog), Jan. 22, 2014, http://www .deliberatelyconsidered .com /2012 /03 / making -sense -of -place -naming -streets -and -stations -in -berlin -and -beyond /

36 Peter Steiner, "Making a Czech Hero: Julius Fučík Through His Writings," *Carl Beck Papers in Russian and East European Studies,* no. 1501 (Sept. 2000): 8, https://carlbeckpapers .pitt .edu /ojs /index .php / cbp /article /view /86 /87.

37 Brodsky, "The Power of Naming in the Postunification Attack on the German Left," 431.

38 Ian Johnson, " 'Jews Aren't Allowed to Use Phones': Berlin's Most Unsettling Memorial," *New York Review of Books,* June 15, 2017, https://www .nybooks .com / daily /2013 /06 /15 /jews -arent -allowed -use -telephones -berlin -memorial /

39 同上.

40 同上.

41 John Rosenthal, "Anti-Semitism and Ethnicity in Europe," *Policy Review,* Oct. 2003, 17-38.

42 Kate Kellaway, "Susan Hiller, 75: 'Self-Doubt Is Always Present for Artists,' " *Guardian,* Nov. 15, 2015, https:// www .theguardian .com / artanddesign /2015 /nov /15 /susan -hiller -interview -self

federate -street -paul -bois

47 "Debate Continues over Controversial Instagram Photo," WRAL.com, May 9, 2015, https://www.wral.com/chapel-hill-parents-students-demand-action -over-controversial -instagram -photo /14631007/

第一一章　セントルイス
マーティン・ルーサー・キング・ジュニア通りがアメリカの人種問題について語ること

1 Martin Luther King Jr., "A Realistic Look at the Question of Progress in the Area of Race Relations," address delivered at St. Louis Freedom Rally, April 10, 1957, Martin Luther King Jr. Papers Project, https://swap .stanford .edu /20141218225503 /http:// mlk -kpp01 .stanford .edu / primarydocuments /Vol4 /10 -Apr -1957 ARealisticLook .pdf.

2 Federal Writer's Project, *A WPA Guide to Missouri: The Show-Me State* (San Antonio, TX: Trinity University Press, 2013).

3 Wendi C. Thomas, "Where the Streets Have MLK's Name," *National Geographic,* April 2018, https://www .nationalgeographic .com /magazine /2018 /04 /martin -luther -king -streets -worldwide /

4 Derek H. Alderman, "Naming Streets for Martin Luther King Jr.: No Easy Road," in *Landscape and Race in the United States,* ed. Richard H. Schein (New York: Rutledge, 2006), 229.

5 同上., 227.

6 Matthew L. Mitchelson, Derek H. Alderman, and E. Jeffrey Popke, "Branded: The Economic Geographies of Streets Named in Honor of Reverend Dr. Martin Luther King, Jr.," *Social Science Quarterly* 88, no. 1 (March 2007): 121.

7 *New York Times* Obituaries, "Dr. J.J. Seabrook," *New York Times,* May 3, 1975, https://www .nytimes .com /1975 /05 /03 /archives /dr -jj -seabrook .html.

8 Michael Barnes, 'The Truly Remarkable life of Austin's Emma Lou Linn," *Austin American-Statesman*, Dec. 13, 2014, https://www .statesman .com /article /20141213 /NEWS /312139699.

9 Richard H. Schein (ed.), *Landscape and Race in the United States* (London, UK: Routledge, 2006), 226.

10 Jonathan Tilove, *Along Martin Luther King: Travels on Black America's Main Street* (New York, NY: Random House, 2003).

11 Demorris Lee, "MLK Streets Racially Divided: Some Roads Named after King Go Only through Black Areas," *News and Observer* (Raleigh, NC), Jan. 19, 2004.

12 Frank Kovarik, "Mapping the Divide," *St. Louis,* Nov. 24, 2018, https://www .stlmag .com /Mapping -the -Divide /

13 Colin Gordon, *Mapping Decline: St. Louis and the Fate of the American City* (Philadelphia: University of Pennsylvania Press, 2008), 81.

14 同上., 83.

15 "Zip Code Tabulation Area in St. Louis city, MO-IL Metro Area, Missouri, United States, 63113," Census Reporter, accessed June 22, 2019, http:// censusreporter .org /profiles /86000US63113 -63113 /

16 Matthew L. Mitchelson, Derek H. Alderman, and E. Jeffrey Popke, "Branded: The Economic Geographies of Streets Named in Honor of Reverend Dr. Martin Luther King, Jr.," *Social Science Quarterly* 88, no. 1 (March 2007): 140, DOI:10.1111/j .1540 -6237.2007.00450 .x.

第一二章　南アフリカ共和国
南アフリカの道路標識は誰のものか

1 Constitutional Court Oral History Project, Jan. 13, 2012 (Johannesburg, South Africa: Historical Papers Research Archive), http://www .historicalpapers .wits .ac .za /inventories /inv pdfo /AG3368 /AG3368 -R74 -001 -jpeg . pdf.

2 Franny Rabkin, "Law Matters: Judges' Claws Come out in Pretoria Street Name Case," *Business Day,* Aug. 2, 2016, https://www .businesslive .co .za /bd /opinion /columnists /2016 -08 -02 -law -matters -judges -claws -come -out -in -pretoria -street -name -case /

3 News24Wire, "Tshwane Can Replace Apartheid Era Street Names with Struggle Heroes," BusinessTech, July 22, 2016, https://businesstech .co .za / news /government /130982 / tshwane -can -replace -apartheid -era -street -names -with -struggle -heroes /

4 同上.

5 Constitutional Court Trust Oral History Project, Mogoeng Mogoeng, Feb. 2, 2012 (Johannesburg, South Africa:

Historical Papers Research Archive, 2014), http://www .historicalpapers .wits .ac .za /inventories /inv pdfo / AG3368 /AG3368 -M57 -001 -jpeg .pdf.

6 Mogoeng Mogoeng.

7 "Celebrating the South African Constitutional Court," Brand South Africa, Nov. 23, 2017, https://www.brand-southafrica.com/people-culture/democracy/celebrating-the-constitutional-court 同上 .

8 *City of Tshwane Metropolitan Municipality v AfriForum and Another* [2016] ZACC 19, http://www .saflii .org /za /cases /ZACC /2016 /19 .html.

9 Celia W. Dugger, "In South Africa, a Justice Delayed Is No Longer Denied," *New York Times,* Jan. 23, 2009, https://www .nytimes .com /2009 /01 /24 /world /africa /24cameron .html.

10 *City of Tshwane Metropolitan Municipality v AfriForum and Another.*

11 *South African Human Rights Commission, Equality Report, 2017/18,* 20, https://www.sahrc.org.za/home/21/files/SAHRC%20Equality%20Report%20201718.pdf

12 Peter S. Goodman, "End of Apartheid in South Africa? Not in Economic Terms," *New York Times,* Oct. 24, 2017, https://www .nytimes .com /2017 /10 /24 /business / south -africa -economy -apartheid .html.

13 Ferdinand Mount, "Too Obviously Cleverer," reviews of *Supermac: The Life of Harold Macmillan,* by D. R. Thorpe, and *The Macmillan Diaries,* vol. 2, *Prime Minister and After 1957–66,* ed. Peter Catterall, *London Review of Books* 33, no. 17 (Sept. 8, 2011), https://www .lrb .co .uk /v33 /n17 /ferdinand -mount /too -obviously -cleverer.

14 Frank Myers, "Harold Macmillan's 'Winds of Change' Speech: A Case Study in the Rhetoric of Policy Change," *Rhetoric & Public Affairs* 3, no. 4 (Jan. 2000): 556.

15 Martha Evans, *Speeches That Shaped South Africa: From Malan to Malema* (Cape Town, South Africa: Penguin Random House South Africa, 2017), 32; Saul Dubow, "Macmillan, Verwoerd, and the 1960 'Wind of Change' Speech," *Historical Journal* 54, no. 4 (Dec. 2011): 1097.

16 Evans, *Speeches That Shaped South Africa*, 32.

17 同上 .

18 同上 ., 32.

19 Mississippi Laws 1960, ch. 519, House Concurrent Resolution no. 67.

20 Dubow, "Macmillan, Verwoerd, and the 1960 'Wind of Change' Speech," 1107.

21 Roberta Balstad Miller, "Science and Society in the Early Career of H. F. Verwoerd," *Journal of Southern African Studies* 19, no. 4 (Dec. 1993): 640.

22 Anthony Sampson, "The Verwoerd Assassination," *Life,* Sept. 16, 1966, 42.

23 Hermann Giliomee, "The Making of the Apartheid Plan, 1929-1948," *Journal of Southern African Studies* 29, no. 2 (June 2003): 378.

24 同上 ., 374.

25 Martin Meredith, *Diamonds, Gold, and War: The British, the Boers, and the Making of South Africa* (New York: Public Affairs, 2007), 6–8.

26 同上 ., 7.

27 同上 ., 8–10.

28 Jonas Kreienbaum, *A Sad Fiasco: Colonial Concentration Camps in Southern Africa, 1900–1908,* trans. Elizabeth Janik (New York: Berghahn Books, 2019), 39.

29 Francis Wilson, interview by Mary Marshall Clark, session 2, Aug. 3, 1999, http://www .columbia .edu /cu /lweb /digital /collections /oral hist / carnegie /pdfs /francis -wilson .pdf.

30 "First Inquiry into Poverty," Special Feature: Carnegie in South Africa, Carnegie Corporation Oral History Project, Columbia University Libraries Oral History Research Office, accessed June 21, 2019, http://www .columbia .edu / cu /lweb /digital /collections /oral hist /carnegie /special -features /

31 "Carnegie Corporation in South Africa: A Difficult Past Leads to a Commitment to Change," *Carnegie Results,* Winter 2004, https://www . carnegie .org /media /filer public /f3 /54 /f354cbf9 -f86c -4681 -8573 -c697418ee786 /ccny cresults 2004 southafrica .pdf; Jeremy Seekings, "The Carnegie Commission and the Backlash Against Welfare State-Building in South Africa, 1931–1937," Centre for Social Science Research, CSSR Working Paper 159,

May 2006, http://www .uct .ac .za /sites /default /files / image tool /images /256 / files /pubs /wp159 .pdf.
32 Giliomee "The Making of the Apartheid Plan," 386.
33 Mike Wooldridge, "Mandela Death: How He Survived 27 Years in Prison," BBC News, Dec. 11, 2013, https://www .bbc .co .uk /news /world -africa -23618727.
34 Christo Brand with Barbara Jones, *Mandela: My Prisoner, My Friend* (London: John Blake, 2004), 42.
35 Kajsa Norman, *Bridge over Blood River: The Rise and Fall of the Afrikaners* (London: Hurst, 2016), 248-49.
36 Elwyn Jenkins, *Falling into Place: The Story of Modern South African Place Names* (Claremont, South Africa: David Philip Publishers, 2007), 127.
37 同上.
38 Mcebisi Ndletyana, "Changing Place Names in Post-Apartheid South Africa: Accounting for the Unevenness," *Social Dynamics* 38, no. 1 (2012), DOI:10 .1080 /02533952 .2012 .698949.
39 "Durban's New Street Names Vandalised," *Sunday Tribune,* Aug. 24, 2008.
40 James Duminy, "Street Renaming, Symbolic Capital, and Resistance in Durban, South Africa," *Environment and Planning D: Society and Space* 32, no. 2 (Jan. 2014): 323.]
41 "Johannes Maisha (Stanza) Bopape," South African History Online, Feb. 17, 2011, https://www .sahistory .org .za /people /johannes -maisha -stanza -bopape.
42 Gareth van Onselen, "AfriForum's Disgraceful and Immoral Documentary," BusinessLIVE, March 13, 2019, https://www .businesslive .co .za /bd / opinion /columnists /2019 -03 -13 -gareth -van -onselen -afriforums -disgraceful -and -immoral -documentary /
43 " 'Apartheid Not a Crime against Humanity' : Kallie Kriel AfriForum," *Eusebius McKaiser Show,* Omny.FM, published May 14, 2018, https:// omny .fm /shows /mid -morning -show -702 /apartheid -was -not -a -crime -against -humanity -kallie.
44 Afriforum, "Farm murders: Feedback from Washington—setting the facts straight," YouTube video, 31:10, posted May 5, 2018, https://www . youtube .com /watch ?v =ZIn-7f8bg51.
45 Andre Goodrich, and Pia Bombardella, "Street Name-Changes, Abjection and Private Toponymy in Potchefstroom, South Africa," *Anthropology Southern Africa* 35, no. 1-2 (Jan. 2012): 20-30.
46 同上., 26.
47 *Oxford English Dictionary,* s.v. "Lost," accessed Sept. 4, 2019, https://www .oed .com /view /Entry /110417.
48 Jason Burke, "South African Army Sent into Townships to Curb Gang Violence, *Guardian,* July 19, 2019, https:// www .theguardian .com /world /2019 /jul /19 /south -african -army -townships -gang -violence.
49 Norimitsu Onishi, "White Farmers Are Jailed in South Africa for Killing Black Teenager," *New York Times,* March 6, 2019, https://www .nytimes .com /2019 /03 /06 /world /africa /south -africa -white -farmers -black -teenager .html.
50 Kimon de Greef, "After Children Die in Pit Toilets, South Africa Vows to Fix School Sanitation," *New York Times,* Aug. 14, 2018, https://www .nytimes .com /2018 /08 /14 /world /africa /south -africa -school -toilets .html.
51 Henri Lefebvre, *The Production of Space,* trans. Donald Nicholson-Smith (Oxford: Blackwell, 1991), 54.
52 Jacob Dlamini, *Native Nostalgia* (Sunnyside, South Africa: Jacana Media, 2009), 137.
53 同上.
54 同上., 144.
55 *AfriForum and Another v. University of the Free State* [2017] ZACC 48, http://www .saflii .org /za / cases /ZACC /2017 /48 .pdf.
56 *AfriForum and Another v. University of the Free State.*

第一三章　マンハッタン
通りの名称の持つ価値はどれほどか

1 Phoebe Hoban, "Trump Shows Off His Nest," *New York Times,* May 25, 1997, https://www .nytimes .com /1997 /05 /25 /style /trump -shows -off- his -nest .html.
2 Herbert Muschamp, "Architecture View; Going for Gold on Columbus Circle," *New York Times,* Nov. 19, 1995, https://www .nytimes .com /1995 /11 /19 /arts /archi-

tecture -view -going -for -the -gold -on -columbus -circle .html.

3 Herbert Muschamp, "Trump Tries to Convert 50's Style Into 90's Gold; Makeover Starts on Columbus Circle Hotel," *New York Times,* June 21, 1995, https://www .nytimes .com /1995 /06 /21 / nyregion /trump -tries -convert -50 -s -style -into -90 -s -gold -makeover -starts -columbus -circle .html.

4 David W. Dunlap, "Former Gulf and Western Building to Be a Luxury Apartment Tower," *New York Times,* March 23, 1994, https://www .nytimes .com /1994 /03 /23 /nyregion /former -gulf -and -western -building -to -be -a -luxury -apartment -tower .html.

5 Vivian Yee, "Donald Trump's Math Takes His Towers to Greater Heights," *New York Times,* Nov. 1, 2016, https:// www .nytimes .com /2016 /11 /02 /nyregion /donald -trump -tower -heights .html.

6 Letter from Office of the President of the Borough of Manhattan, to 15 Columbus Circle Associates, June 7, 1989, and letter to Robert Profeta, agent for the owner, One Central Park West Associates, Sept. 7, 1995, http:// www .manhattantopographical .com /addresses /15% 20Columbus%20Circle .pdf.

7 Ben McGrath, "Room Without a View," *New Yorker,* Nov. 24, 2003, https://www . newyorker .com /magazine /2003 /11 /24 /room -without -a -view.

8 同上.

9 Donald Trump and Tony Schwartz, *Trump: The Art of the Deal* (New York: Random House, 1987), 54-55.（邦訳：ドナルド・トランプ/トニー・シュウォーツ共著『トランプ自伝――不動産王にビジネスを学ぶ』相原真理子訳、ちくま文庫）

10 Reuben S. Rose-Redwood, "From Number to Name: Symbolic Capital, Places of Memory and the Politics of Street Renaming in New York City," *Social & Cultural Geography* 9, no 4 (June 2008): 438, https://www .tandfonline .com /doi /abs /10 .1080 /14649360802032702 ?journalCode =rscg2.

11 Catherine McNeur, "The Shantytown: Nineteenth-Century Manhattan's 'Straggling Suburbs,' " *From the Stacks* (blog), New-York Historical Society, June 5, 2013, http:// blog .nyhistory .org /the -shantytown -nineteenth -century -manhattans -straggling -suburbs /

12 Rose-Redwood, "From Number to Name," 438-42.

13 同上., 439-40.

14 Charles Dickens, *American Notes for General Circulation,* vol. 1 (London: Chapman & Hall, 1842), 205, 207.

15 Michael Gross, "Hotel Hermit Got $17M to Make Way for 15 Central Park West," *New York Post,* March 2, 2014, https://nypost .com /2014 /03 /02 /hotel -hermit -got -17m -to -make -way -for -15 -central -park -west /

16 Paul Goldberger, "Past Perfect," *New Yorker,* Aug. 20, 2007, https://www .newyorker .com /magazine /2007 /08 /27 /past -perfect -2.

17 同上.

18 Charles V. Bagli, "$40 Million in Air Rights Will Let East Side Tower Soar," *New York Times,* Feb. 25, 2013, https://www .nytimes .com /2013 /02 /26 /nyregion / zeckendorfs -pay -40 -million -for -park -avenue -churchs -air -rights .html.

19 Jessica Dailey, "Zeckendorfs Buy Air Rights, Address from Park Ave. Church," Curbed New York, March 3, 2014, https://ny .curbed .com /2014 /3 /3 /10137320 /zeckendorfs -buy -air -rights -address -from -park -ave -church.

20 "Addresses and House Numbers," Office of the President of the Borough of Manhattan, http://www .manhattanbp .nyc .gov /downloads /pdf / address -assignments -v -web .pdf.

21 Clyde Haberman, "A Nice Address, but Where Is It Really?" *New York Times,* March 22, 2010, https://www .nytimes .com /2010 /03 /23 /nyregion /23nyc .html.

22 同上.

23 Joanne Kaufman, "A Park Avenue Address, Not Exactly," *New York Times,* Feb. 13, 2015, https://www .nytimes .com /2015 /02 /15 /realestate /a -park -avenue -address -not -exactly .html.

24 Reuben S. Rose-Redwood, "Governmentality, the Grid, and the Beginnings of a Critical Spatial History of the Geo-Coded World" (PhD thesis, Pennsylvania State University, May 2006), https:// etda .libraries .psu .edu /files /final submissions /5324, 197-201.

25 Kaufman, "A Park Avenue Address, Not Exactly."

26 同上.

27 同上.
28 Andrew Alpern, *Luxury Apartment Houses of Manhattan: An Illustrated History* (New York: Dover, 1993), 3-5.
29 Joseph A. Kirby, "City Goes After Vanity Addresses," *Chicago Tribune,* April 13, 1995, https://www .chicagotribune .com /news /ct -xpm -1995 -04 -13 -9504130068 -story .html.
30 "Odd Jobs: Manhattan Map Keeper," Wall Street Journal video, Nov. 1, 2010, https:// www .wsj .com /video /odd -jobs -manhattan -map -keeper /8A5E1921 -3D07 -4BE7 -9900 -5C3A5765749A .html.
31 Simon Leo Brown, "House Prices Lower on Streets with Silly Names, High School Students Find," ABC News, Nov. 27, 2017, https://www .abc .net .au /news /2017 -11 -27 /house -prices -lower -on -streets -with -silly -names /9197366.
32 Harry Wallop, " 'If It Had a Lovely, Posh Name, It Might Have Been Different': Do Street Names Matter?" *Guardian,* Oct. 22, 2016, https://www .theguardian .com /society /2016 /oct /22 /street -names -matter -property -values.
33 "What's in a Street Name? Over L600k If You Live on a 'Warren,' " Zoopla, accessed June 17, 2019, https://www .zoopla .co .uk /press /releases /whats -in -a -street -name -over -k -if -you -live -on -a -warren /
34 同上.
35 Spencer Rascoff and Stan Humphries, "The Secrets of Street Names and Home Values," *New York Times,* Jan. 24, 2015, https://www .nytimes .com /2015 /01 /25 / opinion /sunday /the -secrets -of -street -names -and -home -values .html ?r =0.
36 同上.
37 同上.
38 Tom Miller, "The Lost Ten Eyck House—Park Avenue and 34th Street," "Daytonian in Manhattan," *Daytonian* (blog), Feb. 13, 2017, http:// daytoninmanhattan .blogspot .com /2017 /02 /the -lost -ten -eyck -house -park -avenue -and .html . Miller's fantastic blog details the history of the house at length.
39 同上.
40 Michael T. Isenberg, *John L. Sullivan and His America* (1988; repr., Champaign: University of Illinois Press, 1994), 40.
41 同上.
42 Andrew Alpern and Seymour Durst, *Holdouts!: The Buildings That Got in the Way* (New York: Old York Foundation, 2011), 128; Miller, "The Lost Ten Eyck House."
43 Francis Collins, *The Romance of Park Avenue: A History of the Growth of Park Avenue from a Railroad Right of Way to the Greatest Residential Thoroughfare in the World* (1930; repr., Ann Arbor: University Microfilms International, 1989), 102.
44 同上., 104.
45 同上., 102.
46 "Country Wedding for Martha Bacon; Daughter of Ex-Ambassador Marries George Whitney in Quaint Church at Westbury," *New York Times,* June 3, 1914, https://www .nytimes .com /1914 /06 /03 /archives /country -wedding -for -martha -bacon -daughter -of -exambassador -marries .html.
47 Christopher Gray, "History Lessons by the Numbers," *New York Times,* Nov. 7, 2008, https://www .nytimes .com /2008 /11 /09 /realestate /09scape .html.
48 同上.
49 Emily Badger, "How Donald Trump Abandoned His Father's Middle-Class Housing Empire for Luxury Building," *Washington Post,* Aug. 10, 2015, https://www .washingtonpost .com /news /wonk / wp /2015 /08 /10 /the -middle -class -housing -empire -donald -trump -abandoned -for -luxury -building /
50 Christopher Gray, "Streetscapes/Seventh Avenue Between 15th and 16th Streets; Four 30's Apartment Buildings on 4 Chelsea Corners," *New York Times,* May 23, 2004, https://www .nytimes .com /2004 /05 /23 /realestate /streetscapes -seventh -avenue -between -15th -16th -streets -four -30 -s -apartment .html.
51 Elizabeth C. Cromley, *Alone Together: A History of New York's Early Apartments* (Ithaca, NY: Cornell University Press, 1990), 62.
52 Tom Miller, "The 1931 London Terrace Apartments," *Daytonian in Manhattan* (blog), June 30, 2010, http://daytoninmanhattan .blogspot .com /2010 /06 /1931 -london -terrace -apartments .html.
53 同上.

54 Gray, "Streetscapes/Seventh Avenue Between 15th and 16th Streets."
55 Andrew Alpern, *Historic Manhattan Apartment Houses* (New York: Dover, 1996), vi.
56 Cromley, *Alone Together,* 4.
57 Andrew S. Dolkart, "Abraham E. Lefcourt and the Development of New York's Garment District," in *Chosen Capital: Jewish Encounters with American Capitalism* (New Brunswick, NJ: Rutgers University Press, 2012), eds. Rebecca Kobrin et al.
58 "Number One Park Avenue," *New York Times,* Feb. 10, 1925, http://timesmachine .nytimes .com /timesmachine /1925 /02 /10 /101984245 .html.
59 "On the southeast corner of Thirty-fourth Street," "Siege," Talk of the Town, *New Yorker,* Oct. 17, 1925, https://www .newyorker .com /magazine /1925 /10 /17 / siege.
60 Robin Pogrebin, "52-Story Comeback Is So Very Trump; Columbus Circle Tower Proclaims That Modesty Is an Overrated Virtue," *New York Times,* April 25, 1996, https://www .nytimes .com /1996 /04 /25 /nyregion /52 -story -comeback -so -very -trump -columbus -circle -tower -proclaims -that -modesty .html.
61 Natasha Salmon, "Frank Sinatra Told Donald Trump to 'go f*** himself,' New Book Reveals," *Independent,* Oct. 8, 2017, https://www .independent .co .uk /news /world / americas /frank -sinatra -donald -trump -new -book -f -himself -revealed -casino -a7988666 .html.
62 "Mrs. B. W. Mandel Sues; Accuses Realty Man's Present Wife of Breaking Up Home," *New York Times,* May 23, 1933, https://timesmachine .nytimes .com /timesmachine /1933 /05 /23 /99910229 .html.
63 "Henry Mandel Freed; Alimony Slashed; Court Reduces Payments by Builder From $32,500 to About $3,000 a Year," *New York Times,* July 8, 1933, https://www .nytimes .com /1933 /07 /08 / archives /henry -mandel -freed -alimony -slashed -court -reduces -payments -by .html.
64 Robert Frank, "These Hedge Fund Managers Made More than $3 Million a Day Last Year," CNBC, May 30, 2018, https://www .cnbc .com /2018 /05 /30 /these -hedge -fund -managers -made -more -than -3 -million -a -day -last -year .html.
65 Ralph Blumenthal, "Recalling New York at the Brink of Bankruptcy," *New York Times,* Dec. 5, 2002, https://www .nytimes .com /2002 /12 /05 /nyregion /recalling -new -york -at -the -brink -of -bankruptcy .html.
66 Arthur Lubow, "The Traditionalist," *New York Times,* Oct. 15, 2010, https://www .nytimes .com /2010 /10 /17 / magazine /17KeyStern -t . html.
67 Kevin Baker, "The Death of a Once Great City," *Harper's,* July 2018, https://harpers .org /archive /2018 /07 /the -death -of -new -york -city -gentrification /
68 Warburg Realty "Market Snapshot— Hell's Kitchen," May 15, 2019, warburgrealty. com/nabes/market.snapshot .hells .kitchen.
69 Edmund White, "Why Can't We Stop Talking About New York in the Late 1970s?" *New York Times,* Sept. 10, 2015, https://www .nytimes .com /2015 /09 /10 /t -magazine /1970s -new -york -history .html.
70 'Aaron Betsky, "Manhattan Is Theirs, We Just Get to Admire It," *Dezeen,* Nov. 15, 2015, https://www .dezeen .com /2015 /11 /15 /opinion -aaron -betsky -manhattan -new -york -skyscrapers -iconic -skyline -capitalist -jerusalem /

....

第一四章　ホームレス生活
住所不定でどのように生きるのか

1 Michael J. Lewis, *City of Refuge: Separatists and Utopian Town Planning* (Princeton, NJ: Princeton University Press, 2016), 79–80.
2 Sarah Golabek-Goldman, "Ban the Address: Combating Employment Discrimination Against the Homeless," *Yale Law Journal* 1801, no. 6 (2017): 126, https://www. yalelawjournal.org/note/ ban-the-address-combating-employment-discrimination-against-the-homeless
3 Malcolm Gladwell, "Million-Dollar Murray," *New Yorker,* Feb 5, 2006, http:// archives.newyorker.com/?i =2006-02-13# folio =100.
4 US Interagency Council on "Homelessness in America: Focus on Families with Chil-

dren," Sept. 2018, https://www .usich .gov /resources / uploads /asset library / Homeslessness in America Families _with Children .pdf.

5 "How Much Do You Need to Afford a Modest Apartment in Your State," Out of Reach 2019, National Low Income Housing Coalition, accessed June 18, 2019, https://reports .nlihc .org /oor.

6 David A. Snow and Leon Anderson, "Identity Work Among the Homeless: The Verbal Construction and Avowal of Personal Identities," *American Journal of Sociology* 92, no. 6 (May 1987): 1340.

7 : Lasana T. Harris and Susan T. Fiske, "Dehumanizing the Lowest of the Low: Neuroimaging Responses to Extreme Out-Groups," *Psychological Science* 17, no. 10 (Oct. 2006): 847–53, DOI:10 .1111 /j .1467 -9280 .2006 .01793 .x

8 Snow and Anderson, "Identity Work Among the Homeless," 1355.

9 同上., 1362.

10 同上., 1360.

11 Anne R. Roschelle and Peter Kaufman, "Fitting In and Fighting Back: Stigma Management Strategies among Homeless Kids," *Symbolic Interaction* 27, no. 1 (Winter 2004): 34–35.

12 Golabek-Goldman, "Ban the Address."

13 Sean Alfano, "Home Is Where the Mailbox Is," *CBS Evening News with Norah O'Donnell,* March 24, 2006, https://www .cbsnews .com / news /home -is -where -the -mailbox -is /

14 Beth Avery, "Ban the Box: U.S. Cities, Counties, and States Adopt Fair Hiring Policies," NELP, July 1, 2019, https://www .nelp .org /publication /ban -the -box -fair -chance -hiring -state -and -local -guide.

15 Prudence Ivey, "Top Borough: Hackney House Prices See Highest 20-Year Rise in UK, Boosted by Tech Sector and New Homes Building," *Evening Standard,* June 6, 2018, https://www .homesandproperty .co .uk /property -news /hackney -house -prices -see -highest -20year -rise -in -uk -boosted -by -tech -sector -and -new -homes -building -a121061 .html.

16 Ministry of Housing, Communities & Local Government, "Rough Sleeping Statistics Autumn 2018, England (Revised)," Feb. 25, 2019, https://assets .publishing .service .gov .uk /government /uploads /system /uploads / attachment data /file /781567 /Rough Sleeping Statistics 2018 _release .pdf.

17 Tom Wall and Hilary Osborne, " 'Poor Doors' Are Still Creating Wealth Divide in New Housing," *Observer,* Nov. 25, 2018, https://www .theguardian .com /society /2018 /nov /25 /poor -doors -developers -segregate -rich -from -poor -london -housing -blocks.

18 Patrick Butler, "Benefit Sanctions: The 10 Trivial Breaches and Administrative Errors," *Guardian,* March 24, 2015, https://www .theguardian .com /society /2015 /mar /24 /benefit -sanctions -trivial -breaches -and -administrative -errors.

19 Julia Rampen, "A Kebab with Debbie Abrahams: 'My Constituent Was Sanctioned for Having a Heart Attack,' " *New Statesman,* Nov. 28, 2016, https://www .newstatesman .com /politics / staggers /2016 /11 /kebab -debbie -abrahams -my -constituent -was -sanctioned -having -heart -attack.

20 Rowland Manthorpe, "The Radical Plan to Give Every Homeless Person an Address," *Wired UK,* March 14, 2018, https://www .wired .co .uk / article /proxy -address -design -museum -homelessness.

21 同上.

22 Sophie Smith, "Number of Empty Homes in England Rises for the First Time in a Decade," *Telegraph,* May 10, 2018, https://www .telegraph .co .uk /property /uk /number -empty -homes -england -rises -first -time -decade /

23 Peter Walker and David Pegg, "Huge Number of Empty Homes near Grenfell 'Simply Unacceptable,' " *Guardian,* Aug. 2, 2017, https://www .theguardian .com /uk -news /2017 /aug /02 /revelations -about -empty -homes -in -grenfell -area -simply -unacceptable.

24 David Batty, Niamh McIntyre, David Pegg, and Anushka Asthana, "Grenfell: Names of Wealthy Empty-Home Owners in Borough Revealed," *Guardian,* Aug. 2, 2017, https://www .theguardian .com /society /2017 /aug /01 /names -of -wealthy -empty -home -owners -in -grenfell -borough -revealed.

25 For more, see Randall E. Osborne, "I May Be Homeless

But I'm Not Helpless: The Costs and Benefits of Identifying with Homelessness," *Self & Identity* 1, no. 1 (2002): 43-52.
26 Batty, McIntyre, Pegg, and Asthana, "Grenfell: Names of Wealthy Empty-Home Owners in Borough Revealed."
27 John Arlidge, *Sunday Times,* Nicholas Shaxson, "A Tale of Two Londons," *Vanity Fair,* March 13, 2013 の引用, https://www .vanityfair .com /style /society /2013 /04 / mysterious -residents -one -hyde -park -london.
28 Nicholas Shaxson, "The Shadowy Residents of One Hyde Park—And How the Super-Wealthy Are Hiding Their Money," *Vanity Fair*, April 2013, https://www.vanityfair.com/style/society/2013/04/mysterious -residents -one -hyde-park -london

結び 未来
住所は滅亡に向かっているのか

1 Gary Kamiya, "SF's Lost Opportunity to be Reborn as 'Paris, with Hills,' " *San Francisco Chronicle,* Oct. 27, 2017, https://www.sfchronicle.com/bayarea/article/SF-s-lost-opportunity-to-be-reborn-as-Paris-12312727.php
2 Denis McClendon, "The Plan of Chicago: A Regional Legacy," Burnham Plan Centennial, Chicago Community Trust, http://burnhamplan100.lib.uchicago.edu/files/content/documents/PlanofChicago_booklet.pdf
3 Carl Smith, *The Plan of Chicago: Daniel Burnham and the Remaking of the American City* (Chicago: University of Chicago Press, 2006), 68.
4 同上.
5 Dena Roché, "Paris of the Prairie: Exploring Chicago's Rich Architectural Past and Present," *Iconic Life,* accessed Sept. 14, 2019, https://iconiclife .com /chicagos -architectural -past -and -present.
6 "How Chicago Lifted Itself Out of the Swamp and Became a Modern Metropolis," *Zócalo Public Square* (blog), Oct. 11, 2018, https://www.zocalopublicsquare.org/2018/10/11/chicago-liftedswamp- became-modern-metropolis/ideas/essay/
7 Union Stock Yard & Transit Co., Encyclopedia of Chicago, accessed Sept. 4, 2019, http://www .encyclopedia .chicagohistory .org /pages /2883 .html.
8 Patrick T. Reardon, "Who Was Edward P. Brennan? Thank Heaven for Edward Brennan," *The Burnham Plan Centennial,* Nov. 23, 2009, http://burnhamplan100.lib.uchicago.edu/node/2561. (Also *Chicago Daily News,* Oct. 2, 1936.)
9 "Annexation," Encyclopedia of Chicago, accessed Sept. 4, 2019, http://www.encyclopedia.chicagohistory.org /pages/53.html.
10 Patrick T. Reardon, "Who Was Edward P. Brennan? Thank Heaven for Edward Brennan."
11 Chris Bentley and Jennifer Masengarb, "The Unsung Hero of Urban Planning Who Made It Easy to Get Around Chicago," WBEZ91.5Chicago, May 20, 2015, https://www .wbez .org /shows /wbez -news /the -unsung -hero -of -urban -planning -who -made -it -easy -to -get -around -chicago /43dcf0ab -6c2b -49c3 -9ccf -08a52b5d325a.
12 Patrick T. Reardon, "A Form of MapQuest Back in the Day," *Chicago Tribune,* Aug. 25, 2015, https://www.chicagotribune.com/opinion/ct-xpm-2013-08-25-ct-perspec-0825-madison-20130825-story.html
13 Bentley and Masengarb, "The Unsung Hero."
14 Karen Craven, "Agnes Brennan, 'Answer Lady,' " *Chicago Tribune,* May 21, 1999, https://www .chicagotribune .com /news /ct -xpm -1999 -05 -21 -9905210343 -story .html.
15 "The Burnham Plan Centennial," accessed Sept. 15, 2019, http://burnhamplan100 .lib .uchicago .edu /
16 Bentley and Masengarb, "The Unsung Hero."
17 同上.
18 Thomas S. Hines, *Burnham of Chicago: Architect and Planner*, 2nd ed. (University of Chicago Press, 2009), 3.
19 同上.
20 Smith, *The Plan of Chicago*, 58.
21 Patrick T. Reardon, "Adelaide Brennan, 1914-2014," *Chicago Tribune,* April 1, 2014, https://www .chicagotribune .com /news /ct -xpm -2014 -04 -01 -ct -adelaide -brennan -obituary -met -20140401 -story .html.
22 Reardon, "Adelaide Brennan, 1914-2014."
23 Chicago City Council, "The

Proceedings of the Chicago City Council," April 21, 1937.

24 Tim Adams, "The GPS App That Can Find Anyone Anywhere," *Guardian,* June 23, 2018, https://www .theguardian .com /technology /2018 /jun /23 /the -gps -app that -can -find -anyone anywhere.

25 "Chris Sheldrick: A Precise, Three-Word Address for Every Place on Earth," TED Talk, accessed Sept. 14, 2019, https://ted2srt .org /talks / chris sheldrick a precise three word address for every place on _earth.

26 Tim Adams, "The GPS App That Can Find Anyone," *Guardian,* June 23, 2018, https://www.theguardian.com/technology/ 2018/jun/23/the-gps-app-that-can-find-anyone-anywhere.

27 "How what3words Is 'Addressing the World,' " MinuteHack, July 12, 2016, https://minutehack .com /interviews /how -what3words -is -addressing -the -world.

28 Lottie Gross, "Lost? Not Anymore," Adventure .com, Sept. 26, 2018, https://adventure.com/what3words-map-navigation-app/

29 "Our Story," what3words, accessed Sept. 14, 2019, https://what3words .com /our -story.

30 "Improving Living Conditions in Rhino Refugee Camp, Uganda," what3words, accessed Sept. 14, 2019, https://what3words .com / news /humanitarian /how -what3words -is -being -used -to -address -refugee -settlements -in -uganda.

31 Jane Wakefield, "Three-Unique- Words 'Map' Used to Rescue Mother and Child," BBC News, March 26, 2019, https://www .bbc .co .uk / news /technology -47705912.

32 同上.

33 Jamie Brown, "What Is a Word?" Medium, Feb. 20, 2019, https://medium .com /@ what3words /what -is -a -word -9b7532ed9369 .what3words.

34 Victoria Turk, "What3words Changed How We Mapped the World. And It Didn't Stop There," *Wired,* Aug. 18, 2018, https://www .wired .co .uk /article /what3words -languages -translation -china -launch.

35 David Rocks and Nate Lanxon, "This Startup Slices the World Into 58 Trillion Squares," *Bloomberg Businessweek,* Aug. 28, 2018, https://www.bloomberg.com/news/features/2018-08-28/mapping-startup-aims-to-disrupt-addresses-using-three-word-system

36 "Addresses for Everyone," Plus Codes, accessed Sept. 15, 2019, https://plus .codes /

37 A. J. Dellinger, "Facebook and MIT Tap AI to Give Addresses to People Without Them," *Engadget,* Nov. 30, 2018, https://www.engadget.com/2018/11/30/facebook-mit-assign-addresses-with-ai/

38 Martin Joerss, Jürgen Schröder, Florian Neuhaus, Christoph Klink, and Florian Mann, *Parcel Delivery: The Future of the Last Mile* (New York: McKinsey, 2016), 6, https://www .mckinsey .com /~ /media /mckinsey /industries /travel% 20transport%20and%20logistics / our% 20insights /how% 20customer%20demands%20are%20reshaping%20last%20mile%20delivery /parcel delivery the future of last mile .ashx

39 Andrew Kent, "Where the Streets Have No Name: How Africa Could Leapfrog the Humble Address and Lead the World in GPS-Based Shipping," Afrikent, Oct. 26, 2015, https://afrikent.wordpress.com/2015/10/26/where-the-streets-have-no-name-how-africa-could-leapfrog-the-humble-address-and-lead-the-world-in-gps-based-shipping/

40 同上.

41 UN High Commission for Refugees, "Zaatari Refugee Camp —Factsheet, February 2019," Reliefweb, March 25, 2019, https://reliefweb .int /report /jordan /zaatari -refugee -camp -factsheet -february -2019.

42 " Zaatari Street Names Give Syrian Refugees a Sense of Home," Reuters, March 21, 2016, https://www.orient-news.net/en/newsshow/106715/0/Zaatari-street-names-give-Syrian-refugees-a-sense-of-home

43 @edent, "Why Bother with What Three Words?" *Terence Eden's Blog,* March 28, 2019, https://shkspr.mobi/blog/2019/03/why-bother-with-what-three-words